Victor Papanek

Das Papanek-Konzept

Design für eine Umwelt
des Überlebens

Mit 81 Abbildungen

Nymphenburger Verlagshandlung

Originalausgabe im Albert Bonniers Förlag, Stockholm:
»*Miljön och Miljonerna*«
© 1970 by Victor Papanek
Die deutsche Übersetzung wurde nach der im Verlag
Pantheon Books, New York, erschienenen (erweiterten)
amerikanischen Ausgabe
»*Design for the Real World*«
besorgt von Wolfgang Schmidbauer

Dieses Buch widme ich meinen Schülern als Dank für das, was sie mich lehrten

INHALT

VORWORT

Es gibt Berufe, die mehr Schaden anrichten, als der des Designers. Aber es sind wenige. Eigentlich ist nur ein einziger noch fragwürdiger: der des Reklamefachmanns. Jemanden dazu zu bringen, mit nicht vorhandenem Geld überflüssige Dinge zu kaufen, nur um anderen damit zu imponieren, ist wohl die schäbigste Art, sich heutzutage sein Brot zu verdienen. Der Designer, der die schwachsinnigen Ideen ausheckt, mit denen die Werbeleute hausieren gehen, kommt gleich danach. Nie zuvor in der Geschichte haben sich erwachsene Männer hingesetzt und allen Ernstes elektrische Haarbürsten oder Nerzteppiche für Badezimmer entworfen und dann komplizierte Pläne aufgestellt, wie diese Kinkerlitzchen produziert und einem Millionenpublikum verkauft werden könnten. Wer in der »guten alten Zeit« Spaß am Töten hatte, mußte General werden, ein Kohlenbergwerk kaufen oder auch Atomphysik studieren. Heute ist, dank der Tätigkeit der Designer in der Industrie, der Mord in Serienfertigung gegangen. Man konstruiert kriminelle Autos, durch die jährlich nahezu eine Million Menschen auf dem Erdball getötet werden, man erfindet immer neue Arten von unverweslichem Abfall, der unsere Landschaft verschandelt, wählt Stoffe und Fertigungsprozesse, die unsere Atemluft verschmutzen. Die Designer haben sich zu einer Gefahr entwickelt. Und was man für ihre verhängnisvolle Tätigkeit an Kenntnissen braucht, wird den jungen Leuten gewissenhaft beigebracht.

In diesem Zeitalter der Massenproduktion ist das industrial design zum wichtigsten Instrument geworden, mit dem der Mensch seine Werkzeuge und seine Umgebung, und dadurch mittelbar auch die Gesellschaft und sich selbst prägt. Dies verlangt ein hohes Maß an sozialem und moralischem Verantwortungsgefühl und größeres Verständnis für den Menschen vom Designer und von der Öffentlichkeit, mehr Einsicht in den Prozeß des Design. Es gibt kein einziges Werk über die Verantwortlichkeit des Designers, ebensowenig ein Design-Buch, das die öffentlichen Interessen irgendwie berücksichtigt.

Im Februar 1968 brachte das Magazin »Fortune« einen Artikel, der das Ende des Designer-Berufs vorhersagte. Meiner Meinung nach sind die wesentlichen Argumente dieses Artikels stichhaltig. Es ist an der Zeit, mit dem Industrial Design, *wie wir es jetzt kennen*, Schluß zu machen. Solange Design sich darauf beschränkt, lächerliche »Spiele für Erwachsene«, Mordinstrumente mit chromblitzenden Heckflossen oder »aufregende« Hüllen für Schreibmaschinen, Brotröster, Telefone und Computer zu entwickeln, hat es jede Daseinsberechtigung verloren.

Design muß ein neuartiges, schöpferisches, alle Wissenschaften umfassendes Werkzeug werden, das den wahren Bedürfnissen des Menschen gerecht wird. Wir dürfen die Erde nicht weiterhin mit schlecht entworfenen Gegenständen und Strukturen verunzieren.

Seit etwa zehn Jahren arbeite ich mit Designern und Studenten-Teams für Design in vielen Teilen der Welt zusammen. Ob ich auf einer finnischen Insel spreche, in einer indonesischen Dorfschule, einem vollklimatisierten Büro hoch über Tokio, einem kleinen norwegischen Fischerdorf oder von meinem Lehrstuhl in den Vereinigten Staaten, immer versuche ich, eine klare Vorstellung davon zu geben, was es bedeutet, innerhalb eines sozialen Gefüges Designer zu sein. Aber man kann nur so wenig sagen oder tun; sogar in unserem elektronischen Zeitalter muß man früher oder später auf das gedruckte Wort zurückgreifen.

In dem enormen Angebot an Literatur über Design gibt es Hunderte von Fachbüchern, die sich ausschließlich an andere Designer wenden oder – mit einem Seitenblick auf mögliche Auflagenerhöhungen – an Studenten. Die soziale Bedeutung des Design wird ebenso wie das Interesse der Öffentlichkeit und der Laien totgeschwiegen.

Design-Bücher in sieben Sprachen bedecken die Wände meines Arbeitszimmers, aber das eine Buch, das ich gern gelesen hätte, das ich meinen Studenten und anderen Designern vordringlich in die Hand drücken wollte, fehlte. Weil es für unsere Gesellschaft eine Lebensfrage ist, daß sich die Designer über die sozialen, wirtschaftlichen und politischen Hintergründe ihrer Tätigkeit klar sind, war das nicht nur eine persönliche Enttäuschung. Ich beschloß daher, das Buch selbst zu schreiben, das ich gern gelesen hätte.

Dieses Buch steht auf dem Standpunkt, daß unser ganzes System von Patenten und Copyrights an der Wurzel faul ist. Wenn ich ein Spielzeug entwerfe, das behinderte Kinder therapeutisch fördern soll, darf ich die Freigabe des Musters nicht durch seine Patentierung um eineinhalb Jahre verzögern. Ideen sind meiner Meinung nach billig und in Hülle und Fülle vorhanden, man sollte nicht mit der Bedürftigkeit seines Nächsten Geld verdienen wollen. Zu meiner großen Befriedigung gelang es mir, viele meiner Studenten von der Richtigkeit dieser Ansicht zu überzeugen. Viele Entwürfe, die man in diesem Buch als Beispiele findet, wurden nie patentiert. Unsere Strategie ist gerade umgekehrt: oft fertigten meine Studenten und ich maßstabgerechte Zeichnungen, etwa von einer Spiel-Umgebung für blinde Kinder, wir beschrieben, wie sie einfach herzustellen ist und vervielfältigten die Skizzen samt allem Zubehör. Wenn uns irgendeine Stelle irgendwo auf der Welt anschreibt, senden ihr meine Studenten alle Unterlagen portofrei zu. Ich selbst halte es, wenn möglich, genauso. Ein tatsächlicher Fall mag das Prinzip veranschaulichen: kurz nach Beendigung meiner Ausbildung vor beinahe zwanzig Jahren entwarf ich einen in Struktur und Montage völlig neuartigen Beistelltisch. Ich gab eine Fotografie und Zeichnungen des Tisches an das Magazin »Sunset«, das sie in der Februar-Nummer 1953 als Do-it-yourself-Vorschlag abdruckte. Unmittelbar darauf »stahl« die

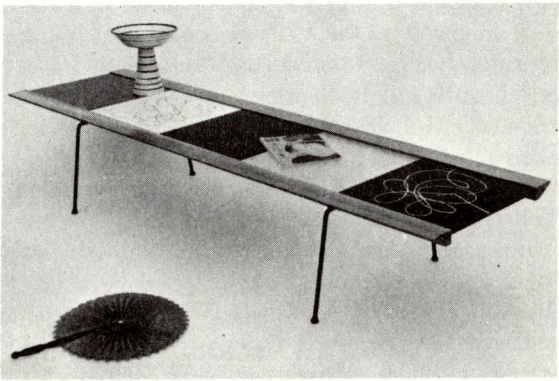

1. Beistelltisch, Entwurf des Autors. Mit Genehmigung des Magazins »Sunset«.

südkalifornische Möbelfirma Modern Color, Inc. den Entwurf und ging in die Produktion, sie verkaufte im selben Jahr an die achttausend Tische. Die Firma hat längst Konkurs gemacht, aber »Sunset« druckte kürzlich den Entwurf in dem Buch »Furniture You can Build« (Möbel zum Selberbauen) wieder ab; der Tisch kann also immer noch nachgebaut werden.

Thomas Jefferson selbst hegte ernste Zweifel an der Philosophie, die einer Patentgewährung zugrunde liegt. Als er seine Hanfbreche erfand, unternahm er Schritte, eine Patentgewährung zu verhindern und schrieb an einen Freund: »Die Landwirte, die Hanf anbauen, haben auf etwas Derartiges so lange gewartet, daß ich die Erfindung, sobald ich mit Sicherheit von ihrer Tauglichkeit sprechen kann, anonym in den Zeitungen beschreiben werde, damit ihre Verbreitung nicht durch irgendeinen sich eindrängenden Patentinhaber unmöglich gemacht wird.«

Ich hoffe, daß dieses Buch zu einem Umdenken im Design-Prozeß führt und einen intelligenten Dialog zwischen Designer und Verbraucher in Gang setzt. Es zerfällt in zwei Teile, jeder zu sechs Kapiteln. Der erste Teil, »Wie es ist«, versucht, Design, wie es heute praktiziert und gelehrt wird, zu definieren und zu kritisieren. Die sechs Kapitel von »Wie es sein könnte« sind dem verstorbenen Dr. Robert Lindner von Baltimore gewidmet. Hier gebe ich dem Leser in jedem Kapitel wenigstens *einen* neuen Gesichtspunkt, die Dinge zu betrachten.

Ich habe viele Jahre lang aus vielen Teilen der Welt Anregung und Hilfe empfangen, während sich die Ideen und Vorstellungen formten, die dieses Buch so notwendig machten. Ich lebte lange unter Navahos, Eskimos und Balinesen; während der letzten sieben Jahre hielt ich mich jeweils beinahe vier Monate in Finnland oder Schweden auf, und ich merke, daß dies meine Gedanken geprägt hat.

In Kapitel vier, »Mord im Do-it-yourself-Verfahren«, verdanke ich dem verstorbenen Dr. Robert Lindner von Baltimore, mit dem ich einige Jahre lang korrespondierte, das Konzept von der »Dreiheit der Begrenzungen«. Den Begriff *kymmenykset* formulierte ich 1968 während einer Design-Konferenz auf der finnischen Insel Suomenlinna. Das Wort *Ujamaa*, eine Abkürzung von »wir arbeiten zusammen und helfen einander ohne Kolonialismus oder neokapitalistische Ausbeutung«, kam in Afrika während meiner Arbeit für die UNESCO hinzu.

Harry M. Philo, Anwalt in Detroit, steuerte viele Beispiele für unsichere Entwürfe in Kapitel fünf bei.

Große Teile aus Kapitel elf, »Die Neontafel«, sind Ergebnis der Zusammenarbeit mit zwei guten Freunden, Bob Malone von Connecticut und Bucky Fuller.

Vier Personen haben Anrecht auf besonderen Dank: Walter Muhonen von Costa Mesa, Californien, weil das Beispiel seines Lebens mich bei der Sache gehalten hat, auch als meine Ziele unerreichbar schienen. Er lehrte mich die wahre Bedeutung des finnischen Wortes *sisu*. Patrick Decker von College Station, Texas, der mich dazu überredete, dieses Buch zu schreiben. »Pelle« Olof Johansson von Halmstad und Stockholm, Schweden, der die Finessen des Designs mit mir durchsprach, oft bis tief in die Nacht hinein, und die erste schwedische Ausgabe dieses Buches ermöglichte. Meine Frau Harlanne, die mir half zu schreiben, was ich sagen wollte, nicht was scheinbar gut klang. Ihre bohrenden Fragen, ihre Kritik, ihre Ermutigung waren oft entscheidend.

In einer vielfältig belasteten Umwelt erwiesen Architekten, Designer, Planfertiger usw. der Menschheit den besten Dienst, wenn sie *ihre Arbeit völlig einstellen* würden. Bei jeder Umweltverschmutzung sind die Designer mindestens partiell beteiligt. Aber ich vertrete hier einen positiveren Standpunkt: wir können sehr wohl etwas tun. Design kann und muß für junge Leute ein gangbarer Weg zur Veränderung der Gesellschaft werden.

Seit das Bauhaus um 1924 seine vierzehn schmalen Bände veröffentlichte, haben die meisten Bücher lediglich die Methoden, die dort entwickelt wurden, wiederholt oder ausgeschmückt. Eine fünfzig Jahre alte Theorie ist nicht mehr brauchbar auf einem Gebiet, das so weit vorausschauen muß.

Als sozial und moralisch engagierte Designer müssen wir uns auseinandersetzen mit den Bedürfnissen einer Welt, die mit dem Rücken zur Wand steht, während die Uhrzeiger ständig auf eine Minute vor zwölf weisen.

Helsinki – Singaradja – Stockholm
1963–1971

13

TEIL I

Wie es ist

1 WAS IST DESIGN ?

Design und das Problem der Funktion

Dreißig Speichen treffen sich in der Nabe,
Auf dem Nichts daran beruht des Wagens
Wirksamkeit.
Durch Tonkneten macht man Gefäße,
Auf dem Nichts darin beruht des Gefäßes
Brauchbarkeit.
Durch Aushöhlen von Türen und Fenstern macht
man Häuser,
Auf ihrem Nichts beruht des Hauses
Brauchbarkeit.
Darum: Das Seiende ist zwar nützlich,
Das Nichts ist das Wirksame.

Lao-Tse

Alle Menschen sind Designer. Fast alles, womit wir uns beschäftigen, ist Design, Planung, Entwurf, denn Design ist die
Grundlage jeder menschlichen Tätigkeit. Die Ausrichtung und
Abstimmung jeder Handlung auf ein erwünschtes, vorhersehbares Ziel ist wesentlich für den Prozeß der Formgestaltung.
Jeder Versuch, Design abzuspalten, es zu einem Ding an sich
zu machen, beeinträchtigt den eigentlichen Wert der Formgestaltung als der primären Prägekraft des Lebens. Es ist Design,
wenn man ein Epos schreibt, ein Fresko malt, ein Konzert
komponiert. Design ist aber auch, eine Schreibtischschublade
zu säubern und neu einzuräumen, einen schlechten Zahn zu
ziehen, einen Apfelkuchen zu backen oder ein Kind zu erziehen.

Design ist das bewußte Bestreben, sinnvolle Ordnung zu
stiften.

Das Entzücken, das wir beim Betrachten von Eisblumen an
einer Fensterscheibe empfinden, in der hexagonalen Perfektion

einer Bienenwabe, an Blättern, am Aufbau einer Rose, reflektiert die Vorliebe des Menschen für Muster, die unablässige Anstrengung, eine stets wechselnde, höchst komplexe Existenz zu verstehen, indem man ihr eine Ordnung auferlegt – aber solche Dinge sind nicht das Ergebnis von Design. Sie haben nur die Ordnung, die wir ihnen zuschreiben. Wir finden an ihnen und anderen Naturerscheinungen Gefallen, weil wir Wirtschaftlichkeit der Mittel, Eleganz, Einfachheit und eine genuine Richtigkeit in ihnen sehen. Dennoch haben sie mit Design nichts zu tun. Sie haben zwar Muster, Ordnung und Schönheit, doch fehlt ihnen die bewußte Absicht. Wenn wir ihnen Design zusprechen, messen wir ein zufälliges Nebenprodukt mit unseren künstlichen Wertmaßstäben. Die Stromlinienform eines Forellenkörpers ist für uns ästhetisch befriedigend, aber für die Forelle ist sie unwesentliches Ergebnis ihrer hervorragenden Schwimmfähigkeit. Das ästhetisch befriedigende Spiralmuster, das wir bei Sonnenblumen, Ananasfrüchten, Tannenzapfen oder bei der Anordnung von Blättern um einen Stengel finden, kann man durch die Fibonacci-Sequenz erklären (jedes Glied ist die Summe der zwei vorhergehenden Glieder: 1, 1, 2, 3, 5, 8, 13, 21 ...), aber die Pflanze ist lediglich daran interessiert, die Fotosynthese zu verbessern, indem sie ein Maximum ihrer Oberfläche der Sonne aussetzt. In ähnlicher Weise ist die Schönheit eines Pfauenschweifes – wenn auch für die Pfauenhenne zweifellos attraktiv – das Ergebnis intraspezifischer Selektion (die sich im angeführten Fall sogar für die Spezies letzten Endes als verhängnisvoll erweisen kann).

Auch dem zufälligen Arrangement eines aufgetürmten Münzhaufens fehlt die Absicht. Wenn wir jedoch die Münzen herumschieben und nach Größe und Form anordnen, fügen wir ein Element der Absicht hinzu und stellen eine Art symmetrischer Ausrichtung her. Kleine Kinder, sehr primitive Menschen und manche Geisteskranke bevorzugen dieses symmetrische Ordnungssystem, weil es so leicht zu verstehen ist. Ein weiteres Herumschieben der Münzen kann eine unbegrenzte Anzahl asymmetrischer Anordnungen zur Folge haben, die vom Betrachter mehr Scharfsinn und größere Aufmerksamkeit erfordern, wenn er sie verstehen will. Die ästhetischen Werte der symmetrischen und asymmetrischen Muster sind unterschiedlich, aber beide können befriedigend sein, da die zugrunde liegende Absicht klar ist. Nur Muster, die im Grenzgebiet von Symmetrie und Asymmetrie liegen, lassen die Absicht des Designers im ungewissen. Die Zweideutigkeit dieser »Grenzfälle« löst beim Betrachter ein unbehagliches Gefühl aus. Aber abgesehen davon gibt es eine unbegrenzte Anzahl möglicher befriedigender Anordnungen der Münzen. Wichtig ist, daß keine davon die einzig richtige Lösung ist, wenn auch manche besser erscheinen können als andere.

Das Herumschieben von Münzen auf einem Brett ist ein Design-Akt im kleinsten Maßstab, weil Design als problemlösende Tätigkeit per definitionem niemals die eine richtige Antwort liefern kann: es gibt immer eine unbegrenzte Zahl von Lösungen, einige »richtiger«, andere »falscher«. Die »Richtigkeit« jeder Lösung hängt von dem Sinn ab, den wir der Anordnung geben.

Design muß sinnvoll sein. »Sinnvoll« ersetzt emotionell überbelastete Wörter wie »schön«, »häßlich«, »kalt«, »raffiniert«, »abscheulich«, »realistisch«, »dunkel«, »abstrakt«, »nett« – Etikettierungen, wie sie ein geistig Verkalkter gebraucht, wenn er mit Picassos »Guernica«, Beethovens »Eroica«, Strawinskys »Le Sacre du printemps« oder Joyces »Finnegans Wake« konfrontiert wird. Bei allen diesen Werken reagieren wir auf den Sinn.

Die Art und Weise, wie eine Form ihren Zweck erfüllt, ist ihre Funktion.

Auf »Form dient der Funktion«, den Schlachtruf Louis Sullivans aus den achtziger und neunziger Jahren, folgte Frank Lloyd Wrights »Form und Funktion sind eins«. Aber wörtlich genommen sind alle diese Behauptungen von Horatio Greenough bis zum deutschen Bauhaus sinnlos. Die Überzeugung, daß das, was gut funktioniert, mit Notwendigkeit auch gut aussieht, war die lahme Entschuldigung für all die sterilen, klinikmäßigen Möbel und Geräte der zwanziger und dreißiger Jahre. Ein Eßtisch jener Zeit hatte vielleicht eine wohlproportionierte Platte aus glänzend weißem Marmor, Beine aus schimmerndem rostfreiem Stahl, deren Dicke sorgfältig für ein Maximum an Tragfestigkeit bei einem Minimum an Materialaufwand berechnet war. Aber die erste Reaktion beim Anblick eines solchen Tisches war, sich hinaufzulegen und sich den Blinddarm herausschneiden zu lassen. Nichts an dem Tisch sagt: »Iß von mir!« *Le style international* und *die neue Sach-*

lichkeit haben die menschlichen Werte ziemlich vernachlässigt. Le Corbusiers *Wohnmaschine* und die Lattenkistenhäuser, die die niederländische *De Stijl* Bewegung entwickelte, zeugen von einer Pervertierung von Ästhetik und Nützlichkeit.

»Soll ich es funktionell entwerfen«, fragen die Studenten, »oder soll es ästhetisch befriedigen?« Dies ist heutzutage die häufigste, die verständlichste und die konfuseste Frage im Design. »Soll es gut aussehen oder etwas taugen?« Barrikaden zwischen zwei Möglichkeiten, die in Wirklichkeit nur zwei von den zahlreichen Aspekten der Funktion sind! Ganz einfach: ästhetisches Aussehen ist ein wesentlicher *Teil* der Funktion. Ein einfaches Diagramm zeigt die dynamischen Beziehungen innerhalb der Funktion:

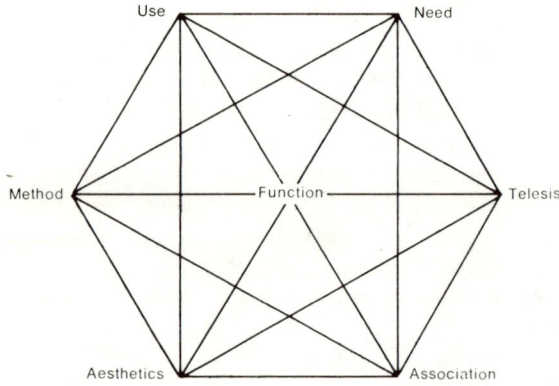

2. Der Funktionskomplex – *Verwendung, Bedürfnis, Methode, Ästhetik, Assoziation, Zielrichtung* oder *Telesis.*

Wir können nun die sechs Teile des Funktionskomplexes durchgehen und jeden seiner Aspekte definieren.

METHODE: Das Zusammenwirken von Werkzeugen, Arbeitsvorgängen und Materialien. Ehrlicher Gebrauch des Materials, der das Material nie etwas scheinen läßt, was es nicht ist, ist gute Methode. Material und Werkzeuge sind optimal einzusetzen, nie ist ein Material zu verwenden, wo ein anderes die Aufgabe billiger und/oder wirksamer leistet. Der Stahlträger eines Hauses, getarnt als Edelholz, der nachgemachte Neuengland-Schustertisch (Wurmlöcher 1 Dollar zusätzlich) im modernen Wohnzimmer als zweckentfremdeter

Standplatz für Martinis und Aschenbecher: das sind Pervertierungen von Materialien, Werkzeugen und Arbeitsvorgängen. Diese Disziplin in der Wahl adäquater Methoden erstreckt sich auch auf das Gebiet der schönen Künste. Alexander Calders »Pferd«, eine eindrucksvolle Skulptur im Museum of Modern Art in New York, ist aus dem speziellen Material in dem sie entworfen wurde, geformt. Calder fand, daß Buchsbaumholz die Farbe und Maserung habe, die er für die Skulptur wünschte. Aber Buchsbaumholz gibt es nur in ziemlich dünnen Stücken. (Deshalb wurde es von alters her zur Herstellung kleiner Büchsen benutzt: daher sein Name.) Die einzige Möglichkeit, aus einem Holz, das nur in kleinen Stücken vorkommt, eine hinreichend große Skulptur zu machen, war, sie ungefähr in der Art eines Kinderspielzeugs zu verbinden. So ist das »Pferd« eine Skulptur, deren ästhetische Wirkung weitgehend von der Methode bestimmt ist. Für die endgültige Ausführung im Museum of Modern Art wählte Calder dünne Stücke von Nußbaumholz, das ähnlich gemasert ist.

3. Alexander Calder, »Das Pferd« (1928), Walnuß, 40 × 90 cm. Sammlung The Museum of Modern Art, New York. Erworben durch das Lillie P. Bliss Vermächtnis.

Wenn die frühen schwedischen Ansiedler im heutigen Delaware bauen wollten, hatten sie Bäume und Äxte. Das *Material* war ein runder Baumstamm, das *Werkzeug* eine Axt, der *Arbeitsprozeß* eine einfache in den Block geschlagene Kerbe. Das notwendige Ergebnis dieser Kombination von Werkzeug, Material und Arbeitsprozeß ist eine Blockhütte.

Zwischen der Blockhütte im Delawaretal von 1680 und Paolo Soleris Wüstenhaus im modernen Arizona besteht keineswegs eine Kluft. Soleris Haus ist genau wie die Blockhütte das notwendige Ergebnis von Werkzeug, Material und Arbeitsprozeß. Die eigenartige Zähigkeit des Wüstensandes in der Gegend, wo Soleri sein Haus baute, ermöglichte seine einzigartige Methode. Er wählte einen Hügel aus Wüstensand und überzog ihn kreuz und quer mit einem Muster von V-förmigen

4. Paolo Soleri – Grabenwerk für den Zeichenraum.

5. Paolo Soleri – Inneres der keramischen Werkstätte. Fotos Stuart Weiner.

Kanälen, etwa wie die Rippen eines Wales. In die Kanäle goß er Beton, der, als er erstarrt war, die Dachbalken des zukünftigen Hauses bildete. Er fügte eine Dachhaut aus Beton hinzu und ließ unten den Sand herausschaffen, um den Raum selbst zu bekommen. Er vervollständigte das Gebäude durch Fenster, die von Autofriedhöfen stammten. Soleris schöpferische Verwendung von Werkzeug, Material und Arbeitsprozeß war eine Gewaltkur, die uns eine radikal neue Baumethode gab.

Dow Chemicals »self-generating« (selbstwachsende) Schaumstoffkuppel ist das Ergebnis einer weiteren, radikal neuartigen Baumethode. Das Fundament des Gebäudes ist eine 30 cm hohe ringförmige Stützmauer. Auf diese Mauer klebt man einen 10 cm breiten Schaumstoffstreifen, der allmählich von 0 zu 10 cm Höhe ansteigt und so die Basis der Spiralkuppel bildet. In der Mitte auf dem Boden steht eine Maschine mit zwei sich drehenden Auslegern, von denen der eine den Operator, der andere die Schweißapparatur trägt. Die Auslegerbalken bewegen sich spiralförmig etwa 7 m pro Minute in die Höhe. Die Schweißmaschine wird mit einem Endlosstreifen Schaumstoff von 10 × 10 cm Querschnitt gefüttert, den sie auf den vorher von Hand gelegten Streifen klebt. Entsprechend dem sich spiralig erhöhenden und gleichzeitig verengenden Weg der Ausleger wächst die Kuppel. Zuletzt bleibt oben ein 1 m großes Loch, durch das die Maschine entfernt werden kann. Das Loch wird mit einer Plastikblase oder einem Ventil verschlossen.

In diesem Stadium ist der Bau durchscheinend, weich, aber immer noch ohne Türen oder Fenster. Diese werden nun eingeschnitten – ohne jede Schwierigkeit, denn das Material ist noch so weich, daß es mit dem Fingernagel geritzt werden kann. Dann wird das Gebäude innen und außen mit latex-versetztem Beton bespritzt. Die Kuppel ist äußerst leicht, kann höchsten Windgeschwindigkeiten standhalten und großen Schneelasten, ist ungezieferfest und billig. Mehrere dieser Kuppeln von 16,5 m Durchmesser können zu einer Gruppe verbunden werden.

Alle diese Baumethoden zeigen, welch elegante Lösungen möglich sind, wenn Werkzeug, Material und Arbeitsprozeß schöpferisch zusammenwirken.

VERWENDUNG: »Funktioniert es?« Ein Vitaminröhrchen soll die Tabletten einzeln hergeben. Leistet ein Zigarettenanzünder, der wie die Heckflosse eines Autos geformt ist, bessere

Dienste? Vergleichen wir einige Hammerarten: sie unterscheiden sich nach Gewicht, Material und Form. Der Hammer des Bildhauers ist vollrund, er gestattet ständiges Drehen in der Hand. Der Treibhammer des Juweliers ist ein Präzisionsinstrument für feine Metallarbeiten. Und der Geologenhammer ist genau ausbalanciert, um den Schwung seines Arms zu verstärken, wenn er Felsen spaltet.

Die Folgen der Einführung einer neuen Erfindung lassen sich nie vorhersagen. Im Fall des Autos erwies die weitere Entwicklung ihre eigene Ironie. Eine der ersten Beanstandungen war, daß es nicht, wie der gute alte Gaul, allein seinen Nachhauseweg fand, wenn sein Herr von einer feuchtfröhlichen Sitzung benebelt war. Niemand konnte ahnen, daß die massenhafte Verbreitung des Autos das amerikanische Schlafzimmer auf Räder setzen würde: plötzlich konnte jedermann seine Rendezvous ungestört durch Mütter und Bräute abhalten. Niemand erwartete, daß der Wagen unsere Beweglichkeit so sehr erhöhen würde, daß Städte wuchern und Schlafvorstädte entstehen würden, die unsere größeren Städte bedrängen, oder daß wir uns damit abfinden würden, 50 000 Personen jährlich dem Verkehr zu opfern, oder daß unsere sozialen Gruppierungen auseinandergerissen und dadurch unsere Entfremdung wachsen würde. Um 1940 sah niemand voraus, daß sich das Auto schließlich als eine Kombination von Statussymbol und chromblitzendem Haifisch entpuppen würde. Aber größere Ironien sollten folgen. Als man in den sechziger Jahren begann, mehr zu fliegen und am Bestimmungsort einen Wagen zu mieten, sahen die Geschäftsfreunde den Wagen nicht mehr und konnten deshalb den »Lebensstandard« nicht mehr nach ihm beurteilen. Der barocke Sturm legte sich und das Auto wurde wieder mehr zum Transportmittel. Die letzte Ironie steht noch aus: wenn weiterhin die Kohlenmonoxiddämpfe die Atmosphäre vergiften, wird bald das Elektroauto, mit niedriger Geschwindigkeit und einer Reichweite von nicht mehr als 150 km, ein anachronistisches Comeback erleben. Anachronistisch, weil die Tage der individuellen Transportmittel gezählt sind.

Das Automobil ist ein typisches Beispiel für die siebzigjährige Pervertierung eines Entwurfs im Hinblick auf seine *Verwendung*.

BEDÜRFNIS: Viele neuere Entwürfe befriedigten nur vorübergehende Wünsche und Nöte, während die eigentlichen Bedürfnisse des Menschen vom Designer vernachlässigt wurden. Die wirtschaftlichen, psychologischen, geistigen, technischen und intellektuellen Bedürfnisse eines menschlichen Wesens sind gewöhnlich schwieriger und mit weniger Gewinn zu befriedigen als die sorgfältig angeheizten und manipulierten, von Laune und Mode diktierten »Nöte«.

In einer höchst beweglichen Wegwerfgesellschaft lenken Fabrikanten, Werbeagenturen und Händler das Interesse des Verbrauchers auf die oberflächlichen Verlockungen einer kurzlebigen Gruppe, die angeblich gerade »in« ist, und beuten so das psychologische Bedürfnis nach Sicherheit und Dauer schamlos aus.

Die Menschen scheinen das Ausgeschmückte dem Einfachen vorzuziehen, so wie sie das Tagträumen dem Denken und den Mystizismus dem Rationalismus vorziehen. Sie suchen Massenvergnügungen und mögen vielbefahrene Straßen lieber als Einsamkeit und stille Wege; Menschenmengen und dichtes Gewimmel scheint ihnen ein Gefühl von Sicherheit zu geben. Der *horror vacui* ist ein Horror sowohl vor der inneren als auch der äußeren Leere.

Das Bedürfnis nach Sicherheit-durch-Identität wurde zum Rollenspiel pervertiert. Der Verbraucher, nicht fähig oder nicht gewillt, ein tätiges Leben zu leben, kann sich mit Wasserstiefeln, pseudomilitärischen Uniformen, Seemannshemden, Pelzjäckchen und allem möglichen anderen äußerlichen Kram kostümieren. Die Pelzparkas und Elchlederstiefel sind offensichtlich nichts als Rollenrequisiten, da das Klima ihren wirklichen Gebrauch überall außer in Sibirien und Alaska überflüssig macht.

Kurze zehn Monate nachdem die Skott Paper Company wegwerfbare Papierkleider für 99 Cents eingeführt hatte, konnte man Wegwerfkleider zum Preis von 20 bis 149,50 Dollar kaufen. Bei erhöhtem Verbrauch hätte der Preis des 99 Cent-Kleides auf 40 Cent fallen können. Und ein Papierkleid zu 40 Cent ist eine gute Idee. Die Industrie pervertierte in typischer Weise die Idee und zog es vor, die wichtige Bedürfnis-erfüllende Funktion der Erfindung zu ignorieren: wegwerfbare Kleider billig genug, um die Wegwerfbarkeit für den Verbraucher annehmbar zu machen.

Beschleunigte technische Entwicklung wird dazu verwendet, technischen Rückschritt herbeizuführen. Das heutige Erzeugnis ist oft dem des vergangenen Jahres wirklich überlegen. Aber der Markt ist immer noch auf die statische Philosphie des »Erwerbens – Besitzens« eingestellt, statt auf eine dynamische des »Leihens – Gebrauchens«, und die Preispolitik hat nicht zu niedrigeren Verbraucherkosten geführt. Wenn zum Beispiel ein Fernseher keine Erwerbung fürs Leben sein soll, sondern eine alljährliche Neuanschaffung, muß sich das im Preis niederschlagen. Statt dessen wurden die richtigen Preise für die richtigen Dinge von den falschen Preisen für die falschen Dinge verdrängt.

Unsere profit- und konsumorientierte westliche Gesellschaft ist so überspezialisiert, daß nur wenige Menschen in den Genuß der Annehmlichkeiten und Wohltaten des vollen Lebens kommen und viele nie auch nur an den bescheidensten Formen schöpferischer Tätigkeit partizipieren, die ihre Sinne und ihre intellektuellen Fähigkeiten lebendig erhalten könnten. Die Mitglieder einer »zivilisierten« Gesellschaft sind abhängig von der Geschicklichkeit, der Intelligenz und dem Einfallsreichtum der Experten. Aber wie gut ausgebildet diese auch sein mögen, wenn sie kein Bewußtsein ihrer ethischen, intellektuellen und künstlerischen Verantwortlichkeit entwickeln, werden die Sittlichkeit und die intelligente, »schöne« und elegante Qualität des Lebens immer mehr unter dem heutigen System der Massenproduktion und des Privatkapitals leiden. TELESIS: »Die überlegte, zweckvolle Nutzbarmachung der natürlichen und gesellschaftlichen Prozesse, um bestimmte Ziele zu erreichen« (American College Dictionary, 1961). Im Hinblick auf seine Zielrichtung muß ein Entwurf die Zeit und die Bedingungen, die den Anstoß zu ihm gegeben haben, erkennen lassen und in die allgemeine sozioökonomische Ordnung einpassen, in der er wirken soll.

Die Unsicherheit und die vielfältigen, ungewohnten Arten von Unterdrückung in unserer Gesellschaft geben vielen Menschen das Gefühl, sie könnten verlorene Werte wiedergewinnen, wenn sie frühamerikanische Möbel und serienmäßig hergestellte Ahnenbilder kaufen oder ein Steinschloßgewehr über den Kamin hängen. Das neuerdings so beliebte Gaslicht, ein gefährlicher und sinnloser Anachronismus, verrät nur ein unklares Suchen nach der »guten alten Zeit«, gleicherweise bei Verbrauchern wie Designern.

Unsere zwanzigjährige Liebesaffäre mit japanischen Dingen – Zen-Buddhismus, Architektur der Ise-Schreine, Haiku-Dichtung, Holzschnitte von Hiroshige und Hokusai, Koto- und Samisenmusik, Laternen und Reisweingarnituren – hat bei manchen Verbrauchern, die sich nicht um *Telesis* kümmern, eine unbeherrschte Nachfrage ausgelöst.

Allmählich wird klar, daß unser Interesse an allem Japanischen nicht einfach eine vorübergehende Laune oder Mode ist, sondern das Ergebnis einer umfassenden kulturellen Konfrontation. Da Japan unter dem Shogunat der Tokugawa für fast zweihundert Jahre von der westlichen Welt abgeschnitten war, blühte seine Kultur in reiner, wenn auch etwas überzüchteter Form in den Kaiserstädten Kyoto und Tokio. Die Reaktion der westlichen Welt auf eine intimere Kenntnis Japans ist nur mit der Antwort Europas auf die Wiederentdeckung der klassischen Antike zu vergleichen, die wir heute Renaissance nennen. Dennoch ist es nicht möglich, Dinge von einer Kultur in eine andere zu übertragen.

Die Böden der traditionellen japanischen Wohnung sind mit Matten belegt. Sie haben eine Größe von 1×2 m und bestehen aus einer fest gepackten Reisstrohschicht mit einer Abdeckung von geflochtenen Binsen. Die Langseiten sind mit schwarzem Leinenband eingefaßt. Die Matten stellen eine Art Maßeinheit dar – man spricht von 6, 8 oder 12-Mattenwohnungen –, aber ihr Hauptzweck ist, Geräusche zu schlucken und als Wand-zu-Wand Staubsauger zu dienen: sie nehmen die Schmutzpartikel durch die geflochtene Oberfläche hindurch auf und halten sie in der Reisstrohschicht im Inneren fest. Die sockenartigen japanischen Hausschuhe (die Straßenschuhe bleiben vor der Tür) passen zu diesem System. Von Zeit zu Zeit werden die Matten weggeworfen und durch neue ersetzt. Lederbesohlte Schuhe und spitze Absätze zerstören die Oberfläche der Matten. Der vermehrte Gebrauch dieser Fußbekleidung und die überstürzte industrielle Entwicklung machen die Verwendung der Matten in Japan schwierig genug; in den Vereinigten Staaten sind sie absolut lächerlich, weil ihre hohen Kosten eine periodische Erneuerung ruinös teuer machen.

Leichte, verschiebbare Papierwände und Fußmatten geben dem Haus bestimmte und charakteristische akustische Eigenschaften, die den Bau und die Entwicklung der japanischen Musikinstrumente, ja sogar die melodische Struktur der japanischen Sprache, der Dichtung und des Dramas beeinflußt haben. Ein Klavier, das für die widerhallenden isolierten Wände und Fußböden westlicher Wohnungen und Konzertsäle entworfen ist, verwandelt, in eine japanische Wohnung gebracht, die Brillanz eines Konzerts von Rachmaninoff in eine schrille Kakophonie. Ebenso kommt der zarte Ton einer japanischen Samisen-Gitarre in einem amerikanischen Haus, das wie eine widerhallende Schachtel wirkt, nicht völlig zur Geltung. Amerikaner, die auf ihrer Suche nach Exotischem ein japanisches Interieur mit amerikanischer Lebenserfahrung verquicken wollen, müssen erkennen, daß Einzelelemente nicht ungestraft aus der Telesis ihres Kontexts genommen werden können.

ASSOZIATION: Unsere psychologische Konditionierung, die oft auf früheste Kindheitserinnerungen zurückgeht, spielt bei unseren positiven oder negativen Vorurteilen gegenüber gegebenen Werten eine wesentliche Rolle.

Der wachsende Widerstand des Verbrauchers auf vielen Produktionsgebieten ist ein Beweis dafür, daß das Design den assoziativen Aspekt des Funktionskomplexes vernachlässigt hat. So haben die Hersteller von Fernsehern nach zwei Jahrzehnten immer noch nicht die Frage gelöst, ob ein Fernsehgerät die assoziativen Werte eines Möbelstücks oder eines technischen Gegenstandes haben sollte. Das winzige Transistorradio steht immer noch unschlüssig vor den drei Möglichkeiten: Kamera? Schmuckstück? Geldbörse?, was die monotone Gleichförmigkeit der zahlreichen Modelle verschuldet haben mag. Während es durchaus möglich ist, diese Taschenradios auf die verschiedenen Bedürfnisse zuzuschneiden und so neue Käuferschichten zu gewinnen, werden sie nach wie vor fast ausschließlich an Teenager verkauft.

Die Reaktion vieler Designer erinnert an die von Hollywood mit so wenig Glück praktizierte Haltung: die Öffentlichkeit wurde als völlig einfältig hingestellt, bar jeden Geschmacks und Urteilsvermögens. Man entwarf das Bild eines moralischen Schwächlings, mit einem Intelligenzquotienten von etwa 70, der alles anzunehmen bereit ist, was immer die unheilige Dreifaltigkeit von Motivforschung, Marktanalyse und Verkauf für ihn als passend befunden hat. Die assoziativen Werte des Designs sanken bald auf den kleinsten gemeinsamen Nenner herab; sie sind mehr von Mutmaßungen und bunten graphischen Darstellungen bestimmt als von einer wirklichen Einsicht in die Bedürfnisse des Verbrauchers.

Da Massenproduktion und Automation sowohl eine Vielzahl als auch große Ähnlichkeit der Typen erzwingen, wird es mehr und mehr wichtig, auf zwei grundlegende Design-Ansätze hinzuweisen:

1. Eine klare Entscheidung, was der Sinn eines Gegenstandes sein sollte. Ist ein Auto z. B. ein Sportgerät, ein Transportmittel, ein Wohnzimmer plus Bordell auf Rädern oder ein verchromtes Etwas, dazu bestimmt, sich in einen Do-it-yourself-Sarg zu verwandeln?

2. Größere Abwechslung bei den Unter-Typen der Produkte. Kann man tatsächlich erwarten, daß ein Zahnbürstenverkäufer, ein Universitätsprofessor, ein Werftschweißer oder eine Hausfrau Fernsehgeräte kaufen, die identisch sind bis auf die Farbgebung und den Lautsprecher?

Wenn man die Vorstellung eines Gegenstandes prägen will, muß man sich gründlicher als bisher in die Begriffe Farbe, Form, Taktilität, visuelle Organisation etc. versenken, ebenso muß man über die Aufnahmefähigkeit des Menschen und sein Selbstverständnis Bescheid wissen. Die Synthese derartiger Untersuchungen, zusammen mit einem größeren Einfühlungsvermögen von seiten des Designers, müßte zu Erzeugnissen führen, die ihrem eigentlichen Sinn besser entsprechen.

Viele Produkte verkörpern bereits erfolgreiche Werte von hohem assoziativen Gehalt, entweder zufällig oder »nach Plan«. Die tragbare Schreibmaschine Lettera 22 von Olivetti verbreitet unmittelbar eine Atmosphäre von verfeinerter Eleganz, Präzision, leichter Tragbarkeit, geschäftsmäßiger Tüchtigkeit, während der zweifarbige Koffer aus Segeltuch und Leder »brauchbar in jedem Klima« signalisiert.

Abstrakte Werte können direkt jedermann mitgeteilt werden, wie sich leicht beweisen läßt.

Wenn der Leser aufgefordert wird zu wählen, welche von den beiden umseitigen Figuren er *Takete* und welche *Maluma* nennen würde (beide Wörter sind in jeder bekannten Sprache völlig sinnlos), nennt jedermann die rechte Figur *Takete* (W. Koehler, Gestaltpsychologie).

Viele assoziative Werte sind in der Tat universell und für unbewußte, tiefsitzende Triebe und Zwänge verantwortlich. Selbst völlig sinnlose Laute und Formen können, wie oben gezeigt, für uns alle dasselbe bedeuten. Mit der unbewußten Beziehung zwischen der Erwartung des Betrachters und der Gestaltung des Gegenstandes kann man experimentieren und sie manipulieren. Dadurch wird nicht nur etwa die »Stuhlheit« eines Stuhls vergrößert, sondern er wird auch mit assoziativen Werten, wie Eleganz, Förmlichkeit, Tragbarkeit, ausgestattet.

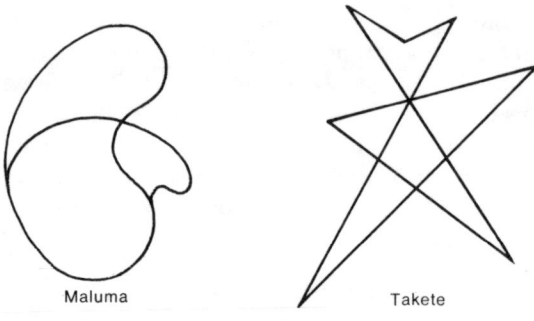

Maluma   Takete

6. Gestaltvergleich

ÄSTHETIK: Hier regiert der herkömmliche bärtige Künstler, eine mythologische Persönlichkeit mit Sandalen, einer Geliebten, Barett und Staffelei. Die Wolke von Geheimnis um ästhetische Belange kann und soll zerstreut werden. Die Wörterbuch-Definition, »eine Theorie vom Schönen in Geschmack und Kunst«, bringt uns nicht weiter. Trotzdem wissen wir, daß Ästhetik ein Werkzeug ist, eines der wichtigsten im Repertoir des Designers, das ihm hilft, seine Formen und Farben zu Gebilden zu gestalten, die uns rühren, uns gefallen, die schön sind, aufregend, entzückend, bedeutsam.

Weil es keinen fertigen Maßstab für die Analyse des Ästhetischen gibt, betrachtet man es einfach als einen persönlichen Ausdruck – voller Rätselhaftigkeit und nicht frei von Unsinn. Wir wissen, »was wir mögen oder nicht mögen«, und dabei bleibt's. Selbst die Künstler fangen an, ihre Erzeugnisse als autotherapeutische Mittel des Selbst-Ausdrucks anzusehen, verwechseln Willkür mit Freiheit und vergessen jede Disziplin. Sie können sich oft über die verschiedenen Bestandteile und Eigenschaften der Ästhetik des Design nicht einigen. Wenn wir das »Abendmahl« von Leonardo da Vinci einer gewöhnlichen

Holzfaserplatte gegenüberstellen, verstehen wir, wie beide im ästhetischen Bereich wirken. Ein Werk der sogenannten »reinen« Kunst hat die Hauptaufgabe, auf der Ebene von Inspiration, Entzücken, Schönheit, Katharsis zu wirken – kurz, als Propagandainstrument für die heilige Kirche zu wirken in einer Zeit, als eine großenteils analphabetische Bevölkerung wenigen nicht-verbalen Reizen ausgesetzt war. Aber das »Abendmahl« hatte auch den anderen Erfordernissen des Funktionskomplexes zu genügen; abgesehen von seinem spirituellen Gehalt war es seine *Verwendung*, eine Wand zu bedecken. Von der *Methode* her gesehen, hatte es das Material zu reflektieren (Farbpigment und Farbträger), die Werkzeuge (Pinsel und Malermesser) und den Arbeitsprozeß (die persönliche Pinselführung). Es hatte das menschliche *Bedürfnis* nach geistlicher Befriedigung zu erfüllen. Und es mußte auf der *assoziativen* und der *Telesis*-Ebene wirken, indem es Beziehungspunkte für die Bibel lieferte. Schließlich mußte es noch durch Klischees wie rassischer Typ, Kleidung und Haltung des Erlösers dem Betrachter die Identifikation durch Assoziation erleichtern.

Frühere Versionen des Letzten Abendmahls aus dem 6. und 7. Jahrhundert sahen Christus *liegend* oder auf dem Ehrenplatz zurückgelehnt. Nahezu tausend Jahre lang *saß* der gut erzogene Mann nicht bei Tisch. Leonardo da Vinci war es gleichgültig, daß frühere Kulturen und Maler für Jesus und die Apostel eine zurückgelehnte Haltung gewählt hatten. Um das »Abendmahl« für die Italiener *seiner* Zeit – auf der assoziativen Ebene – annehmbar zu machen, setzte er die Menge um den Tisch des Letzten Abendmahls auf Stühle oder Bänke in den Proportionen seiner eigenen Zeit.

Die Hauptaufgabe einer Faserplatte ist es dagegen, die Wand zu bedecken. Aber eine sorgfältigere Wahl der Oberflächenstruktur und der Farben durch die Hersteller zeigt, daß auch die Faserplatte den ästhetischen Aspekt der Funktion erfüllen muß. Niemand bestreitet, daß bei einem großen Kunstwerk, wie dem »Abendmahl«, die funktionelle Betonung auf dem Ästhetischen liegt, während die *Verwendung* (eine Wand zu bedecken) untergeordnet ist. Der Hauptzweck der Faserplatte ist ihre Verwendung als Wandbedeckung, und das Ästhetische nimmt eine ganz untergeordnete Funktion ein. Aber beide müssen auf allen sechs Gebieten des Funktionskomplexes wirken.

Wir können jeden gestalteten Gegenstand aufgrund unseres sechsseitigen Funktionskomplex-Modells betrachten und ihn so besser verstehen. Wenn wir irgendeine Kölnisch-Wasser-Flasche nehmen und sie nach denselben Gesichtspunkten beurteilen wie das »Abendmahl«, sehen wir, daß das genauso gut geht: wir haben eine klare, *ästhetisch* befriedigende Form. Die Farbe ist aquamarinblau (der Name des Parfüms ist »Aquamarin«), sie kontrastiert gut zu dem glänzenden Messingverschluß. Die Flasche liegt angenehm in der Hand, die hervorragenden Proportionen geben dem ganzen Gegenstand Gleichförmigkeit-mit-Abwechslung. Auch in der Größte, der Anbringung und Typengestaltung der Beschriftung beobachten wir befriedigende Aspekte wie Rhythmus, Wiederholung, Proportion und Gleichgewicht. Wenn wir uns den übrigen fünf Funktionen zuwenden, finden wir, daß die Flasche von *Methode* zeugt durch die gute Anwendung von Material, Werkzeugen und Arbeitsprozessen. Sie reflektiert sowohl das Material – Glas mit Vinylüberzug – wie den Arbeitsprozeß, das maschinelle Blasen von Glas. Sie kippt nicht und der Vinylüberzug schützt die Flasche bis zu einem gewissen Grad vor dem Zerbrechen, so daß der Faktor *Verwendung* voll berücksichtigt wurde. Sie kommt *Bedürfnissen* entgegen: biologischen (Sex), ökonomischen und psychologischen (Status). Verborgenen biologischen Bedürfnissen kommt die im ganzen phallische Gestalt entgegen. Diese wirkt auch auf dem Gebiet der *Assoziation*. Weitere Beispiele auf dem assoziativen Gebiet: die Farbe und der Name des Parfüms sind identisch; die Farbe hat außerdem die Zartheit des Duftes, den man von ihm erwartet. Raffiniertheit zeigt sich in der Verwendung von Schreibschrift. Was die *Telesis* betrifft, so paßt das Design sicherlich zu manchen gängigen Mythen, nach denen die Frauen blumenähnliche, teure sexuelle Spielzeuge sind.

Designer versuchen oft, über die primären funktionellen Forderungen von *Methode, Verwendung, Bedürfnis, Telesis, Assoziation und Ästhetik* hinauszukommen; sie bemühen sich um bündigere Feststellungen: Präzision, Einfachheit. Wird ein solcher Zustand erreicht, so finden wir in ihm eine Art ästhetischer Befriedigung, wie sie auch die logarithmische Spirale einer Nautilusschale, der Flug einer Seemöwe, die Stärke eines knorrigen Baumstumpfes oder die Farben des Sonnenuntergangs vermitteln. Die spezielle Befriedigung an der Einfachheit eines Gegenstandes können wir *Eleganz* nennen. Wenn wir von einer eleganten Lösung sprechen, beziehen wir uns auf eine bewußt vom Menschen entwickelte Qualität, nämlich das Verwickelte auf Einfaches zurückzuführen.

2 PHYLOGENOZID

Eine Geschichte des Designer-Berufs

Alle liegen wir in der Gosse, aber manche von uns schauen nach den Sternen.
Oscar Wilde

Aufgabe des Designs ist letzten Endes, Umgebung und Werkzeuge des Menschen zu verwandeln und damit ihn selbst. Zwar hat der Mensch von jeher versucht, sich selbst und seine Umwelt zu verändern, aber erst neuerdings haben Wissenschaft, Technologie und Massenproduktion dies weitgehend ermöglicht. Wir sind allmählich in der Lage, Probleme zu definieren und zu isolieren, erreichbare Ziele zu bestimmen und sinnvoll auf sie hinzuarbeiten. Eine übertechnisierte, sterile, unmenschliche Umwelt ist eine mögliche Zukunft geworden; eine Welt, die unter einer ständigen gelbbraunen Schmutzwolke erstickt, eine weitere. Dazu kommt, daß sich die verschiedenen Wissenschaften und Technologien in beängstigender Weise aufgefächert und spezialisiert haben. Verwickelte Probleme können oft nur von Spezialisten-Teams, die meist nur ihren eigenen Fachjargon beherrschen, in Angriff genommen werden. Wenn Industriedesigner Mitglieder solcher Teams sind, stellen sie häufig fest, daß sie neben ihren normalen Design-Aufgaben auch noch die Verständigung zwischen den einzelnen Team-Mitgliedern übernehmen müssen. Manchmal ist der Designer der einzige, der die verschiedenen technischen Jargons beherrscht; sein beruflicher Werdegang prädestiniert ihn für die Rolle des Dolmetschers. Die Situation erhebt den Designer zum »Team-Synthetiker«, eine Stellung, die er nur der fachlichen Engstirnigkeit aller anderen Wissenschaftler verdankt.

Das ist nicht immer so gewesen.

Viele Bücher über Industrial-Design behaupten, daß Design begann, als der Mensch anfing, Werkzeuge zu machen. Während der Unterschied zwischen dem *Australopithecus africanus* und dem modernen Designer vielleicht nicht so groß ist, wie man denken oder hoffen möchte, ist die Gleichsetzung des Menschen als Werkzeugmacher mit dem Beginn unseres Berufs nur ein Versuch, mit dem historischen Hintergrund Status für diesen Beruf zu gewinnen. »Am Anfang war Design« – sicherlich, aber nicht für die Industrie. Henry Dreyfuss, einer der Begründer des Berufs, sagt in »Designing for People«, wahrscheinlich dem besten und charakteristischsten Buch über Industrial Design:

> »Der Designer für Industrieerzeugnisse merzte zuerst übermäßige Dekoration aus, aber seine eigentliche Aufgabe begann, als er darauf bestand, den Gegenstand auseinanderzunehmen, zu sehen, weshalb er tickte, und Mittel zu erfinden, die ihn besser ticken ließen – und dann dafür zu sorgen, daß er besser aussah. Er vergißt nie, daß Schönheit an der Oberfläche bleibt. Wir haben uns jahrelang vor Augen gehalten, *daß der Gegenstand, an dem wir arbeiten, gefahren werden soll, daß man auf ihm sitzen, ihn anschauen, hineinsprechen, bedienen, handhaben können muß, oder daß er sonstwie individuell oder in Massen verwendet werden soll. Wenn der Kontaktpunkt zwischen dem Produkt und dem Verbraucher zum Reibungspunkt wird, hat der Designer versagt. Wenn andererseits die Menschen gesicherter und bequemer leben, am Erwerb mehr interessiert, tüchtiger – oder nur einfach glücklicher sind, dann hatte der Designer Erfolg.* Voraussetzung für seine Aufgabe ist eine objektive, analytische Art zu sehen. Er berät sich eingehend mit dem Hersteller, mit den Ingenieuren, den Leuten von der Produktion und vom Vertrieb und denkt immer an die speziellen Probleme, die der Firma im Geschäftsleben oder in der Industrie erwachsen könnten. Bis zu einem gewissen Grad schließt er Kompromisse, weigert sich aber, Design-Grundsätze aufzugeben, die, wie er weiß, richtig sind. Gelegentlich verliert er einen Kunden, aber kaum jemals dessen Achtung.«

Industrial-Design hat also immer mit Produktion und/oder Herstellungserleichterungen zu tun – eine Tatsache, über die weder Menschen noch Götter entzückt sind.

In England befaßte man sich zuerst mit dem Design von Werkzeugen und Maschinen; diese Bemühungen fielen fast genau mit den Anfängen der industriellen Revolution zusammen. Die erste Gesellschaft für Formgestaltung wurde 1849 in Schweden gegründet, weitere folgten in Österreich, Deutschland, Dänemark, England, Norwegen und Finnland. Den Designern dieser Periode ging es um die äußere Form, sie waren auf der Suche nach der »angemessenen Schönheit« maschineller Werkzeuge und industriell hergestellter Gegenstände. Sie sahen in der Maschine eine Neuheit, die nach dekorativem Schmuck zu schreien schien. Sie verwendeten hauptsächlich klassische Ornamente und Motive aus dem Pflanzen- und Tierreich. Auf riesigen hydraulischen Pressen sproßten Akanthusblätter und Ananasfrüchte oder stilisierte Weizengarben. Viele Bewegungen für »gesunde Formgestaltung« oder »Designreform« der damaligen Zeit wurzelten in einer Art Anti-Maschinen-Philosophie. Frank Lloyd Wright sagte 1894, daß »die Maschine da ist, um zu bleiben«, und daß der Designer aus »diesem normalen Werkzeug der Zivilisation den größtmöglichen Vorteil herausholen solle, anstatt es, wie bisher, zu prostituieren, indem er Formen reproduzierte, die aus anderen Zeiten und anderen Bedingungen stammen.« Die Arbeiten der österreichischen Kunstgewerbeschule und einzelne isolierte deutsche Gruppen wiesen bereits in die Zukunft, aber erst als Walter Gropius 1919 das Bauhaus gründete, wurde eine stürmische Ehe zwischen Kunst und Maschine geschlossen.

Keine Designschule hatte bislang einen größeren Einfluß auf die Bildung des Geschmacks und der Entwürfe als das Bauhaus. Hier zuerst wurde Design als lebenswichtiger Teil des Produktionsprozesses begriffen, nicht als »angewandte Kunst« oder »Industriekunst«. Das Bauhaus war das erste internationale Forum für Designprobleme, weil es seinen Lehrkörper und seine Studenten aus aller Welt zusammengeholt hatte, und sein Einfluß verbreitete sich, als diese Leute später Designbüros und -schulen in allen größeren Ländern gründeten. Mit echt teutonischer Gründlichkeit versuchte das Bauhaus, eine Methodologie von Praxis und Lehre der Formgestaltung zu entwickeln. Fast jede größere Schule für Design in den Vereinigten Staaten verwendet bis heute den vom Bauhaus erarbeiteten grundlegenden Lehrgang. Es war 1919 sinnvoll, einen deutschen Neunzehnjährigen mit Bohrmaschine und Kreissäge, Schweißapparat und Drehbank experimentieren zu lassen, damit er »die Wechselwirkung von Werkzeug und Material« kennenlernte.

Heute ist diese Methode ein Anachronismus, denn ein amerikanischer Teenager hat sein ganzes Leben in einer von der Maschine beherrschten Gesellschaft verbracht. Für einen Studenten, dessen Designschule den vom Bauhaus entwickelten Lehrplan immer noch sklavisch befolgt, existieren die Computerwissenschaften, Elektronik und Plastiktechnologie, Kybernetik und Bioelektronik einfach nicht. Die Lehrpläne, die das Bauhaus aufstellte, waren für ihre Zeit hervorragend (Telesis!), aber eine Schule, die sich heute noch in diesen Spuren bewegt, verewigt Design-Infantilismus.

In Amerika war Industrial Design ein Kind der Depression, wie Marathontänze, Sechstagerennen und kostenlose Speisen im Kino. Auf den ersten Blick läßt der geschwollene Bauch ein unterernährtes Kind wohlgenährt erscheinen, auf den zweiten sieht man die ausgemergelten Arme und Beine. Die Erzeugnisse der frühen amerikanischen Designer haben dieselbe magere Fülle und dieselben Schwächen.

Für den Markt in der Depression brauchte der Hersteller neue Verkaufstricks, und der Designer formte die Produkte entsprechend um: sie mußten besser aussehen und die Herstellungs- und Vertriebskosten sollten gesenkt werden. Harold van Dorens damalige Definition in »Industrial Design« lautete passend:

Industrial Design ist die Praxis der Analyse, der Erzeugung und Weiterentwicklung von Produkten für die Massenfertigung. Sein Ziel ist, Formen zu finden, die mit Sicherheit abgesetzt werden können, bevor großes Kapital investiert wurde, und die zu einem Preis hergestellt werden können, der weite Verbreitung und vernünftige Gewinne gestattet.«

Harold van Doren, Norman Bel Geddes, Raymond Loewy, Russel Wright, Henry Dreyfuss, Donald Deskey und Walter Dorwin Teague waren die Pioniere der Design-Praxis in Amerika. Es ist kennzeichnend, daß sie alle ursprünglich Bühnenbildner und/oder Schaufensterdekorateure waren.

Während die Architekten an den Straßenecken Äpfel verkauften, schufen die Ex-Bühnenbildner und Ex-Schaufensterdekorateure Verkaufsschlager in den Luxusappartements im ersten Stock.

Raymond Loewys Neugestaltung der Kopiermaschine von Gestetner ist wahrscheinlich der erste und berühmteste Fall von Weiterentwicklung einer industriellen Vorlage. Doch hören wir, was Don Wallance dreißig Jahre später in »Shaping Amerikas Products« sagt:

»Die ›vor-und-nachher-Fotos‹ von Vervielfältigungsapparaten, Lokomotiven, Kühlschränken, Möbeln und anderen Erzeugnissen, die durch Industriedesigner neu entworfen worden waren, beeindruckten sehr. Mehr noch beeindruckten die Unterschiede in den Verkaufszahlen vorher und nachher. Aber seltsam genug: wenn wir diese Dinge heute, nach mehr als fünfundzwanzig Jahren, betrachten, ist es keineswegs mehr so klar, ob die ›vorher-‹ oder die ›nachher‹-Version dem Urteil der Zeit besser standgehalten hat.«

Diese Art von Design, die es auf die manipulierte visuelle Erregung des Augenblicks abgesehen hatte, florierte unvermindert bis zum Beginn des Zweiten Weltkriegs.

Die Automobilfabriken und andere Konsumgüterindustrien mußten sich auf die Produktion von Kriegsmaterial umstellen; die Erfordernisse der Kriegszeit riefen in den Designern ein neues (wenngleich vorübergehendes) Gefühl für ihre Verantwortlichkeit wach. Die Designer-Stäbe sahen sich echten Bedürfnissen im Sinne des Funktionskomplexes gegenüber, auferlegt durch die Kampfbedingungen. Die Notwendigkeit ehrlicher Entwürfe erzwang eine gesündere Disziplin als die für kommerzielle Verwertung. Materialverknappungen veranlaßten jene Designer, die weiterhin für den Konsumenten arbeiteten, zu viel schärferer Berücksichtigung des Kraft- und Materialverbrauchs und anderer kriegsbedingter Beschränkungen. Ein Schmortopf aus plastiküberzogener Pappe, temperaturbeständig bis 235°, spülfest und unbegrenzt verwendbar, der im Einzelhandel für 45 Cents zu haben war, ist ein gutes Beispiel. Seltsamerweise ist er seit Ende 1945 vom Markt verschwunden.

Die gesellschaftlichen Einflüsse auf das Design in den Vereinigten Staaten durchliefen während des Krieges drei deutlich voneinander unterschiedene Stadien. Das erste: »s' ist ein Job wie jeder andere, bringen wir ihn hinter uns!« Die Parole lautete: Nüchternheit und Pflichterfüllung. Innerhalb des Funktionskomplexes mußte der Designer *Verwendung* und *Bedürfnis* betonen. Die zweite Phase war: »Wir kämpfen für Mami, Heidelbeertorte und das Mädel nebenan.« Jetzt hieß die Parole: Entscheidung und Heimweh. Die Entwürfe schienen ein Vorherrschen von *Methode* und *Telesis* widerzuspiegeln. Das dritte Stadium war: »Wenn alles rum ist, kannst du mit dem eigenen Hubschrauber auf deinem vollklimatisierten Plastik-Freudendom landen, komplett mit Barkeeper-Roboter und dreidimensionalem Fernseher!« Die Parole war: Erfüllung und Hedonismus. Die Entwürfe überließen sich orgiastischem Schwelgen auf assoziativem und ästhetischem Gebiet.

Kurz nach Kriegsende brachte »The New York Times« die erste seitenfüllende Reklame für Reynolds Kugelschreiber zu nur 25 Dollar pro Stück von Gimbel's Warenhaus. Am Montag Morgen war der Platz vor dem Warenhaus so überfüllt von Menschen, die auf die Öffnung des Geschäfts warteten, daß man zusätzliche Polizeikräfte brauchte, um die Menge zu kontrollieren; Plätze in der Kugelschreiber-Schlange konnten für 5–10 Dollar verkauft werden.

Dieser verrückte Zustand dauerte ungefähr fünf Wochen. Sogar ein dreitägiger Streik der Lastkraftwagenfahrer konnte dem Verkauf nichts anhaben, da die Gewerkschaft versprach, »Milch, Grundnahrungsmittel und Reynolds Kugelschreiber« auszuliefern. Mit einem Reynolds Kugelschreiber konnte man »unter Wasser schreiben«, aber praktisch sonst nirgends. Er versagte, er schmierte, er leckte in der Tasche und es gab keine Nachfüllpatronen. Man mußte ihn wegwerfen, sobald er leer war, wenn nicht schon früher. Aber immer noch wurden täglich Tausende verkauft. Man erstand einen und war »post-war«; wie die Entlassungsmarke auf dem Rockaufschlag des ersten Zivilanzugs des gedienten Mannes markierte der leckende Reynolds Kugelschreiber in seiner Brusttasche das Ende einer Ära und den Beginn einer neuen. Es war das einzige völlig neue Produkt auf dem Markt.

Die Technologie des Jahres 2000 war im Jahr 1945 zu Besuch gekommen. Überdies gab der zauberhaft leichte Reynolds Kugelschreiber in schimmerndem Aluminium jedermann die persönliche Versicherung, daß »unsere Seite« den Krieg gewonnen hatte.

(Heute kann man's sagen: »unser« Kugelschreiber war die Nachahmung eines deutschen Modells, das Reynolds 1943 in einer südamerikanischen Bar gefunden hatte.)

Die Industrie begünstigte die Bereitschaft des Publikums, alles Neue, alles Andersartige bereitwillig aufzunehmen. Aus der fragwürdigen Ehe zwischen Technologie und künstlich beschleunigten Verbraucherwünschen entsprang das trübe Zwillingspaar *styling* (modern gestalten) und veralten. Es gibt drei Arten des Veraltens: das technische (eine bessere oder elegantere Art der Herstellung wird entdeckt), das materielle (das Produkt verschleißt) und das künstliche (das Aussterbenlassen eines Produkts; entweder entspricht das Material nicht mehr den Ansprüchen oder wichtige Teile können nicht mehr ersetzt und repariert werden). Seit dem Zweiten Weltkrieg stand bei uns vor allem das modebedingte und künstliche Veraltenlassen im Vordergrund. (Ironischerweise läßt der beschleunigte Schritt technischer Neuerungen ein Produkt häufig veralten, noch bevor es in ein künstliches oder modebedingtes Veralten manövriert werden kann.)

Seit den siebziger Jahren hat sich die soziale Umgebung, in die der Designer gestellt ist, noch auf andere Weise verändert: die Gesellschaft selbst hat sich polarisiert. In den Vereinigten Staaten werden die Armen ärmer und die fetten Katzen unentwegt fetter. Einerseits versucht die Mittelklasse sich durch den Besitz kleiner technischer Neuheiten mehr und mehr zu bestätigen und Identität wie Selbstachtung durch den Erwerb von Industrieprodukten zu finden. Andererseits hat sich die Armut als eine wichtige Realität im Leben erwiesen. In Mississippi und Südkarolina verhungern wirklich Kinder! In den ausgedehnten Cityghettos gibt es Bevölkerungsschichten, die mit den Motivationen und Bestrebungen der Mittelklasse absolut nichts gemein haben. Und das sind keineswegs nur Neger, Puertoricaner oder Mexikaner. Erbitterte Senioren aus unseren ländlichen Gegenden, enttäuscht in ihren Hoffnungen, sich im Alter von 65 mit 150 Dollar im Monat ehrenvoll zur Ruhe setzen zu können, träumen den verrückten Traum von einer faschistischen Revolution, die die »gute alte Zeit« wiederherstellt.

Weltweit betrachtet, sind die Unterschiede zwischen den Besitzenden und den Habenichtsen noch erschreckender. Wenn wir R. Buckminster Fullers »Inventory of World Resources« (Inventar der Welt-Rohstoffe) zugrunde legen, sehen wir, daß der Besitz von »Energiesklaven« diesen Trend am deutlichsten zeigt.

Ein »Energiesklave« wird wie folgt definiert: zusätzlich zu der Energie, die der Mensch durch den Stoffwechsel für seinen eigenen Körper ausgibt, kann er in 1 Achtstundentag durchschnittlich 150 000 Fuß/Pfund leisten (1 Fuß/Pfund = der Energiebetrag, der nötig ist, 1 Pfund 1 Fuß senkrecht hochzuheben). Diese zusätzliche Leistung sei »Nettovorgabe« in bezug auf die Umwelt genannt. Die potentielle Nettovorgabe eines Menschen der pro Jahr an 250 Tagen 8 Stunden arbeitet, beträgt 37,5 Millionen Fuß/Pfund.

Wenn man einen möglichen Irrtum von weniger als 10 Prozent berücksichtigt, war der Weltverbrauch an Energie 1960 94,4 Quintillionen Fuß/Pfund ($94,429 \times 10^{15}$). Nimmt man an, daß durchschnittlich 4 Prozent dieses Roh-Energieverbrauchs in Arbeit verwandelt wurden, so ergeben sich 3,7 Quintillionen ($3,769 960 \times 10^{12}$) Fuß/Pfund.

Teilt man diese Zahl durch 37,5 Millionen Fuß/Pfund (die jährliche Netto-Vorgabe eines Menschen), so finden wir, daß 100,6 Milliarden Arbeitsäquivalente für ihn pro Mann und Jahr geleistet werden. Diese 100,6 Milliarden Mensch/Jahr Äquivalente wollen wir 100,6 Milliarden Energiesklaven nennen.

100,6 Milliarden Energiesklaven

2 995 Milliarden arbeitende Bevölkerung
= 33,5 Energiesklaven/Kopf

Aber diese Energiesklaven sind nicht gleichmäßig über die Erde verteilt. So wird z. B. jeder der 199 Millionen Nordamerikaner von 185 Energiesklaven »bedient« (460 Sklaven pro Familie!), während jeder Asiat auf die Dienste von drei Energiesklaven beschränkt ist. (1960)

Seit 1960 hat sich die Kluft verbreitert. Bei der abnehmenden Geburtenrate in den nordamerikanischen und westeuropäischen Technokratien und der phantastischen Bevölkerungsexplosion in der übrigen Welt zeigt die Energiedecke nun 208 Energiesklaven pro Nordamerikaner und 0,9 Energiesklaven pro Einwohner in den sogenannten »aufstrebenden Nationen«.

Wenn man Fullers Zahlen extrapoliert und UNESCO-Statistiken hinzuzieht, ergibt sich, daß auch die Beziehung zwischen dem »primär nützlichen Leben eines Produkts« und der tatsächlichen Dauer seines Gebrauchs zum Nachteil der Habenichtse der Welt ausfällt, wie die folgende Tabelle zeigt:

Produkt	Primäre, nützliche Lebensdauer eines Produkts in Jahren	Tatsächliche Zeit der Benutzung in USA in Jahren	Tatsächliche Zeit der Benutzung in Entwicklungsländern in Jahren
Fahrrad	25	2	75
Waschmaschinen und Bügeleisen	5	5	25
Autos	11	2,2	40+
Baumaschinen	14	8	100+
allgemeine industrielle Produktmittel	20	12	75+
landwirtschaftliche Geräte	17	15	2500+
Eisenbahnen	30	30	50
Schiffe	30	15	80+
Mini-Hifi-, Foto- und Filmausrüstung	35	1,1	50

Anscheinend bringen wir es also fertig, die Energiesklaven, die wir – eingeschlossen in Geräten – wirklich haben, zu verzetteln.

Viele Punkte dieser Betrachtungen gehen hauptsächlich den Soziologen und Volkswirtschaftler an, aber das Industrial Design erstrebt, wie schon erwähnt, eine horizontale Synthese, die Fachdenken und Engherzigkeit nicht anerkennt. Wenn auch in allen anderen Fächern größerer Nachdruck auf der vertikalen Spezialisierung liegt, betreffen die obigen Ergebnisse doch ein legitimes Interesse der Designer (oder sollten es wenigstens tun).

Es ist jetzt völlig klar, daß ein neuer Kreuzzug notwendig ist. Zahllose Bedürfnisse, und damit das Bedürfnis nach Design, bestehen in aller Welt. Sache des Designers ist es, an Türen zu klopfen, die sich noch nie geöffnet haben.

Wir müssen nicht zwischen selbstgerechter Bürgersicherheit einerseits und einem haltlosen Hinsinken in die trügerischen Wonnen der Rauschgifte andererseits wählen. Es gibt einen dritten Weg. Das Office of Economic Opportunity, das Southern Appalachian Projekt, die International Labor Organisation in Genf, UNESCO und UNICEF wie noch viele andere Organisationen der verschiedensten politischen Grundeinstellung sind damit befaßt, auf Hunderten von Gebieten die dringendsten Lebensbedürfnisse zu befriedigen; hier sind nur einige Richtungen angegeben, in welche die Designer gehen sollen und müssen.

3 DER MYTHOS VOM EDELKITSCH

Design »Kunst« und Handwerk

Guter Geschmack ist die Zuflucht des Unsicheren.
Leute mit gutem Geschmack kaufen die alten Kleider des Kaisers.
Guter Geschmack ist die erste Ausflucht des Unschöpferischen.
Er ist der letzte Schützengraben des Künstlers.
Guter Geschmack ist ein Betäubungsmittel fürs Volk.

Harley Parker

Das krebsartige Wachstum der schöpferischen Individualität, die sich in selbstsüchtiger Weise auf Kosten des Betrachters und/oder Verbrauchers ausdrückt, begann bei den Künsten, breitete sich über die meisten Handwerke aus und ergriff zuletzt teilweise sogar das Design. Der Künstler, Handwerker oder in manchen Fällen der Designer hat nicht mehr ständig das Wohl des Verbrauchers im Auge. Viele schöpferischen Erzeugnisse sind statt dessen höchst individualistische, autotherapeutische Arbeiten des Künstlers für sich selbst. Schon Mitte der zwanziger Jahre erschienen Stühle, Tische und Schemel auf dem Markt, die in Holland von Wijdveldt unter dem Einfluß der *De Stijl*-Bewegung in der Malerei entworfen worden waren. Auf diesen mit grellen Grundfarben bemalten vierschrötigen Abstraktionen konnte man kaum sitzen; scharfe Ecken beschädigten die Kleidung und die ganze Konstruktion stand in keinem Verhältnis zum menschlichen Körper. Die Stühle hatten als raffinierte Statussymbole eine Lebensdauer von nur wenigen Jahren. Aber der Trend, modische Sudeleien in dreidimensionale Gegenstände für den täglichen Gebrauch zu übersetzen, hält an. Salvadore Dalis nach der Form von Mae Wests Lippen konstruiertes Sofa mag die Tat eines »befreiten« Surrealisten gewesen sein, ebenso Meret Oppenheims pelzbesetzte Tasse und Untertasse, aber die popigen Kissen von heute werden zu Tausenden verkauft. Zwar ist es an und für sich keine schlechte Idee, für 1,50 Dollar ein Kissen zu verkaufen, das zusammengefaltet in der Uhrentasche verstaut und bei Bedarf aufgeblasen werden kann, aber diese kleinen Plastikgreuel erfüllen keine ihrer Aufgaben. Sie geben kaum nach, und da sie aus durchsichtigem Plastikstoff gemacht sind, »atmen« sie nicht, der Benutzer schwitzt also ausgiebig. Auf Zeitschriftenbildern sieht man die Kissen meist in Gruppen, aber wenn mehrere aufeinandergelegt werden, fangen sie an zu quietschen. Da die Kissen nur nach dem visuellen Eindruck gekauft werden, setzt die Enttäuschung erst ein, wenn man sie benutzen möchte.

Neue Arbeitsmethoden und eine endlose Liste neuer Materialien stellen den Künstler, Handwerker und Designer vor die Qual der Wahl. Wenn alles möglich wird, wenn alle Beschränkungen aufgehoben sind, geraten Design und Kunst leicht auf das tote Gleis einer endlosen Suche nach Neuheiten. Der Wunsch nach Neuheit auf seiten des Künstlers spiegelt sich im ebenso starken Wunsch nach Neuheit auf seiten des Betrachters und Verbrauchers. An diesem Punkt fangen die vielen verschiedenen Arten von Neuheit an, viele verschiedene esoterische Verbrauchercliquen ins Leben zu rufen. Der Designer gerät in Gefahr, mit seiner Ware seiner Gesellschaft und dem Funktionskomplex mehr und mehr entfremdet zu werden.

»Time« schreibt über den Maler Ad Reinhardt:

»Unter den Neuerwerbungen, die gegenwärtig im Museum of Modern Art in Manhattan gezeigt werden, befindet sich eine große viereckige Leinwand mit dem Titel ›Abstraktes Gemäde‹, die auf den ersten Blick gänzlich schwarz zu sein scheint. Nähere Betrachtung ergibt, daß sie in sieben etwas hellere Zonen aufgeteilt ist. In einer hilfreichen Notiz auf der einen Seite erklärt Ad Reinhardt sein Gemälde: ›Eine viereckige (neutrale, formlose) Leinwand, fünf Fuß breit, fünf Fuß hoch, so hoch wie ein Mensch, so breit wie die ausgestreckten Arme eines Menschen (nicht groß, nicht klein, dimensionslos), in drei Teile geteilt (keine Komposition), eine horizontale Form eine vertikale (sic) Form negierend (formlos, kein Oben, kein Unten, richtungslos), drei (mehr oder weniger) dunkle (lichtlose), nicht-kontrastierende (farblose) Farben, Pinselarbeit ausgepinselt, um Pinselarbeit zu entfernen, eine matte, flache, von freier Hand gemalte Oberfläche (glanzlos, strukturlos, nicht-linear, keine scharfen Kanten, keine abgerundeten Kanten), welche ihre Umgebung nicht reflektiert – ein reines, abstraktes, gegenstandsloses, zeitloses, raumloses, unveränderliches, beziehungsloses Gemälde – ein Gegenstand, der selbstbewußt ist (nicht Unbewußtheit), ideal, transzendent, der nur Kunst meint (absolut keine Gegenkunst). «

Soweit einer von Amerikas »beredtesten Künstlern«.

Die Bücher gelehrter Kunsthistoriker verbreiten sich ausführlich über den Einfluß der Kamera und der Fotografie auf die bildenden Künste. Und es ist sicherlich richtig, daß eine der Hauptaufgaben der Malerei – eine Hifi-Reproduktion zu liefern – erfüllt schien, als jedermann einen Apparat in der Hand hatte, mit dem er die Natur kopieren konnte, wenn er nur klug genug war, auf einen Knopf zu drücken. Man übersieht meistens, daß auch eine Fotografie eine hochgradige Abstraktion ist. Aber die Rolle der Fotografie und ihr Einfluß auf die Kunst ist heute gut dokumentiert und anerkannt.

Im Gegensatz dazu hat man die Auswirkungen der Maschine und maschineller Perfektion noch kaum beachtet. Die Genauigkeit, die man für die Herstellung eines Feuerzeugs braucht und durch maschinelle Fabrikation auch erhält, ist viel größer als alles, was Benvenuto Cellini, der größte Erzgießer der Renaissance, an Präzision jemals leistete. Bei der Metallbearbeitung für die Raumfahrt sind plus-minus-Toleranzen von $1/_{10\,000}$ Zoll Routinesache. Damit soll nicht Cellini gegen eine automatische Revolverdrehbank ausgespielt werden; es soll lediglich gezeigt werden, daß »bloße Perfektion« routinemäßig vom Fließband und aus der Fabrik kommen kann, wodurch die bildende Kunst einer zweiten Aufgabe – der »Suche nach Vollkommenheit« – beraubt wird. Der zeitgenössische Künstler lebt, ob er will oder nicht, in der zeitgenössischen Gesellschaft. Der Mensch lebt heute in einer Maschinenwelt, wie die Maschine in einer Menschenwelt. Der moderne Künstler, unfähig, mit diesem Wandel seiner Umgebung persönlich fertig zu werden, hat eine Reihe von Fluchtmechanismen erfunden.

Der Künstler lebt unvermeidlich in einer technischen Welt. Selbst ein akademischer Landschaftsmaler in Cornwall bekommt täglich mehr Autos als Kühe zu Gesicht. Manche Künstler sehen in der Maschine eine Bedrohung, manche eine Lebensform, wieder andere eine Erlösung. Alle müssen sie irgendwie mit ihr leben.

Offensichtlich geht man einer Bedrohung am einfachsten aus dem Weg, wenn man sich über sie lustig macht. Die dadaistische Bewegung versuchte von ihren Kindertagen im »Cabaret Voltaire« (1916) an die allgemeine Absurdität des Menschen des 20. Jahrhunderts und seiner Welt zu zeigen, wobei immer eine kräftige Dosis Satire auf die Maschine beteiligt war. Ein zeitgenössisches Beispiel sind Jean Tinguelys »machines«. Diese umfangreichen Konstruktionen von Zahnrädern, Schrauben, Schirmgestellen, Windrädchen, Glühbirnen und ausrangierten Nähmaschinen wackeln, zittern und beben, manchmal explodieren sie oder qualmen – enttäuschenderweise – nur ein bißchen.

Auch Überkompensation kann spaßig sein. Mitte der zwanziger Jahre sah sich Piet Mondrian in Holland von maschineller Präzision umgeben, weshalb er beschloß, sich selbst in eine Maschine zu verwandeln. Seine viereckigen weißen Leinwände, geteilt durch schmale schwarze Streifen und mit nur zwei oder drei Quadraten in den Grundfarben hätten sehr wohl Maschinenprodukte sein können. Tatsächlich ist zur Zeit in Basel ein Computer damit beschäftigt, Mondrian-ähnliche Bilder zu produzieren. Wenn man die Tatsache unberücksichtigt läßt, daß der Computer programmiert werden mußte, zeigt sich klar, welcher Aspekt von Mondrians Werk wirklich schöpferisch war. Kurz nach Mondrians Tod sah ich eine Gedächtnisausstellung seiner Werke in New York, in der auch einige unvollendete Leinwände gezeigt wurden. Die schwarzen Farbstreifen waren durch Isolierband angedeutet; auf dem weißen Hintergrund konnte man an den Spuren des Bands noch verfolgen, wie es vor- und zurückbewegt worden war. Da ich Mondrian während seiner Krankheit kannte, weiß ich, daß er sich am liebsten bequem in seinen Stuhl zurückgelehnt hätte, während zwei Diener die Bänder und Farbquadrate so lange hätten hin- und herschieben müssen, bis er fand, sie seien nun in völligem Gleichgewicht. Hätte er die grafischen Computer noch erlebt, wären sie für ihn ein anregendes neues Spielzeug gewesen.

Aus den Spuren der Bänder auf den weißen unvollendeten Leinwänden können wir ersehen, daß Mondrians Kreativität darin bestand, ästhetische Entscheidungen zu treffen. Sein Werk hat, wenn auch in verwässerter Form, Niederschlag gefunden in der Fassadengestaltung zeitgenössischer Gebäude, in Kleenexpackungen und der typografischen Gestaltung von Druckseiten.

Eine dritte Möglichkeit, sich mit der Maschine auseinanderzusetzen, ist, ihr völlig aus dem Weg zu gehen. Die Surrealisten, Erben der irrationalen Seite des Dadaismus, versuchten die Region des Unbewußten oder Es zu erschließen. Sie bauten ihre höchst realistischen Bilder aus Symbolen des Unbewußten auf und hofften, auf diese Weise moderne Medizinmänner, Hexendoktoren, Schamanen der Farbe zu werden. Die Schwierigkeit bei diesem Unternehmen ist, daß Es-motivierte Gefühle persönliche Sache jedes einzelnen sind. Salvadore Dali mag beim Malen einer brennenden Giraffe eine Orgie lustvoller Sexualität erleben (und er hält sie wirklich für seinen potentesten malerischen Sexualreiz), aber kein einziger Betrachter bringt sie mit Sexualität in Verbindung. Es gab viel unverbindliches Geschwätz darüber, daß »die linke Hand der Träumer« sei, über Jungsche Archetypen, intuitive und poetische Gefühlstöne, Metaphysik, Mystizismus usw. Aber keinem der totemistischen und fetischistischen Embleme der Surrealisten gelang der Durchbruch. Es fehlte ein Bezugspunkt. Der Comte de Lautreamont definierte den Surrealismus als »die zufällige Begegnung einer Nähmaschine mit einem Schirm auf einem Operationstisch«, aber seither haben Tausende solcher surrealistischen zufälligen Begegnungen stattgefunden – und manche sind jetzt eins mit dem heißen Staub Spaniens, Europas, Vietnams – und das Konzept ist nicht mehr bizarr.

Auf der Suche nach einer Zuflucht vor der bedrohlichen Umgebung schlossen sich kleine Gefolgschaften zusammen; diese Tendenz erreichte in Yves Klein ihren Gipfel. Einige seiner Methoden sind in dem Buch »Collage« beschrieben. Mr. Klein malte, wenn er nicht gerade mühevoll 426 000 Schwämme an die Wand eines Kurhotels klebte, gern mit Wasserfarben und legte die Bilder dann bei schweren Regenfällen in seinen Hinterhof, um »einen dynamischen Austausch zwischen natürlichen und von Menschen gemachten Bildern zu erzielen«. Ebenso benützte er für seine Ölgemälde langsam trocknende Farben, schnallte sie dann auf das Dach seines Citroen und fuhr schnell im Kreis herum, »damit sich die Farben klären«. Den Höhepunkt seiner Karriere erreichte er, als die Galerie Iris Clert 1958 seine erste Nicht-Gemälde-Ausstellung veranstaltete. Die Galerie war in festlichem Weiß getüncht worden, die einzigen ausgestellten Objekte waren einfache weiße Rahmen an den Wänden mit Preisschildern, wie: »Nicht-Gemälde, 30 × 70 cm, Fr. 80 000«. Die Ausstellung war ein voller Erfolg. Hunderte von Parisern und amerikanischen Besuchern bezahlten feierlich die leeren weißen Rahmen und nahmen sie mit nach Hause. Es wäre interessant zu wissen, ob Mr. Klein Nicht-Schecks entgegengenommen hätte.

Obwohl Andy Warhol, Roy Lichtenstein und Robert Rauschenberg ihre Produktionen mit rationalen Begründungen abgeschirmt haben, sind ihre Versuche, das Ungewöhnliche auf den Gemeinplatz zurückzuführen und den Gemeinplatz auf das Niveau des Ungewöhnlichen zu heben, zum Scheitern verurteilt. Wenn man Marilyn Monroes Gesicht fünfzigmal nebeneinander gedruckt sieht, wird der Eindruck vermittelt, sie sei ein Herdentier und also austauschbar gewesen – ein Vorwurf, der gegen die meisten Sexsymbole Hollywoods erhoben werden kann, aber sicherlich nicht gegen Miß Monroe.

Kunst als Selbstbefriedigung kann natürlich auch ein Ventil für Aggression und Feindseligkeit sein. Niki de Saint-Phalle schießt aus einer Flinte kleine, farbgefüllte Plastikbeutel auf ihre weißen Gipsgebilde. Die Beutel platzen und die Farben laufen über die Stücke.

Wir erwähnten bereits den Künstler, der vor der Qual der Wahl steht. Aber wenn es ihm nichts ausmacht, die Maschine zu verulken, eine Maschine zu werden, sich in einen Pseudo-Hexendoktor zu verwandeln, den Gemeinplatz zu einem Symbol der Banalität zu erheben oder seine Aggressionen an einer Mittelklasse abzureagieren, die sich gar nicht mehr schocken läßt, sind die Möglichkeiten der Wahl plötzlich erschöpft. Es bleibt nur eins: der Zufall. Ein gut programmierter Computer macht keine Fehler. Bei einer gut konstruierten Maschine gibt es keinen Irrtum. Was ist also logischer, als Fehler zu glorifizieren und Zufälle zu verehren. Hans Arp, einer der Mitbegründer der Dadabewegung in Zürich während des Ersten Weltkriegs, versuchte es als erster: »Formen, angeordnet gemäß den Gesetzen des Zufalls.«

Arp zerriß eine seiner Gouachen (ohne hinzuschauen), stieg auf die oberste Sprosse einer Trittleiter und ließ die Stücke fallen. Dann leimte er sie sorgfältig an, wo sie gerade hingefallen waren. Einige Jahrzehnte später wird ein anderer Schweizer, Spoerri, seine Freundin zum Frühstück einladen und nachher alle Teller, Papierservietten, Speckschwarten und Brotkrümel auf den Tisch leimen, das Resultat »Frühstück mit Marie« nennen und es mitsamt dem Tisch ins Museum hängen.

Was hier über die Beziehung des Künstlers zur Maschinenkultur gesagt wurde, gilt weitgehend auch noch für die neueren Bewegungen. Man kann ergänzend hinzufügen, daß bei der anhaltenden Suche nach Dingen, die als »anders« empfunden werden, der zeitgenössische Künstler stärker dazu neigt, »trendy« zu werden, d. h. Modeströmungen sorgfältiger zu beachten.

Viele von uns, besonders die Jüngeren, lehnen mehr und mehr materielle Besitztümer, Gegenstände und Erzeugnisse ab. Diese Haltung ist, wie einwandfrei feststeht, hauptsächlich auf die Tatsache zurückzuführen, daß wir in einer nach-industriellen Gesellschaft leben, die von technischen Spitzfindigkeiten, Schnickschnack und maschinell hergestelltem Kram überflutet wird. So gibt es jetzt »Conceptual Art«. Die letzte Produktion eines führenden West-Coast-Malers bestand aus 15 Seiten gelben Papiers. Auf jeder Seite beschrieb er mit pedantischer Sorgfalt in allen Einzelheiten die Größen, Farben, Strukturen und Kompositionen von beinahe 400 Gemälden – *vorausgesetzt, er hätte sie gemalt.* Beigefügt waren Beschreibungen der Arbeitsbedingungen, unter denen die Bilder gemalt worden wären, wenn er sie überhaupt gemalt hätte. Er las diese Beschreibungen vor und verbrannte sie dann.

Seit die Umwelt »in« ist, sind Erdarbeiten eine weitere künstlerische Richtung. Darunter kann man viele Dinge verstehen: ein 30 Fuß langer Graben in der Mojave-Wüste kann eine Erdarbeit sein, ein Blatt, von jeder dritten Eiche in Tallahassee, Florida, gepflückt, oder auch Schnee auf einer Wiese in Colorado, mit dem gar nichts geschehen ist.

Keinerlei Urteil abgeben möchte ich über andere, die eine sinnvolle schöpferische und künstlerische Betätigung darin sehen, in eine Schneefläche zu pissen. Aber sicherlich finden die guten Leute, die Kunst produzieren, noch mehr authentische

Wege, uns zu überraschen, zu erfreuen oder ihre Ansichten auszudrücken.

(Nebenbei wurde all dies und was uns die Zukunft der Kunst noch bescheren wird, in einem 1948 in England von C. E. M. Joad verfaßten Buch aufgezählt, beschrieben und erklärt. Sein unglaublich angemessener Titel lautet »Dekadenz«.)

Natürlich läßt sich sogar das selbstgefällige Geschwätz in den Salons von New York, San Francisco und Los Angeles mit dem Vokabular der Leute, die es von sich geben, rechtfertigen. Aber ein kürzlicher Vorfall in New York sollte eine andere Betrachtungsweise mindestens anregen: als einige »Maler« zwei Dutzend Geigen und Kontrabässe an einer Mauer zerschmetterten, um die Bruchstücke an eine Wand zu kleben und ein Wandgemälde zu schaffen, wurden bohrende Fragen laut nach den jungen Puertoricanern und Schwarzen in der Nachbarschaft, die vielleicht gern Musik studieren würden, aber sich nie ein Instrument leisten können...

Wo findet man ständige Design-Sammlungen? Neben dem Museum of Modern Art in New York gibt es Ansätze in Minneapolis, San Francisco, Boston und Buffalo. Der Rest des Landes sieht vielleicht manchmal eine Wanderausstellung »gutes Design«, aber damit endet auch schon seine Begegnung mit gut entworfenen Objekten.

Übrigens kann sogar die angesehenste Ausstellung »guten Designs« eine Enttäuschung sein. Das New Yorker Museum of Modern Art hielt kürzlich eine Ausstellung gut entworfener Gegenstände ab, die das Häßliche, wirklich das *bewußt Häßliche* auf eine neue Ebene hob. So konnten wir eine kleine, lichtstarke Lampe besichtigen, die so entworfen war, daß sie unsicher und unstabil wirkte, wie immer man sie auch hinstellte. Ein formloser Plastikklumpen, (Abb. 7) präzise in der Farbe gefrorenen Durchfalls, stellte einen Lehnstuhl vor. Kurzum, in einer Gesellschaft, in der maschinelle Vollkommenheit oder auch modische Gefälligkeit mit einem Minimum an Anstrengung erreicht werden kann, haben Plumpheit und Häßlichkeit für den ungeübten Beschauer oder Verbraucher einen gewissen Wert bekommen.

Wenn Design eine problemlösende Tätigkeit ist, haben solche Verbeugungen vor dem kleinsten gemeinsamen Nenner keine Existenzberechtigung. Nur wenn der Designer seine Verantwortung für sich und andere verleugnet und Sklave der Verkaufsabteilung wird, kann er dieses aufgewärmte »Seelenfutter« überhaupt schmackhaft finden.

Über die Dekadenz von Rom, als die Barbaren vor den Toren standen, ist viel gesagt worden. Vor unseren Toren stehen keine Barbaren: wir sind unsere eigenen Barbaren, Barbarei ist eine Do-it-yourself-Ausrüstung geworden.

7. »Armstuhl« (1964) von Gunnar Aagaard Andersen. Urethanschaum, 76 cm hoch. Ausgeführt von Dansk Polyether Industri, Dänemark. Sammlung The Museum of Modern Art, New York. Geschenk des Designers. Der Stuhl ist zwar häßlich, aber unglaublich bequem und biomorphologisch aus dem Schaum »gewachsen«.

4 MORD IM DO-IT-YOURSELF-VERFAHREN

Die soziale und moralische Verantwortung des Designers

Die Wahrheit ist, daß man von den Ingenieuren nicht verlangt, bei ihren Entwürfen auf größtmögliche Sicherheit zu achten. Weitere Untätigkeit ist kriminell – denn sie ist mit dem klaren Wissen verbunden, daß Tätigkeit die Sachlage ändern kann, daß die Todesfälle durch den Autoverkehr reduziert werden können, daß das Blutvergießen auf unseren Autobahnen sinnlose Verschwendung ist ... es ist Zeit zu handeln.

Robert F. Kennedy

Eine meiner ersten Aufgaben nach Schulabschluß war der Entwurf eines Radiogerätes. Es war Gehäuse-Entwurf (shroud design): der Entwurf einer äußeren Hülle für die mechanischen und elektrischen Eingeweide. Das war meine erste, und, wie ich hoffe, meine letzte Begegnung mit dem Design der äußeren Erscheinung, dem »styling«, der gestalterischen Kosmetik. Da ich noch immer zeitweise die Schule besuchte, fühlte ich mich natürlich unsicher; die Größe der Aufgabe ängstigte mich – vor allem, weil mein Radio der einzige Gegenstand war, der von einer neuen Gesellschaft hergestellt werden sollte. Eines Abends fragte mich Mr. G., mein Auftraggeber, ob ich mir über die Art der Verantwortung klar sei, die ich mit seinem Auftrag übernommen hätte.

Mit der Zungenfertigkeit des chronisch Unsicheren stürzte ich mich in eine lebhafte Erörterung über »Schönheit« bei Industrieerzeugnissen und »Befriedigung des Verbrauchers«. Er unterbrach mich. »Ja, natürlich, aber Ihre Verantwortung geht noch viel weiter.« Und damit begann er eine weitschweifige und von Gemeinplätzen strotzende Darlegung seiner Verantwortlichkeit gegenüber seinen Aktionären und Arbeitern:

»Bedenken Sie einmal, was Ihr Radio für unsere Arbeiter bedeutet. Wir bauen für die Produktion ein Zweigwerk in Long Island City. Ungefähr 600 Leute stellen wir neu ein. Das heißt, daß Arbeiter aus vielen Staaten, Georgia, Kentucky, Alabama, Indiana, entwurzelt werden. Sie verkaufen ihre Häuser und erwerben hier neue. Ihre Kinder müssen andere Schulen besuchen. In ihren neuen Wohngebieten werden Supermärkte, Drugstores und Tankstellen eröffnet. Und jetzt, stellen Sie sich vor, das Radio würde sich schlecht verkaufen! Nach einem Jahr müssen wir alle entlassen. Sie können die monatlichen Raten für ihre Häuser und Wagen nicht mehr bezahlen. Einige der Läden und Tankstellen machen Konkurs. Die Arbeiter sind gezwungen, ihre Häuser mit Verlust zu verkaufen. Ihre Kinder müssen wieder die Schule wechseln. Überall gibt es Kummer und dabei denke ich noch nicht einmal an meine Aktionäre. Und all das nur, weil sie einen schlechten Entwurf geliefert haben! Hier liegt Ihre Verantwortung wirklich, und ich wette, Sie haben davon kein Wort auf Ihrer Schule gehört.«

Ich war sehr jung, und, offen gestanden, beeindruckt. Innerhalb des geschlossenen Systems von Mr. Gs beschränkter Marktdialektik hatte das alles seinen guten Sinn. Wenn ich die Szene heute aus dem vorteilhaften Blickwinkel einer langjährigen Berufserfahrung betrachte, muß ich zugeben, daß der Designer dafür verantwortlich ist, wie die von ihm entworfenen Produkte auf dem Markt ankommen. Aber diese Perspektive ist immer noch zu engstirnig. Die Verantwortung des Designers geht weit darüber hinaus. Sein soziales und moralisches Urteil muß sprechen schon lange *bevor* er mit dem Entwurf beginnt, denn er hat eine Entscheidung, und sogar eine a priori-Entscheidung, zu treffen, ob der Gegenstand, den er entwerfen oder neu entwerfen soll, seine Aufmerksamkeit überhaupt verdient. Mit anderen Worten: dient seine Arbeit dem Wohl der Öffentlichkeit oder nicht?

Nahrung, Kleidung, Wohnung – so haben wir die Grundbedürfnisse der Menschheit bisher definiert; mit zunehmender Komplizierung des Lebens fügen wir hinzu: Werkzeuge und Maschinen. Aber der Mensch hat mehr Grundbedürfnisse als Nahrung, Kleidung und Wohnung. Unverschmutzte Luft und reines Wasser waren uns zehn Millionen Jahre hindurch eine

Selbstverständlichkeit, doch das hat sich jetzt drastisch geändert. Zwar sind die Ursachen für unsere vergiftete Luft und die verunreinigten Flüsse und Seen sehr komplex, aber man muß zugeben, daß der Industriedesigner und die Industrie insgesamt für den beunruhigenden Zustand der Dinge mitverantwortlich sind.

Mitte der dreißiger Jahre wurde das Amerikabild im Ausland vorwiegend durch die Filme geprägt. Das vorgetäuschte Wunderland vermittelte den ausländischen Filmbesuchern etwas, das sie mehr beeindruckte als Handlung und Filmstars: die Botschaft von einer idealen Umwelt, die mit den allerneuesten technischen Errungenschaften ausgestattet war.

Heute exportieren wir die Produkte und Errungenschaften selbst. Und mit der fortschreitenden kulturellen und technologischen Coca-Kolonisation jenes Teils der Welt, den wir »frei« zu nennen geruhen, exportieren wir auch Umweltformen und Lebensstile der tonangebenden weißen Mittelklasse-, Mitteleinkommens-Gesellschaft ins Ausland und in Ghettos, Slums, Indianerreservationen usf.

. Der Designer-Planer ist für fast alle unsere Erzeugnisse und Werkzeuge und für fast alle unsere Fehler im Umgang mit unserer Umwelt verantwortlich. Er ist verantwortlich entweder durch schlechte Entwürfe oder durch Unterlassungen: weil er seine verantwortlichen schöpferischen Fähigkeiten verleugnet hat, weil er sich nicht einmischte oder weil er sich durchwurstelte.

Ich will die sozialen und moralischen Pflichten des Designers definieren. Denn durch die millionenfache oder noch öftere Wiederholung seiner Fehler bei Designs, die unsere Umwelt, unsere Werkzeuge, Maschinen, Schutzräume und Transportmittel veränderten, hat der Designer-Planer schließlich den Mord auf die Basis der Massenproduktion gestellt.

Drei Diagramme sollen den Mangel an sozialem Engagement beim Designer erklären. Wenn wir (Abbildung 8) das *Design-Problem* mit einem Dreieck vergleichen, sehen wir, daß sich die Industrie und ihre Designer nur mit der winzigen Spitze abgeben, ohne sich um die wirklichen Bedürfnisse zu kümmern.

Nehmen wir zum Beispiel einen Landbriefkasten. Er ist gewöhnlich groß genug, um Briefe und mehrere Zeitschriften einige Tage aufzunehmen, besteht aus Metallblech und ist so geformt, daß Schnee, Eis und Regen leicht abgleiten. Er hat

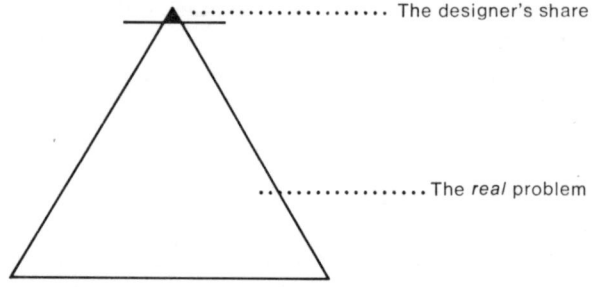

The designer's share

The *real* problem

8. Das Design-Problem; *Anteil des Designers; Das wirkliche Problem* (DIAGRAMM 1)

auch eine kleine Signalflagge, die gehißt werden kann, wenn die Post abgeliefert ist. Er ist billig und robust.

Vor kurzem brachte ein Designbüro an der Westküste im Auftrag eines amerikanischen Herstellers einen neuen Entwurf für Landbriefkästen heraus. Das Ergebnis: eine Reihe von Extravaganzen, bei denen französischer Provinzialstil, Japan, die Pionierzeit oder die Raumfahrt Pate gestanden hatten. Sie sind teuer und verschandeln die Landschaft, dazu sind sie so modisch, daß sie nach ein paar Jahren veraltet sein werden. Besonders kennzeichnend ist, daß der Schnee nicht mehr von ihnen abgleitet. Wahrscheinlich lassen sie sich gut verkaufen und nehmen den symbolischen Wert neuer Statusobjekte an. Man kann den Herstellern gratulieren: alle paar Jahre können nun viel mehr Briefkästen auf den Markt geworfen werden, weil auch sie der Mode unterworfen wurden.

Wie aber müßte der Designer überlegen? An dem Landbriefkasten, wie er ist, gibt es wenig auszusetzen, höchstens daß er die Landschaft verunziert. Doch wenn ein Bedürfnis nach neuen Entwürfen besteht, dann müssen die wirklichen Schwierigkeiten der ländlichen Postzustellung – mit anderen Worten: der riesige Basisteil unseres Dreiecks – überdacht werden. Bis zu welchem Grad können Briefkästen in die Landschaft zurücktreten oder ganz in ihr verschwinden? Können neue Materialien, Werkzeuge und Arbeitsprozesse Kosten sparen oder – wichtiger – den Materialverbrauch eindämmen? Kann man diese Kästen diebstahlsicher machen? Genügt die alte Größe noch für einen vermehrten Postanfall? Kann ein neuer

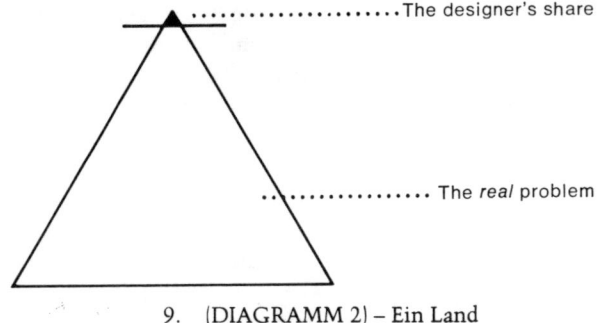

9. (DIAGRAMM 2) – Ein Land

Entwurf die Zustellung erleichtern? Soll man überhaupt vom
Verbraucher verlangen, daß er einen Briefkasten kauft, oder
wäre es besser, auf Staatskosten ein Standard-Modell zu entwickeln und zu verteilen, das die Zustellung vereinfacht und
das Postgeheimnis garantiert? Dies sind nur einige Fragen, die
sich der Designer stellen sollte; schließlich wäre der Inhalt des
Dreiecks zum größten Teil erforscht.

Diagramm 2 ist identisch mit Diagramm 1, nur die Überschrift hat sich geändert. Anstelle von »Design-Problem« haben wir »Ein Land« geschrieben. Wie richtig das ist, leuchtet
unmittelbar ein, sobald von irgendeinem weit entfernten, exo-
tischen Ort die Rede ist. Wenn wir das ganze Dreieck für nahezu jede süd- oder mittelamerikanische Nation setzen, können wir seine Angemessenheit sehen. In fast allen diesen
Ländern konzentriert sich der Reichtum auf eine kleine Gruppe

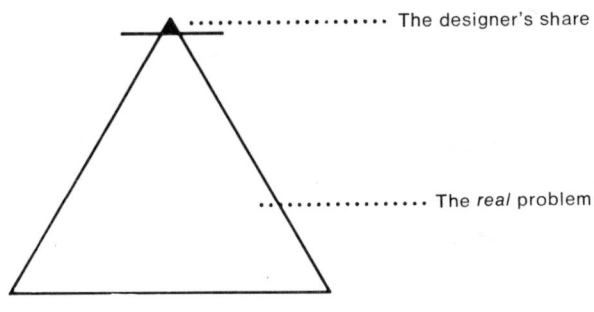

10. (DIAGRAMM 3) – Die Welt

von Landbesitzern, von denen manche den Boden, den sie so wirksam »verwalten« und ausbeuten, nie gesehen haben. Design ist ein Luxus, den sich nur die kleine Clique leisten kann, die die technologische, geldbesitzende und kulturelle »Elite« der Nation bildet. Die eingeborene Indianerbevölkerung (90 Prozent), die auf dem Lande lebt, hat weder Werkzeuge noch Betten noch Hütten noch Schulen noch Krankenhäuser, die irgendwann einmal etwas mit dem Zeichenbrett oder der Werkbank eines Designers zu tun gehabt haben könnten. Sie ist es, die die Basisregion unseres Dreiecks bildet. Man wird mir kaum widersprechen, wenn ich behaupte, daß dies für die meisten Länder Afrikas, Südostasiens und des Mittleren Ostens ebenso zutrifft.

Leider paßt das Diagramm genauso gut auf unser eigenes Land. Die Armen auf dem Lande, die schwarzen und weißen Bürger unserer Innenstädte, die Lehrmittel, die wir in über 90 Prozent unserer Schulen benutzen, unsere Krankenhäuser, Arztpraxen, Diagnosegeräte, Landmaschinen usf. werden von den Designern vernachlässigt. Sporadisch tauchen auch auf diesen Gebieten neue Entwürfe auf, aber gewöhnlich nur als Ergebnis kritischer Marktsituationen, nicht als Folge bahnbrechender wissenschaftlicher Erkenntnisse oder einer echten Reaktion auf ein echtes Bedürfnis. Auch bei uns müssen wir die vom Designer bediente Bevölkerungsschicht zu der winzigen Spitze des Dreiecks rechnen.

Das dritte Diagramm stimmt mit dem ersten und zweiten überein; wieder haben wir nur die Überschrift geändert. Sie lautet jetzt: »Die Welt«. Kann man ernsthaft bezweifeln, daß die Völker dieser Welt *nicht* von den Designern bedient werden? Wo ist unser Erneuerungswille geblieben? Hier soll nicht versucht werden, dem Leben allen Spaß zu nehmen. »Spiele für Erwachsene« sind recht und gut, wenn es Leute gibt, die sie bezahlen wollen – schließlich leben wir, wie oft bemerkt, in einer Überflußgesellschaft. Aber ein kleiner Teil unserer Verantwortlichkeit liegt doch auch auf ästhetischem Gebiet. Warum ist, zum Beispiel, kein *einziges* amerikanisches Tisch-Radio gut entworfen, während japanische Firmen 84 Modelle anbieten, jedes für einen besonderen Zweck. Schließlich bringt auch mancher Verleger, der sonst unglaublichen Schund für die Bestsellerlisten produziert, wenigstens einige lesenswerte Bücher im Jahr heraus.

11. Diese idiotische »Erfindung« wird in einem Teil der Welt hergestellt und verkauft . . .

12. . . . während in einem anderen dies das einzige Kochgerät einer Familie ist. Mexikanischer Herd aus Jalisco, hergestellt aus gebrauchten Zulassungsschildern, Verkaufspreis ca. 8 Cent. Er wird mit Holzkohle beheizt; wenn die Lötung nach etwa 10 oder 15 Jahren platzt, wird er repariert oder die Familie bringt noch einmal 8 Cent für einen »neuen« Herd auf. Anonymer Entwurf; Sammlung des Autors.

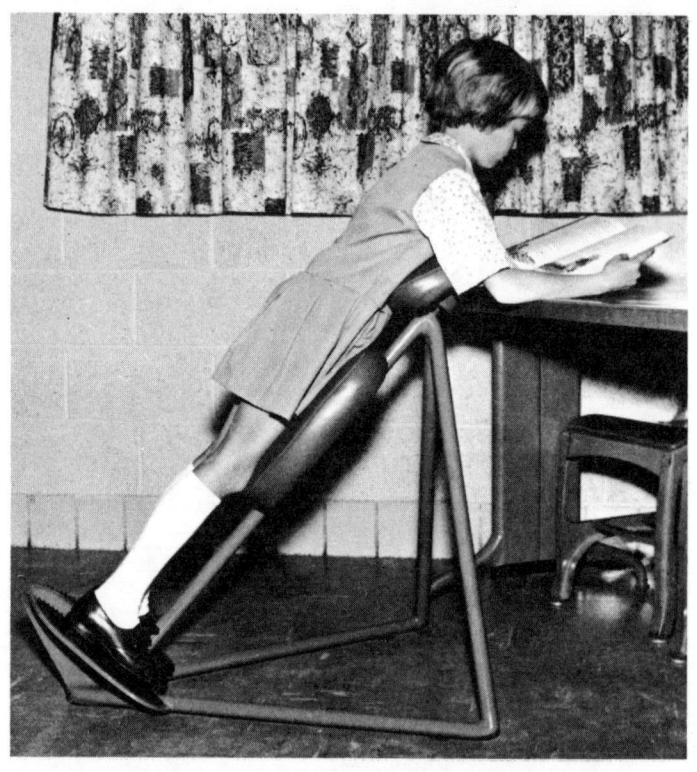

13. Stützstuhl für Rücken- oder Bauchlage; für Schulräume *zusätz-lich* zu normalen Stühlen. Unruhige Kinder können acht weitere Körperstellungen darauf einnehmen. Entwurf: Steven Lynch, Student an der Purdue Universität.

Ich befürworte keineswegs außergewöhnliche, völlig neuartige Entwürfe für Radios, Alarmanlagen oder Kühlschränke. Ich erhoffe lediglich Industrieprodukte, die soweit ästhetisch befriedigen, daß sie nicht die Vision einer von einem brünstigen Cadillac vergewaltigten Brottrommel heraufbeschwören. Zuzusehen, wie biafranische Kinder in Technicolor sterben, während man einen eisgekühlten Martini trinkt, mag manchen Leuten Spaß machen – aber nur, solange ihre *eigene* Stadt nicht brennt. Für einen engagierten Designer ist diese Art zu leben, dieser Mangel an Design nicht vertretbar.

Allzuoft werden Designer, die innerhalb des ganzen Dreiecks wirken wollen (Problem, Land, Welt), beschuldigt, nur für eine

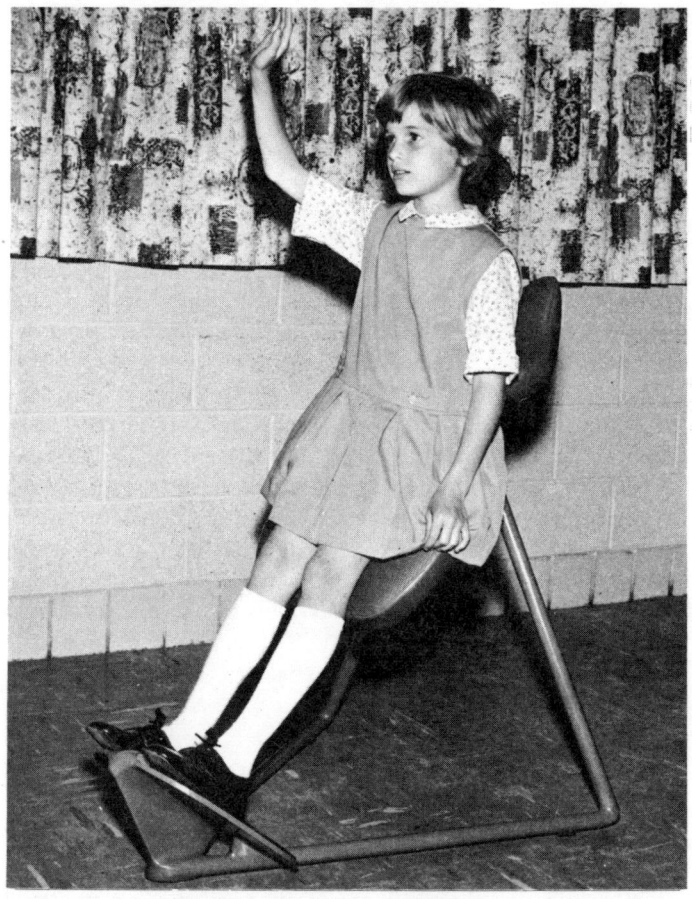

14. Stützstuhl von Steven Lynch.

Minderheit zu entwerfen. Dieser Vorwurf ist nicht nur kindisch, sondern völlig falsch; er beleuchtet die Mißverständnisse, die auf dem Gebiet des Designs herrschen. Die Ursache dieser falschen Auffassung muß herausgefunden und analysiert werden.

Nehmen wir an, ein Industriedesigner oder ein ganzes Designbüro müßte sich ausschließlich auf die menschlichen Bedürfnisse spezialisieren, die in diesem und anderen Kapiteln skizziert werden. Wo würden die Schwerpunkte der Arbeit liegen? Es gäbe Entwürfe für Lehrmittel: für Kinderkrippen, Kindergärten, Volksschulen und Höhere Schulen, Colleges und

Universitäten, für Personen mit Hochschulabschluß und Promotion. Es gäbe Lehrmittel und Lehrpläne für so spezielle Gebiete wie Erwachsenenbildung, die praktische und theoretische Förderung spätentwickelter, benachteiligter und behinderter Kinder, spezielle Sprachstudien, Sprecherziehung, die Rehabilitation von Gefangenen und Geisteskranken. Hinzu käme noch der Unterricht in vollkommen neuen Fertigkeiten für Menschen, denen eine radikale Änderung ihrer Umgebung bevorsteht: von Slum, Ghetto oder ländlichem Armutsgebiet zur Stadt, vom Milieu eines zentralaustralischen Eingeborenen zum Leben in einer technokratischen Gesellschaft, von der Erde zum Weltraum oder zum Mars.

Das Planungswerk unseres imaginären Büros müßte einschließen: Entwurf, Erfindung und Entwicklung medizinisch-diagnostischer Geräte, Krankenhausausstattung, Zahnarztbedarf, chirurgische Werkzeuge und Hilfsgeräte, Ausstattung und Möbel für Nervenkrankenhäuser, Hebammenbedarf, diagnostische und Übungsgeräte für Ophthalmologen usf. Die Entwürfe würden von so simplen Dingen wie ein Fieberthermometer, das leichter abzulesen ist, bis zu so ausgefallenen reichen wie Herzlungenmaschinen, künstliche Organe und Gliedmaßen, visierähnliche Augengläser, Lesemechanismen für Blinde, Hörhilfen und verbesserte kalendarische Verteiler für die »Pille«.

Das Büro würde sich mit Sicherheitsvorrichtungen für Heim, Industrie, Transport und Verkehr befassen, mit der chemischen und thermischen Verschmutzung der Flüsse, Seen und Ozeane wie auch der Luft. Die nahezu 75 Prozent der Weltbevölkerung, die in Armut und Hunger leben, würden sicher einen Großteil des Stundenplans unseres imaginären Büros beanspruchen. Aber nicht nur die unterentwickelten und aufstrebenden Nationen haben ihre Sorgen. Auch bei uns gibt es eine Fülle von Problemen. Die »Schwarze Lunge« der Bergleute von Kentucky und West-Virginia ist nur eine der zahllosen Berufskrankheiten, von denen viele durch Neugestaltung der Ausrüstungen und/oder Arbeitsmethoden ausgerottet werden könnten.

Schutzhütten für Indianer und die Lappenbevölkerung Norwegens, Schwedens und Finnlands – sowie Unterkünfte für alle Menschen, die in eine fremde Umwelt verschlagen worden sind – erheischen Einfallsreichtum und Planung. Ob es sich um ver-

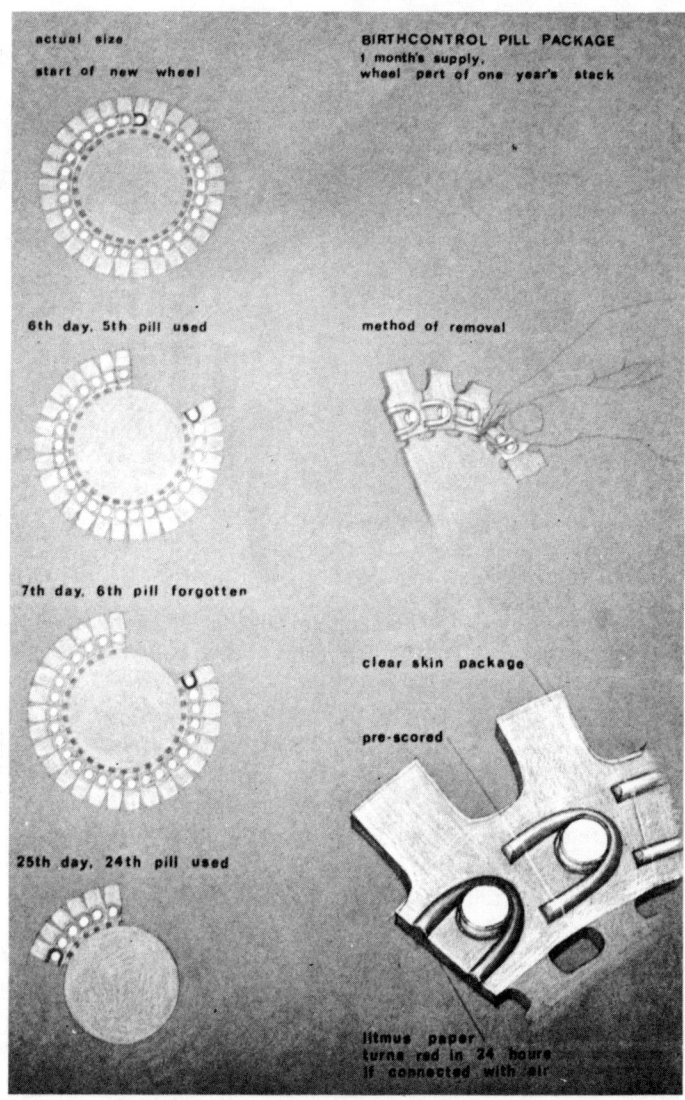

actual size

start of new wheel

BIRTHCONTROL PILL PACKAGE
1 month's supply,
wheel part of one year's stack

6th day, 5th pill used

method of removal

7th day, 6th pill forgotten

clear skin package

pre-scored

25th day, 24th pill used

litmus paper
turns red in 24 hours
if connected with air

15. Antibabypillen-Packung für Analphabeten. Eingeschlossen sind so viele Placebos, daß nicht gezählt zu werden braucht. Wenn eine Benützerin vergißt, die Pille abzubrechen, wird das U-förmige Röhrchen als Gedächtnishilfe rot. Entwurf: Pirkko Sotamaa, Purdue Universität.

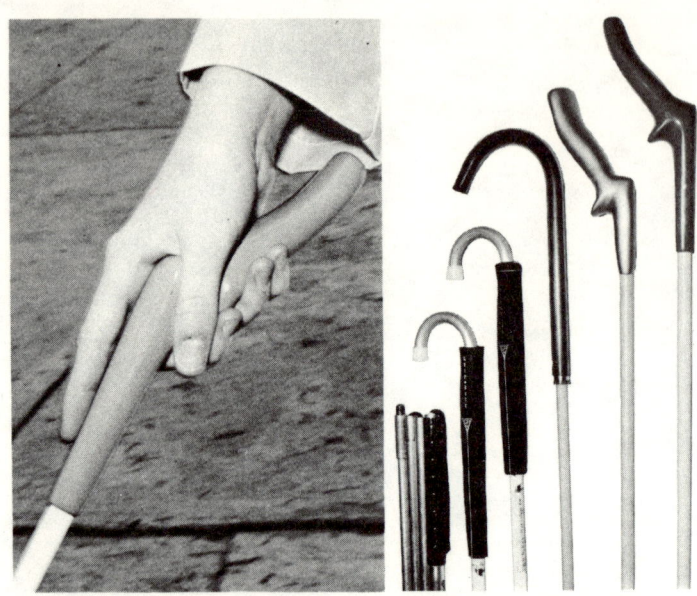

16.   Stöcke für Blinde. Sie leuchten im Dunklen und gestatten feinfühlige Reaktionen. Entwurf: Robert Senn, Student an der Purdue Universität.

hältnismäßig einfache Schutzräume, wie Raumstationen oder Kuppelhäuser für die Venus oder den Mars handelt, oder um etwas so Schwieriges wie die Bewohnbarmachung des gesamten Mondes, unser Planungsbüro wird hier ebenso gebraucht wie für Städte unter dem Meer, Fabriken in der Arktis und künstliche Inseln, die im Amazonas, im Mittelmeer oder längs der (echten) Inselketten Japans und Indonesiens verankert werden können.

Forschungsinstrumente sind für gewöhnlich irgendwie zusammengebastelte, heimtückische Apparate; der wissenschaftliche Fortschritt leidet unter dem Mangel an vernünftig entwickelten Geräten. Ob wir ein Radarteleskop nehmen oder ein simples Reagenzglas – das Design hinkt hinterher.

Und wie steht es mit den Wünschen der Alten? Mit Schwangeren und Fettleibigen? Mit der weltweit verbreiteten Entfremdung junger Menschen? Mit unseren Transportmitteln (das amerikanische Auto ist das wirksamste Mordinstrument seit Erfindung des Maschinengewehrs), mit der Kommunikation und dem Design für völlig neue, bahnbrechende Ideen?

Planen wir immer noch für Minderheiten? Tatsache ist, daß wir alle einmal Kinder waren und zeitlebens auf Fortbildung angewiesen sind, daß wir alle einmal alt werden und alle die Hilfe von Lehrern, Ärzten, Zahnärzten, Krankenhäusern in Anspruch nehmen müssen. Wir alle gehören zu irgendwie notleidenden Gruppen, leben in einem unterentwickelten und aufstrebenden Land des Geistes, gleichgültig, wo wir geographisch und kulturell angesiedelt sind. Alle benötigen wir Transport, Kommunikation, Produkte, Instrumente, Schutz und Kleidung. Wir brauchen reine Luft und sauberes Wasser. Als Spezies brauchen wir die Herausforderung durch die Forschung, die Aussicht auf eine Erschließung des Weltraums, die Befriedigung unseres Wissenstriebes.

Wenn wir also die scheinbar kleinen Minoritäten der vorausgehenden Seiten zusammenzählen, wenn wir alle diese »speziellen« Bedürfnisse kombinieren, finden wir, daß wir letztlich für die Mehrheit gearbeitet haben. Nur der »Industriedesigner«, der modeselig in den siebziger Jahren dieses Jahrhunderts Trivialitäten für den Markt in einigen Überflußgesellschaften ausheckt, arbeitet in Wirklichkeit für eine Minderheit.

Während des Sommers 1968 entdeckte ich ein finnisches Wort, das aus dem Mittelalter stammt: *kymmenykset*. Es bedeutet dasselbe wie das mittelalterliche Wort *Zehnten*. Den Zehnten mußte man bezahlen; der Bauer legte den zehnten Teil seiner Ernte beiseite für die Armen, der Reiche gab am Schluß des Jahres 10 Prozent seines Einkommens her zur Speisung der Bedürftigen. Wir Designer können *kymmenykset* bezahlen, wenn wir 10 Prozent unserer Ernte an Ideen und Talenten an die 75 Prozent der Menschheit abtreten, die in Not leben.

Es wird immer Designer wie Buckminster Fuller geben, die hundert Prozent ihrer Zeit der bedürftigen Menschheit widmen. Wir anderen können uns das im allgemeinen nicht leisten, aber meiner Meinung nach sollte auch der erfolgreichste Designer ein Zehntel seiner Zeit für die globalen Nöte übrig haben.

Auch wenn der Kollektivegoismus vieler Designbüros diese Art der Planung unmöglich macht, sollte man wenigstens die Studenten ermutigen, für die Allgemeinheit zu arbeiten. Man erschließt ihnen dadurch neue Tätigkeitsbereiche und bietet ihnen Alternativen zu den überkommenen Designvorstellungen. Vielleicht hilft man ihnen, das spezielle Gefühl für soziale und moralische Verantwortung zu entwickeln, das wir im Design so notwenig brauchen.

Probleme gibt es überall. Designer haben nie an die Linkshänder gedacht (siehe Kapitel sechs). Vor einigen Jahren wurde lautstark gefordert: sprich mit den Arbeitern! Wie wäre es, mit den Arbeitern zu arbeiten? Schutzhelme heißen so, weil sie den Kopf schützen sollen. Aber sie sind nicht sicher, nicht ausreichend auf ihre Widerstandsfähigkeit gegen kinetische Energie getestet. Ich zitiere aus der Flugschrift über den »Sicherheits«helm von Jackson Produkts of Warren, Michigan:

»WARNUNG: dieser Helm bietet begrenzten Schutz. Er vermindert die Wirkung des Aufpralls eines fallenden Gegenstands, der den Oberteil des Helms trifft.

Kontakt des Helms mit stromführenden elektrischen Leitern (Drähten) oder Geräten ist zu vermeiden. NIEMALS den Helm oder das Aufhängungssystem ÄNDERN oder REGULIEREN.

Aufhängungssystem und Helmschale regelmäßig kontrollieren und beim ersten Zeichen von Beschädigung oder Abnützung erneuern.

Diese WARNUNG gilt für alle industriell hergestellten Schutzhelme, -Hüte und -Mützen, gleich welchen Fabrikats.« [Kursive Hervorhebung von mir.]

Die nahezu zwei Millionen Schutzbrillen, die alljährlich in diesem Land hergestellt werden, sind nicht sicher – die Linsen bekommen leicht Kratzer, manche Brillen zerbrechen und die meisten zerschmettern das Nasenbein, wenn sie von einem Schlag getroffen werden. Fast alle Führerkabinen von Überland-Lastzügen vibrieren so stark, daß sie in einem Zeitraum von vier bis zehn Jahren die Nieren eines Menschen buchstäblich zerstören. Die Liste ließe sich fortsetzen.

Was hier helfen könnte, wäre eine Kommune von Designern. Die meisten Kommunen sind irgendwo zwischen Nihilismus und Heimweh angesiedelt – da könnte sich eine Kommune aus Planern und Designern als beste Alternative erweisen.

Es muß vor ein paar Millionen Jahren eine Zeit gegeben haben, wo ein Höhlenmensch ein Kaninchen tötete, es aufaß und die Knochen auf den Boden warf. Und sicherlich flehte ihn sein Weib an, die Knochen aus der Höhle hinauszuwerfen, damit sie ordentlich und sauber bliebe. Die Zeiten haben sich geändert. Wir sitzen alle miteinander in derselben Höhle, und in ihr ist kein Platz mehr übrig für den Abfall. Oder, um einen sinnvolleren Vergleich zu bringen: wir sind alle zusammen auf demselben kleinen Raumschiff »Erde« – mit einem Durchmesser von 12 700 km – und segeln durch die ungeheuren Ozeane des Raums. Es ist ein kleines Raumschiff, und 50 bis 60 Prozent der Mannschaft müssen es in Betrieb halten oder notfalls dafür sorgen, daß alle überleben, indem sie keinen Fehler machen. Hunger und Armut bringen kleine Kinder in den Ghettos von Chicago und New York dazu, die Farbe von den Wänden zu essen, so daß sie an Bleivergiftung sterben. Kinder in Los Angeles und Boston sterben an infizierten Rattenbissen. Daß wir uns selbst des Verstands und Potentials auch nur einer einzigen Person in unserem Raumschiff berauben, ist böse und kann nicht länger verantwortet werden.

Die Besitzenden sind sich selten darüber klar, daß der Unterschied zwischen ihnen und den Habenichtsen während der letzten zehn Jahre größer geworden ist, als er es jemals war, und daß dieser Unterschied im letzten Jahr noch beängstigender gewachsen ist als in den neun vorhergehenden Jahren. Die Kluft zwischen denen, die mit dem höchsten Energieverbrauch und mehr als ausreichender Nahrung leben, und den »anderen« weitet sich stündlich. Die Insel Mauritius hatte 1941 226 000 Einwohner; die Sterblichkeit betrug 36 pro tausend Einwohner. 1955 lebten auf Mauritius 648 000 Menschen, *ohne irgendwelche Einwanderungsgewinne*. Infolge öffentlicher hygienischer Einrichtungen war die Sterblichkeit auf 12 pro tausend Einwohner gesunken. Das Bild wird sich noch drastischer ändern. Bei zunehmender Geburtenrate und abnehmender Kindersterblichkeit werden im Jahr 2000 auf der kleinen Insel mehr als 1 000 000 Menschen leben. Menschen, die leben, essen und ein Minimum an anderen Gütern verbrauchen wollen. Mauritius hat wenig Ackerbau und keine nennenswerte Industrie. Am Beispiel dieser einen Insel können wir einige der realen Bedürfnisse erkennen, die – nachdem sie Millionen Jahre verborgen waren – jetzt zum ersten Mal vor uns auftauchen.

Hier erhebt sich die Frage nach der Bewertung. Wir haben gesehen, daß der Designer durch seine Einflußnahme auf alle Werkzeuge und die gesamte Umwelt des Menschen genügend Macht hat, Mord auf die Basis der Massenproduktion zu stellen, ferner, welch große moralische und soziale Verpflichtung dies mit sich bringt. Ich versuchte zu zeigen, daß der Designer helfen kann, wenn er zehn Prozent seiner Zeit, seines Talents und seiner Erfahrung freiwillig zur Verfügung stellte. Aber wo? Und wie?

Anfang 1950 hatte ich das Glück, mit dem verstorbenen Dr. Robert Lindner aus Baltimore ausführlich zu korrespondieren. Wir arbeiteten zusammen an einem Buch, das den Titel »Creativity Versus Conformity« tragen sollte; durch seinen vorzeitigen Tod blieb das Werk unvollendet. Ich bringe einen längeren Passus aus seiner Anweisung für Rebellen (Precription for Rebellion), der seinen Wertbegriff erhellt:

»Der Mensch erforscht sich selbst, um sämtliche Möglichkeiten seines Wesens zu erfassen und die *Dreiheit der Begrenzungen* zu besiegen, die vom Schicksal oder Gott oder dem bloßen Zufall über ihn verhängt wurden. Jeder Mensch ist in ein eisernes Dreieck eingeschlossen, eine regelrechte Gefängniszelle. Eine Seite des Dreiecks ist die Umwelt, in der er leben muß; die zweite das Rüstzeug, das er hat oder sich aneignen kann, um das Leben zu bewältigen; die dritte die Tatsache seiner Sterblichkeit. Sein ganzes Tun und Trachten ist darauf gerichtet, die Mauern dieses Gefängnisses einzureißen. Wenn das Leben einen Sinn hat, dann kann es nur der sein, das Dreieck, das die Menschheit derart knechtet, zu durchbrechen und in eine neue Seinsweise zu gelangen, wo diese Dreiheit der Begrenzungen keine Geltung mehr hat. Dieses Ziel streben Individuum und Spezies an, um dieses Ziel kämpft unser Geschlecht, dieses Ziel verleiht dem Leben Bedeutung und Substanz.

Hinter und über den Wortspielen der Philosophen und letztlich hinter allem, was der Mensch tut – allein oder in den Organisationen, die er errichtet – steht die Absicht, eine oder mehrere oder alle Seiten dieser grundlegenden Dreiheit der Begrenzungen zu überwinden. Was wir Fortschritt nennen, ist nichts anderes als die Summe der kleinen Siege, die jeder einzelne oder jedes Zeitalter im Kampf gegen die Gefängnismauern davonträgt. In diesem einen und einzig möglichen Sinn wird Fortschritt zur meßbaren Größe, an der die Existenz eines Menschen, die Tätigkeiten und Ziele einer Gruppe, selbst die Errungenschaften einer Kultur gemessen und bewertet werden können.

Die noch ungezählten Jahrtausende, die seit dem Auftreten des Menschen vergangen sind, waren Zeugen seiner unablässigen tapferen Anstrengungen, das ihn fesselnde Dreieck zu sprengen. Unermüdlich und ungeachtet aller Widerstände hat er gegen die Einschränkung seiner Bewegungsfreiheit gekämpft – bis jetzt, wo er auf dem Sprungbrett zu den Sternen steht. Heute, da er nicht mehr an die Erde gebunden ist und die Fesseln der Schwerkraft abgeworfen hat, kann er rückwärts schauen und seine Eroberungen zählen. Die Elemente und die natürlichen Barrieren von Zeit und Raum liegen zu seinen Füßen. Einst auf ein kleines Gebiet beschränkt, das begrenzt war durch die Höhe der Bäume, die er besteigen, die Entfernung, die seine Beine ihn tragen konnten oder die sein Auge überblickte, durch die Reichweite seiner Stimme und seiner Arme – einst ein schüchternes Opfer jedes Zufalls, den die launische Natur über ihn zu verhängen beliebte, ist er jetzt Herr über jene Kräfte, die ihn für immer zu ihrem Sklaven machen wollten. So ist eine der eisernen Wände seiner Zelle dünn geworden, und durch die Löcher und Risse, die er gemacht hat, wehen die weitgereisten Winde der Freiheit und ungezählte Welten winken ihm zu.

Ähnlich ist auch die zweite Seite des Dreiecks, gesetzt durch die biologischen Bedingungen des Menschen, Schritt für Schritt unter seinem zähen Angriff zurückgewichen. Dies war in der Hauptsache ein Erweiterungsprozeß. Instrumente wurden erfunden, die den Wirkungsbereich der Arme und Beine vergrößern, die Empfindlichkeit der Sinnesorgane erhöhen und die Leistungsfähigkeit aller Teile und Organe verbessern. Wir haben die Haut, die uns umspannt, so vollständig durchbrochen, daß die Produkte unserer Hände und Gehirne – wie im Fall der riesigen Computer und anderer physikalischer Wunder unserer Zeit – viele Fähigkeiten ihrer Schöpfer bei weitem übertreffen. Was schließlich die letzte Seite des Dreiecks betrifft, sind zwar die Jahre unseres Lebens nur ein Augenblick vor dem Angesicht der Ewigkeit, doch Langlebigkeit ist heute mehr als ein Versprechen.

Der Nutzen des Wissens ist klar, trotz des brodelnden Morasts, den der Suchende durchpflügen muß, um Ordnung und Sinn darin zu finden. Die Wissenschaften und Künste sind alle, wie das individuelle Leben der Menschen, Bemühungen und Versuche. Sie sind auf die Verwirklichung der menschlichen Möglichkeiten gerichtet und tragen letzten Endes zu dem evolutionären Durchbruch bei, der kommen wird, wenn die Mauern des uns einschließenden Dreiecks endgültig zu Boden gesunken sind. So kann der Wert eines wissenschaftlichen Teilgebiets, eine ganze Disziplin oder eine künstlerische Tat in eine Wertskala eingereiht und gemessen werden.«

Wie wir im ersten Kapitel einen sechsseitigen »Funktionskomplex« aufgestellt haben, um einen Entwurf zu bewerten, so können wir jetzt die »Dreiheit der Begrenzungen« als vorläufiges Maß für den sozialen Wert des Design-Akts benützen. In einem späteren Kapitel wird das amerikanische Auto detailliert untersucht; hier soll es als Demonstrationsobjekt dienen.

Die ersten Automobile überwanden eine der drei Gefängnismauern. Man konnte sich mit dem Auto weiter und schneller fortbewegen als zu Fuß und überdies noch schwere Lasten mitnehmen. Doch heute ist der Kraftwagen mit falschen Werten so überlastet, daß er vorwiegend Statussymbol ist und mehr Gefahren als Nutzen bringt. Er produziert eine große Menge krebsauslösender Dämpfe, ist überschnell, verschwendet Rohmaterial, versperrt die Straßen und tötet durchschnittlich 50 000 Personen pro Jahr. So gesehen, hat sich das Wesen des Autos fast in sein Gegenteil verkehrt: es erhöht nun die Gefängnismauer der Sterblichkeit; seine positiven Seiten sind demgegenüber verhältnismäßig unerheblich geworden.

Der Kraftwagen ist aber nur ein Einzelbeispiel. Jede menschliche Erfindung kann in ähnlicher Weise bewertet werden.

K. G. Pontus Hulténs Buch »The Maschine as Seen at the End of the Mechanical Age« (1968; die Maschine vom Ende des mechanischen Zeitalters her betrachtet) ist hervorragend. Zwei Zitate daraus sind hier von Bedeutung. Zu Jean Tinguelys »Rotozaza Nr. 1« sagt Hultén:

»Die Herstellung von Dingen, die niemand wirklich braucht, die aber dennoch die Erdgeschosse aller großen Geschäfte füllen, ist eins der vielen Anzeichen dafür, daß in unserer Welt der Überproduktion und Unterernährung etwas grundlegend falsch ist. Um die Überproduktion in den Griff zu bekommen, wird es notwendig, daß immer irgendwo ein vorsätzlich destruktiver Krieg geführt wird. Die Welt gibt heute mehr als 150 Milliarden Dollar jährlich für die tatsächliche oder potentielle Zerstörung von Leben und Eigentum aus, während der Kapitaltransfer von den reichen zu den armen

Ländern bei 10 Milliarden Dollar liegt – worin ein großer Betrag für Militärhilfe eingeschlossen ist.«

Auf der folgenden Seite fährt er fort:

Das wahrscheinlich größte politische Problem der heutigen Welt ist der unterschiedliche technologische Entwicklungsstand der Völker. Viele Gebiete Europas und Amerikas verlassen das mechanische Zeitalter und treten in die elektronische Ära ein, während beispielsweise ein Großteil Afrikas erst am Anfang der Industrialisierung steht.

Bis zu einem gewissen Grad scheint das mechanische Zeitalter mit dem Kolonialismus verknüpft zu sein. Beide erreichten im 19. Jahrhundert ihren Höhepunkt, beiden lag der Instinkt für Ausbeutung zugrunde. Die Welt wurde aufgeteilt, um Rohstoffe zu entdecken und abzubauen, mit denen die Maschinen gefüttert werden konnten. Die herrschenden Mächte kamen kaum auf die Idee, daß die Menschen, deren Boden diese Stoffe enthielt und die schufteten, um sie zutage zu fördern, irgendeinen Gewinn und Nutzen haben müßten. Wenn die Eingeborenen nur die geringsten Schwierigkeiten machten, war die gewöhnliche Reaktion, ein Kanonenboot zu entsenden.

Bis 1950 gab es in Afrika vier unabhängige Staaten; heute sind es mehr als vierzig. Sie sind politisch wach und äußerst nationalistisch, aber technisch extrem unterentwickelt. Die industrielle Produktion ganz Afrikas (außer Südafrika) ist geringer als die Schwedens. Wenn sich nicht fremde Regierungen und private Körperschaften mit den afrikanischen Nationen in einem umfassenden Langzeitprogramm zur industriellen Entwicklung zusammentun, werden die sozialen und politischen Folgen wahrscheinlich verheerend sein.«

Lassen Sie mich diese Zeilen mit einigen sehr konkreten Beispielen erläutern (Amerikaner dürfen sie sich jeden Abend vor dem Schlafengehen vorsagen): der Einzelhandelspreis *eines* Aston Martin DB ist gleich dem von 14 öffentlichen Notkliniken in der Dritten Welt. Die für die Entwicklung des Ford »Maverick« aufgewendeten Gelder könnten *ganz* Afrika mit technischen Schulen versorgen. Natürlich sind wir uns alle klar darüber, daß die amerikanischen Frauen jährlich weit mehr in den Kosmetikläden ausgeben, als die ganze Nation für Unterricht und Erziehung. Nicht ganz so bewußt ist uns wahrscheinlich, daß es 50 000 – 250 000 Dollar kostet, einen einzigen Vietnamesen zu töten.

Was muß getan werden? Und wie können wir etwas tun? Eine Reihe von Beispielen ist die beste Antwort.

Eine der wenigen wirklich großen Designideen für Entwicklungsländer wurde während der letzten 25 Jahre durch ein Team von drei Designern aus drei verschiedenen Ländern konzipiert. Es ist eine Ziegel-Maschine. Die einfache Vorrichtung wird so gehandhabt: man füllt Lehm oder Erde in einen ziegelförmigen Behälter, zieht einen großen Hebel herunter – und ein perfekter Ziegel aus gepreßter Erde ist fertig. Auf diese Weise können Ziegel in beliebiger Geschwindigkeit fabriziert werden, 500 000 am Tag oder 3 in einer Woche. Überall in Südamerika und der Dritten Welt sind Schulen, Häuser und Krankenhäuser aus solchen Ziegeln errichtet worden. Die Ziegelmaschine ermöglichte den Bau von Fabriken und die Aufstellung von Maschinen in Gebieten, wo dies in der Vergangenheit nie versucht worden war. Das ist sozial bewußtes Design, wie es für die Bedürfnisse der Völker unserer heutigen Welt so wichtig ist.

Schwarze aus sieben Nationen sagten mir, sie benötigten dringend einen billigen Fernseher für Unterrichtszwecke. Es war an einen Fernseher gedacht, der durch die UNESCO an die afrikanischen Staaten verteilt und in Afrika hergestellt werden sollte, möglichst unter Verwendung einheimischen Materials und einheimischer Arbeit. Er sollte für keine private Firma in Europa oder Nordamerika Gewinn abwerfen.

Das Fernsehen wurde in England und den Vereinigten Staaten vor beinahe 40 Jahren entwickelt. Diese Pioniersituation und die besondere Marktstruktur der beiden Länder waren schuld daran, daß die Gerätegestaltung in einem technisch frühen Zustand einfror. Ein neu zu entwerfender Fernseher, der für Unterrichtszwecke benützt werden soll, muß eine hohe Zeilenauflösung besitzen. In technisch fortgeschrittenen Ländern, wie z. B. Deutschland, haben die Apparate Selektoren für 13 verschiedene Kanäle, auch wenn nur 2 oder 3 benützt werden. In unserem Fall kann dieser ganze Selektionsmechanismus weggelassen werden, weil wir ein Ein-Kanal-Gerät erarbeiten. Die Lebensdauer der Vakuumbildröhre wird durch den Gebrauch von ein/aus-Schaltern verkürzt. Wir empfangen nur Unterrichtssendungen: das Gerät ist immer »an«.

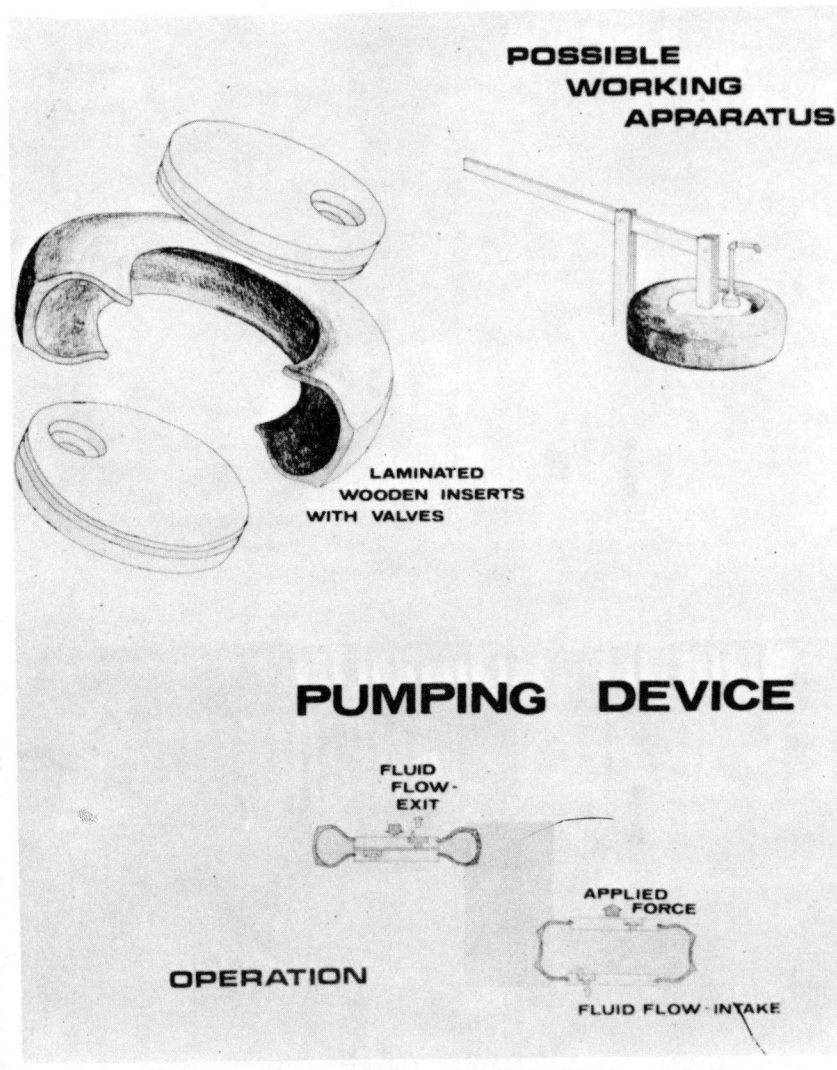

POSSIBLE WORKING APPARATUS

LAMINATED WOODEN INSERTS WITH VALVES

PUMPING DEVICE

FLUID FLOW-EXIT

APPLIED FORCE

OPERATION

FLUID FLOW-INTAKE

17. Beispiel aus einer Reihe von 20 Möglichkeiten für die Verwendung alter Autoreifen in der Dritten Welt. Solche Bewässerungspumpen wurden inzwischen gebaut. Entwurf: Robert Toering, Student an der Purdue Universität.

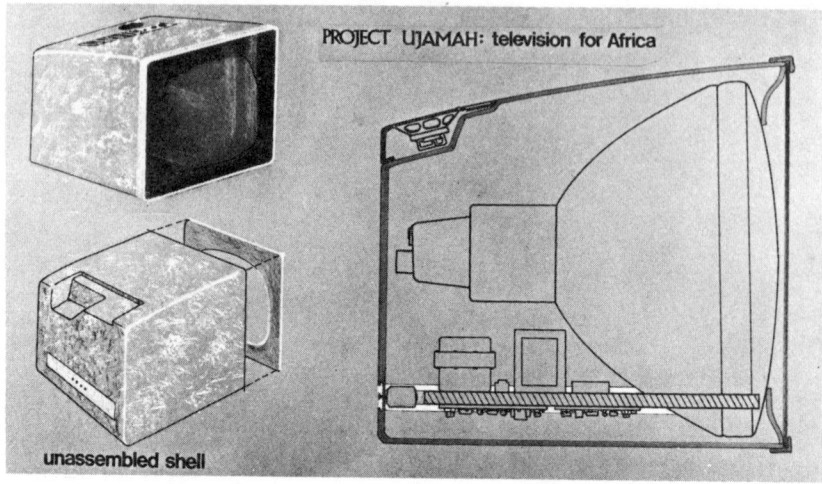

18.   Billiger Fernseher für Bildungsprogramme, der von Afrikanern in
Afrika gebaut werden kann. Entwurf: Richard Powers, Student an der
Purdue Universität.

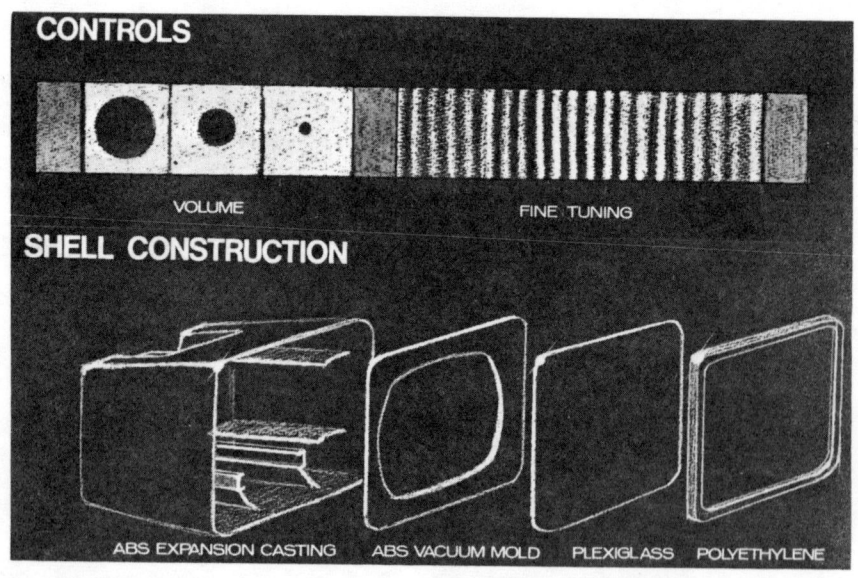

19.   Anderer Vorschlag für Fernseher. Entwurf: Michael Crotty,
Student an der Purdue Universität.

Unsere Studien erstreckten sich auf Klima, Anthropologie, elektrische und elektronische Voraussetzungen, Bevölkerungsdichte, Verbreitung afrikanischer Sprachen in verschiedenen Gegenden, Gelände (wegen der Übertragungsmöglichkeiten), soziale Einstellungen und manche andere Richtlinien.

Nachdem wir – ziemlich spät – entdeckt hatten, daß ein hochentwickelter, wettbewerbsfähiger Fernseher (einschließlich 36 Kanälen, ein/aus-Schaltung, Luftkühlung, in der äußeren Gestaltung ungewöhnlich »sexy«) in den Vereinigten Staaten für 119,95 Dollar verkauft wurde, untersuchten wir dieses Gerät. Wir fanden heraus, daß der japanische Hersteller für Entwicklung, Herstellung und Material weniger als 18 Dollar ausgegeben hatte. Das führte uns zu dem Schluß, daß bei der bekannten Gelehrigkeit der Afrikaner, den vorhandenen Fabriken und der Elektrizitätsverteilung unser Gerät für weniger als 9 Dollar gebaut werden kann.

Unser Entwurf für das Gehäuse erlaubt sowohl Massenproduktion (bis zu 2000 Stück pro Tag) als auch individuelle Herstellung durch eine Werkstatt in der Dorfstraße. Hier kann individuell entschieden werden, ob am Tag 30 Gehäuse gemacht werden sollen oder nur einige in der Woche.

Während ich dies schreibe (Dezember 1970), ist die Einführung von Video-Bandpatronen für Schwarz-Weiß und Farbe nur noch eine Frage der Zeit. Aus diesem Grund gestalten wir unser Unterrichts-Fernsehgerät so um, daß es auch für Patronen verwendet werden kann. Es besteht kein Zweifel, daß gerade auf dem Gebiet des Unterrichts Videopatronen die Entwicklung der Dritten Welt von Grund auf umgestalten werden.

Der 9-Dollar-Fernseher wird bald fertig sein und der UNESCO übergeben werden. Er ist dann der große Bruder unseres 9-Cent-nicht-elektrischen, Kuhdung-beheizten Radios (für Indonesien entworfen).

Es gibt viele Möglichkeiten, gegen die Nöte der Entwicklungsländer anzugehen. Die einfachste, häufigste und wahrscheinlich schäbigste ist, wenn der Designer in seinem New Yorker, Londoner oder Stockholmer Büro sitzt und Dinge entwirft, die, sagen wir in Tansania, hergestellt werden sollen. Da läßt man dann Souvenir-ähnliche Gegenstände aus einheimischem Material von Eingeborenen anfertigen in der frommen Hoffnung, daß sie in den entwickelten Ländern abgesetzt werden können. Sie können das auch, aber nur für kurze Zeit, denn wenn wir »Hübsches fürs Heim« und Mode-Accessoires entwerfen, binden wir nur die Wirtschaft jenes Landes an die Wirtschaft anderer Länder. Dann gibt es zwei Alternativen: verschlechtert sich die Wirtschaftslage des westlichen Landes, so leidet die Wirtschaft des Entwicklungslandes mit. Zeigt die Wirtschaft des westlichen Landes eine aufsteigende Tendenz, dann werden die modischen Vorlieben und Abneigungen seiner Bevölkerung noch mehr manipuliert, was zur Folge hat, daß die wirtschaftliche Unabhängigkeit des Entwicklungslandes auch aufs Spiel gesetzt wird.

Eine zweite, etwas wirksamere Möglichkeit sehe ich darin, daß sich der Designer einige Zeit in dem Entwicklungsland aufhält und dort Entwürfe ausarbeitet, die den wirklichen Bedürfnissen entsprechen. Auch in diesem Fall kann man noch fragen, ob das Engagement sinnvoll ist.

Ein noch besserer Weg: der Designer geht in das unterentwickelte Land, entwirft dort und bildet Designer aus; außerdem erarbeitet er die theoretischen Grundlagen für die gesamte Planung des Landes. Selbst dies ist nicht die ideale Lösung.

Ideal – wie die Dinge heute liegen – wäre: der Designer begibt sich in das Land und tut alles wie oben. Zusätzlich bildet er Designer aus, die ihrerseits Designer ausbilden können. Mit anderen Worten: er bildet eine Samenzelle, aus der sich ein Stamm von tüchtigen Designern aus der einheimischen Bevölkerung des Landes entfaltet. So könnte er in längstens einer Generation, kürzestens in fünf Jahren, eine Gruppe von Designern ins Leben rufen, die sich ihrer eigenen kulturellen Erbschaft, ihrem angestammten Lebensstil und den Nöten ihres Volkes verpflichtet fühlen.

Alle Designarbeit muß fruchtbar sein. So wie der afrikanische Fernseher mehr wird als bloß ein Fernseher, weil seine Herstellung neue Geschicklichkeiten, ein größeres Reservoir an Arbeitskräften, neue Fabriken und neue Kommunikationskanäle fordert, muß jedes Designprojekt ein Samenprojekt sein und in die Zukunft weisen.

5 UNSERE KLEENEX-KULTUR

Überalterung – Beständigkeit – Wert

*Wenn du Designer sein willst, mußt du dich ent-
scheiden, ob du verdienen oder sinnvolle Arbeit
leisten möchtest.*

R. Buckminster Fuller

Aller Wahrscheinlichkeit nach begann es mit den Automobi-
len. Stempel, Werkzeuge und Gießformen, die zur Herstellung
von Wagen benutzt werden, sind nach etwa drei Jahren un-
brauchbar. Darauf stellten die Automobil-Schneider aus
Detroit den Kalender für ihren »styling-Zyklus« ab. Kleinere
kosmetische Änderungen werden wenigstens einmal im Jahr
vorgenommen; ein einschneidender Stilwandel wird auf alle
2 1/2 oder 3 Jahre angesetzt, weil dann ohnedies neue Ferti-
gungsmaschinen angeschafft werden müssen. Seit dem Ende
des Zweiten Weltkriegs reden die Autofirmen der amerikanischen Öffentlichkeit ein, daß es zum guten Ton gehört, sich
mindestens alle drei Jahre einen neuen Wagen zu kaufen. Hand
in Hand mit dem ständigen Wechsel gehen schlampige Werk-
stattarbeit und praktisch keinerlei Qualitätskontrolle. Amerikanische Regierungen billigen dieses System schweigend oder
unterstützen es enthusiastisch. Einige Folgen dieser Politik für
Wirtschaft und Umweltverschmutzung wurden bereits erwähnt. Hier geht es um einen weiteren Gesichtspunkt: der
Wechsel des Autos alle paar Jahre führt zu der Ansicht, *alle*
Konsumgüter seien Wegwerfartikel – und die meisten
menschlichen Werte auch.

Dem, was wir wegwerfen, messen wir keinen Wert bei.
Wenn wir Dinge entwerfen, die weggeworfen werden sollen,
wenden wir bei der Planung nicht genügend Sorgfalt an oder beachten die Sicherheitsfaktoren zu wenig.

Am 8. April 1969 veröffentlichte das Gesundheitsamt von
Suffolk County, New York, seine Untersuchung über Farbfern-

seher. Man fand, daß mindestens 20 Prozent aller Geräte in einer Entfernung von 1 bis 3 Metern Röntgenstrahlen aussandten. Mit anderen Worten: mindestens einer von fünf Farbfernsehern kann dem Zuschauer oder seinen Kindern genetische Schäden zufügen.

Am 1. April 1969 rief General Motors ein Siebentel aller Kraft- und Lastkraftwagen zwecks »vorsorglicher Reparatur« ins Werk zurück, da sie eindeutig betriebsunsicher waren.

Ein Gericht in Sacramento sprach Klägern *oder ihren Hinterbliebenen* mehr als 750 000 Dollar Entschädigung zu wegen der fehlerhaften Konstruktion des Benzintanks der frühen Corvette. Ein Gericht in Los Angeles verurteilte die Volkswagenwerke zur Zahlung von mehr als 1 Million Dollar an mehrere Geschädigte, weil die schlechte Kurvenlage des VW Unfälle verursacht hatte.

Und die Beispiele, ausgewählt aus verschiedenen Berichten der letzten Jahre, reißen nicht ab:

Ein junger Mann wird für sein Leben gelähmt, weil seine Werkbank unter Strom steht.

Eine Mutter von drei Kindern stirbt, weil die Steuersäule bei einem Zusammenstoß ihre Brust zerschmettert.

Der Ausleger eines großen Baukrans stürzt ab, fünf Familien verlieren ihre Ernährer.

Sechshundert Frauen jährlich verlieren eine Hand in Waschmaschinen, die man von oben füllt.

Ein junges Mädchen wird beim Verlassen eines Kaufhauses buchstäblich in Streifen geschnitten, weil die Glastür aus den Angeln fällt, nachdem ein Steinchen in ihre Spur geriet.

Drei Kinder sind vom Hals ab gelähmt, weil sie eine Rutschbahn mit dem Kopf voran hinuntergerutscht waren. (Rutschbahnen sind schlecht entworfen, aber man hat noch nicht daran gedacht, sie umzukonstruieren.)

Ein Baby trinkt ein Haushaltsreinigungsmittel und wird schwachsinnig.

Es ist unmöglich, die Zahl der Todesfälle und Verletzungen, die durch fehlerhaftes Design verursacht werden, auch nur ganz grob abzuschätzen. Doch gibt es einige Zahlen, mit denen wir beginnen können: Nach Ermittlungen des National Safety Council töten wir durchschnittlich 50 000 Amerikaner jährlich durch Verkehrsunfälle und verletzen weitere 600 000. 700 000 Kinder jährlich töten und verletzen wir durch gefährliche

Spielsachen. Das Leben von 50 Prozent aller Arbeiter in der Industrie wird durch Maschinenlärm durchschnittlich um fünf oder mehr Jahre verkürzt. Unsichere Haushaltsgeräte sind verantwortlich für 250 000 Verletzungen und Todesfälle jährlich. Sogar die Entwicklung sogenannter »Sicherheitseinrichtungen« bringt weitere und größere Gefahren: »geprüfte« Feuerleitern haben die Neigung, Personen, die sie benützen wollen, zu braten; im Lauf der Jahre sind so 8000 Menschen ums Leben gekommen.

Neuerdings werden manche Gas- und Elektro-Öfen auf der Rückseite bedient, damit angeblich die Knöpfe für kleine Kinder nicht mehr erreichbar sind. In Wirklichkeit können die Öfen so billiger hergestellt werden, weil die Drähte hinten einfach gerade durchlaufen. Kinder müssen nur auf einen Stuhl klettern und die Balance halten, wenn sie mit den hübschen Knöpfen spielen wollen. Sie können dabei fallen und sich Arme oder Gesicht verbrennen. Die Designlösung wäre einfach: ein Doppel-Sicherheitsschalter, den man nur mit beiden Händen betätigen kann. Statt dessen umwerben die Hersteller das Publikum mit so trefflichen Kreationen wie z. B. einem Küchenherd, dessen Backofen »Tenderly« spielt, wenn der Braten gar ist!

Ich sammle die von meinen Mit-Designern ersonnenen Idiotien. Zwei für den Weihnachtsmarkt 1970 angebotene Geschenkideen faszinierten mich: eine war ein elektrischer Krawattenselektor für das Heim. Man drückt eine Reihe von Knöpfen, die Hemden-, Anzugfarbe und andere Angaben betreffen, dann bewegt sich ein kleines Rad und präsentiert die 6 oder 10 Krawatten, die zu Anzug und Gelegenheit passen. Die Neuheit wird innen an der Schlafzimmertür montiert und kostet nur 49,95 Dollar. Die zweite war 1970 leider noch im Entwicklungsstadium, wurde aber fürs nächste Weihnachtsfest versprochen. Es war ein *elektronischer* Krawattenselektor mit Colorimeter und Abtastvorrichtung, die Sie scharf ins Auge faßt, Ihr »Ensemble« prüft und Ihnen die Krawatte in die Hand drückt, die paßt. Wir werden das Vergnügen haben, das Ding für nur 300 Dollar kaufen zu können.

Die Idee, Dinge nach Gebrauch wegzuwerfen, kann durchaus vernünftig sein. Einwegspritzen für Krankenhäuser z. B. ersparen das umständliche und kostspielige Sterilisieren. In unterentwickelten Ländern oder in klimatischen Situationen, wo Sterilisation schwierig oder unmöglich ist, wäre eine ganze Reihe chirurgischer und zahnmedizinischer Instrumente zum Wegwerfen sinnvoll.

Aber wenn eine neue Kategorie wegwerfbarer Objekte geplant wird, müssen zwei neue Parameter in den Designprozeß aufgenommen werden. Erstens: reflektiert der Preis des Gegenstands seinen Eintagscharakter? Die bereits erwähnten 99-Cent-Papierkleider sind eine ausgezeichnete Antwort auf wechselnde Moden, Reisebedürfnisse oder auf dem Gebiet kurzzeitigen Wetterschutzes. Nicht der Fall ist dies bei Papierkleidern für 149.50 Dollar.

Die zweite Überlegung bezieht sich darauf, was mit dem Wegwerfartikel passiert, wenn er weggeworfen ist. Autofriedhöfe begleiten unsere Autobahnen von Küste zu Küste. Doch selbst diese Schandflecke in der Landschaft unterliegen einem – wenn auch qualvoll langsamen – Verrottungsprozeß, so daß sie sich in etwa zwanzig Jahren in Staub aufgelöst haben werden. Aluminium und die neuen Kunststoffe tun das dagegen nicht. Die Vorstellung, bis unter die Achseln in weggeworfenen Bierdosen stehen zu müssen, ist keine sehr verlockende Zukunftsvision.

Hier sollten künftig viel mehr biologisch abbaubare Materialien verwendet werden. Die Tetra-Pak Company, die für die Verteilung von sieben Milliarden Milch-, Rahm- und andere Packungen jährlich verantwortlich ist, arbeitet jetzt an einer neuen, sich selbst zerstörenden Idealverpackung. Ein neuer Herstellungsprozeß, der in Zusammenarbeit mit dem Institut für Polymertechnik in Stockholm entwickelt wird, soll die Zersetzung von Polyäthylen beschleunigen. Diese Packungen werden sich nach Gebrauch sehr viel schneller auflösen, ohne daß ihre Haltbarkeit und ihre sonstigen Eigenschaften beeinträchtigt sind, solange sie benützt werden. Eine wegwerfbare Bierflasche, die sich selbst zerstört, ist bereits auf dem Markt. In dieser Richtung muß noch sehr viel gearbeitet werden, bevor wir die Gefahr der Umweltverschmutzung durch Industrieprodukte überwunden haben.

Glücklicherweise ist es jetzt möglich, den *Verschmutzungsprozeß selbst* zu benützen, um positive Ergebnisse zu erzielen. Beispiel ist eine kürzlich mit zwei graduierten Studenten erfolgreich durchgeführte Forschungsaufgabe.

Wir begannen mit dem Studium von Kletten und anderen Samen, die einen Haken-Mechanismus besitzen. Daraus entwickelten wir einen etwa 40 cm langen künstlichen Hakensamen, aus biologisch zerstörbarem Plastik. Das Material hat eine Halbwertszeit von 6 – 8 Jahren. Alle Plastikoberflächen des Gebildes werden in Pflanzensamen getaucht und mit einer Nährlösung überzogen. Diese »Makro-Samen« sind flach verpackt, 144 pro Packung. Wenn die Packung aufgerissen wird, springen die Makro-Samen in ihre Form und verhaken sich unentwirrbar. Man kann Tausende dieser Samen aus Flugzeugen in ausgedörrten, wüstenähnlichen Gegenden abwerfen. Sobald sie auf dem Boden ankommen, springen die Samen auf und haken sich ineinander. Mit dem ersten Regen oder auch nur einer Erhöhung des Feuchtigkeitsgehalts der Luft beginnen die Pflanzensamen an der Oberfläche der künstlichen Samen dank der Nährlösung zu sprießen. Zusammen mit diesen organischen Sämlingen bilden nun die Makro-Samen einen zusammenhängenden niederen Damm, 20–30 cm hoch und theoretisch unbegrenzt lang.

Dieser Damm aus verhakten Makro-Samen, verstärkt durch organisches Wachstum, sammelt nun allmählich das Material, das die Winde mit sich tragen: Samen, trockene Pflanzenteile, Staub und Erde. Innerhalb von drei bis sechs Jahren ist er vollständig mit Vegetation ausgefüllt und eine Falle für erodierte Erde. Am Ende dieses Zeitraums wird das Plastikmaterial von den Pflanzen absorbiert, es verwandelt sich in eine Art Dünger.

Wenigstens im Experiment gelang es, den Erosionszyklus aufzuhalten, ja rückgängig zu machen. Wegwerfbarkeit und Selbstzerstörung wurden für eine ökologische Verbesserung eingesetzt und die Sanierung eines Wüstengebiets durch neue Gedankengänge in Design und Planung versucht.

Um zu unserem ersten Konzept von der Wegwerf-Gesellschaft zurückzukehren: bei beschleunigtem technischem Veralten hat der Austausch von Produkten gegen neue, radikal verbesserte Versionen durchaus Sinn. Unglücklicherweise ist dieser neue Faktor bis jetzt noch nicht vom Markt berücksichtigt worden. Wenn wir in immer schnellerem Rhythmus die Produkte von gestern für die von heute und die von heute für die

20. Künstliche Kletten aus biologisch abbaubarem Plastikmaterial, mit einem Überzug aus Pflanzensamen und Dünger, um die Erosion in Trockengebieten aufzuhalten und rückgängig zu machen. Entwurf: James Herold und Jolan Truan, Studenten an der Purdue Universität.

von morgen tauschen sollen, müssen die Kosten dieser Tendenz entsprechen. Allmählich kristallisieren sich zwei Methoden heraus, wie man diesem Problem begegnen kann.

Es wird immer mehr üblich, Dinge zu mieten, statt sie zu kaufen. In vielen Staaten ist es billiger, ein Auto für drei Jahre zu mieten, als es zu besitzen. Wer sein Auto mietet, muß sich nicht mehr um Wartungskosten, Versicherung, Wiederverkaufspreis usf. kümmern. In manchen größeren Städten ist es möglich, Haushaltsgegenstände wie Kühlschränke, Öfen, Wasch- und Spülmaschinen oder Fernseher zu mieten. Dieser Trend ist besonders ausgeprägt in der Fabrikation und im Bürowesen, wo bei der Verwendung von Computern das Mieten der elektronischen Ausrüstung wirtschaftlicher ist. Auch die Einkommensteuergesetze tragen in einigen Staaten dazu bei, das Konzept vom »zeitweiligen Gebrauch« an Stelle des »ständigen Besitztums« dem Verbraucher schmackhaft zu machen.

Man muß den Verbraucher davon überzeugen, daß er tatsächlich schon jetzt sehr wenig besitzt. Die Häuser unserer Vorstädte werden mit Hypotheken belastet, die 20–30 Jahre Laufzeit haben; da die durchschnittliche Familie alle 56 Monate umzieht, werden sie innerhalb dieser Zeit also oftmals ge- und verkauft. Die meisten Autos werden nach einem Abzahlungsplan für 36 Monate gekauft. Sie werden gewöhnlich 4–6 Monate vor Ablauf des Vertrags verkauft, und das noch nicht völlig bezahlte alte Auto dient als Anzahlung für das neue. Der Begriff des Besitzes wird, was Wagen, Häuser und große Einrichtungsgegenstände betrifft, in einer so beweglichen Gesellschaft eine höfliche Fiktion.

Dies verändert unsere Einstellung zum Besitz grundlegend – eine Entwicklung, die die ältere Generation oft kurzerhand verdammt. Aber diese moralische Verurteilung ist nicht wichtig und war es nie. Vor dem »Fluch des Besitzes« haben religiöse Führer, Philosophen und soziale Denker gewarnt, seit es Geschichte gibt. Wenn wir von einer Neuheiten-süchtigen, Besitz-orientierten, Konsum-motivierten Gesellschaft, die auf privat-kapitalistischen Philosophien basiert, wegkommen wollen, müssen wir diese Tatsachen erkennen.

Eine zweite Möglichkeit, mit dem technischen Veralten fertig zu werden, liegt in der Umstrukturierung der Preise für den Verbrauchermarkt. Am 6. April 1969, einem Sonntag, brachte »The New York Times« eine ganzseitige Anzeige für einen aufblasbaren Lehnstuhl, importiert aus England, zum Preis von 6,95 Dollar. Nach 5 Tagen lagen schriftliche und telefonische Bestellungen für 60 000 Stühle vor. Einige Jahre zuvor waren bei

Discount-Warenhäusern Fußkissen und Schemel aus plastik-
verstärkter Pappe zu Preisen von 59 Cent bis 1,49 Dollar angeboten worden. Solche Möbelstücke, nützlich, farbenfreudig,
modisch, bequem, extrem billig und leicht, die man ohne Mühe
zusammenlegen und ohne Gewissensbisse wegwerfen kann,
finden natürlich vor allem bei jungen Leuten und Collegestudenten Anklang. Aber allmählich sickert ihre Anziehungskraft
auch in größere und schon »etablierte« Bevölkerungsschichten
durch.

Massenproduktion und Automation sollten eine wachsende
Anzahl billiger Halb-Wegwerfartikel zur Verfügung stellen.
Wenn sich diese Entwicklung fortsetzt – *und nicht zu Verschwendung und Umweltverschmutzung führt!* – ist sie ge-
sund. Kennzeichnenderweise trat parallel zum Wegwerf-Trend
ein anderer auf: eine Wohnungseinrichtung aus billiger Pla-
stikware enthält oft das eine oder andere Stück wertvoller
Handwerksarbeit. Auf dem Lehnstuhl aus Pappe liegt vielleicht
ein handgewebtes Kissen für 60 Dollar. Die derzeitige Wieder-
belebung des Kunsthandwerks ist zum Teil darauf zurückzuführen, daß dem Verbraucher infolge der niedrigeren Preise für
Alltagsgüter Geld für diese traditionsgeprägten Kunstobjekte
zur Verfügung steht.

Diese Tendenz hat sich noch keineswegs ganz durchgesetzt.
Aber wenn wir uns einen Umzugstag im Jahre 1999 vorstellen,
sehen wir, wie die Familie ein paar Koffer und Schachteln voller
Kunstgegenstände, handwerklicher Erzeugnisse und Bücher in
ihren Wagen lädt, während die sogenannten »Sperrgüter« entweder dem Vermieter zurückgegeben oder weggeworfen wurden, um am Bestimmungsort durch andere gemietete Geräte
und billig erworbene Möbel ersetzt zu werden.

Noch ein Faktor ist zu bedenken. Industrial Design hat sich
mehr und mehr in Gestaltung des Äußeren, »styling«, und integrierte Planung polarisiert. Don Wallance macht in seinem
Buch »Shaping American Products« die nützliche Unterscheidung zwischen Gegenständen, deren innere Struktur und
äußere Form identisch sind, wie eine Tonschale oder ein Holz-
stuhl, und solchen, bei denen die äußere Form lediglich die
innere Struktur oder den Mechanismus schützt und verhüllt,
wie bei Kühlschränken, Radios oder Lokomotiven, »deren
Wesen den Herstellungsprozeß vom Designprozeß trennt«.
Diese Unterscheidung ist natürlich nur so lange nützlich, als

wir es nicht mit Zwischengliedern zu tun haben, bei denen eine eindeutige Zuordnung nicht möglich ist.

Bei einem Gegenstand, dessen innere Struktur und äußere Form identisch sind – einem Jagdmesser, einem Weinglas, einer Schere –, können wir alle, Designer und Verbraucher, uns darüber einigen, was gutes Design ausmacht. Wir können den Entwurf nach unserem sechsseitigen Funktionskomplex beurteilen (Kapitel eins) und bestimmen, ob er organisch und funktionell ist.

Bei einem Objekt aus der anderen Kategorie jedoch, wo die äußere Form nur als Hülle für eine innere Konstruktion dient, die – wie Designer und Öffentlichkeit übereinstimmend feststellen – bedeckt werden muß, ziehen wir die Angemessenheit der Gestaltung in Zweifel. Das ganze Problem ist sehr komplex und letzten Endes eine Frage des persönlichen Geschmacks. Ich zitiere kurz aus John A. Kouwenhoven »The Beer Can by the Highway« (Die Bierdose an der Autobahn):

» … wir können Geschmack definieren als jene Bevorzugung einer Form vor einer anderen, die nur denkbar ist, wenn die Form vom Inhalt unabhängig ist. Oder, um es anders auszudrücken: Geschmack ist jene Bevorzugung einer Form, die logischerweise unlogisch sein kann und es gewöhnlich ist. Geschmack hat mit dem Design eines Flugzeugflügels oder eines Propellers wenig zu tun, aber fast alles mit der Gestaltung eines Kühlschrankgehäuses oder eines Damenkleids.«

Man hat oft eingewendet, daß Gehäusedesign als ästhetische Notwendigkeit gerechtfertigt ist, um verwickelte und unordentliche Anordnungen von Drähten, Schrauben und Leitungen zu verdecken, die den Betrachter verwirren könnten. Aber dieses Argument ist falsch. Bei einem Flugzeug, einem Rennwagen oder Motorboot *ist* die *totale Gestalt* [im Urtext deutsch] oft das Objekt.

John Kouwenhoven erörtert die zwei verschiedenen Bedeutungen des Wortes Funktionalismus. Die eine ist *integrierte Formgestaltung* (integral design): hier ist der Entwurf den Werkzeugen, dem Material und der Verwendung angemessen und neigt zur Einfachheit, zur »Majestät des Wesentlichen«, wie Horatio Greenough es nannte. Gehäusedesign, »shrouding«, ist die andere Art Funktionalismus. Diese hat weniger mit der Struktur des Gegenstands zu tun als mit der Psyche sowohl des Designers als auch des Konsumenten; sie kann sich je nach

Laune zwischen Barock und Neuer Sachlichkeit bewegen. Kouwenhoven schlägt vor, diese Art Funktionalismus »wirksame Verpackung« zu nennen und es dabei bewenden zu lassen. Jedenfalls paßt das ganze Konzept der Kraftwagengestaltung (automotive styling) ausgezeichnet in diese letztere Kategorie.

Diese Designtypen korrelieren direkt mit den oben besprochenen Qualitäten von Überalterung, Dauer und Wert. Durch Manipulation des Gehäusedesigns hat man den Verbraucher künstlich anspruchsvoll und unzufrieden in bezug auf das modische Aussehen der Produkte gemacht. Auf diese Art von Design spielte Bill Blau in der Februarnummer 1968 des Magazins »Fortune« an, als er den Jüngsten Tag für die Designer heraufbeschwor. Denn die technische Entwicklung hat den Stylist aus Detroit, den Designer-Kosmetiker, eingeholt. Mit der zunehmenden Zahl von Erfindungen und Verbesserungen und dem beschleunigten technologischen Wandel veraltet in kurzer Zeit wirklich das Produkt *an sich,* und nicht nur seine Hülle; es muß durch eine neue Generation technisch verbesserter Objekte ersetzt werden.

Wenn wir zusammenfassen, sehen wir klar, daß gewisse Aspekte unserer Kleenex-Kultur unvermeidlich und tatsächlich segensreich sind. Bisher jedoch hat die Dominanz der kommerziellen Interessen verhindert, daß eine vernünftige Design-Strategie zustande kam. Es ist offenbar leichter, Dinge zu verkaufen, die weggeworfen werden, als Dinge, die Bestand haben sollen. Die Industrie selbst gibt kaum Anhaltspunkte dafür, was zum Wegwerfen bestimmt ist und was nicht. Es ist für Aktieninhaber und Verkaufschef natürlich viel angenehmer, Wegwerfdinge zu Preisen zu verkaufen, die nur für dauerhafte Güter gerechtfertigt wären. Die zwei Alternativen zu dem gegenwärtigen Preissystem – Leasing oder niedrigere Preise, kombiniert mit der Erleichterung des Erwerbs neuer Modelle durch die Zurücknahme des alten Modells als Anzahlung (»model-swapping«) – sind noch nicht erprobt. Die technische Entwicklung läuft immer schneller, Rohstoffe werden immer knapper. (Notiz am Rande: eine Sonntagsausgabe der »New York Times« frißt etwa 350 Hektar kanadischen Wald. Diese Ausgabe kostet pro Stück 50 Cent und enthält mehr Papier und Druckerschwärze als ein nicht-illustrierter Roman für 7,95 Dollar. Jede Woche wendet die Stadt New York ca. 10 Cent pro

Stück auf, um die weggeworfenen Exemplare dieser Sonntagsausgabe von den Straßen zu entfernen.)

Die Frage, ob Design und Marktstrategie auf diesen Gebieten in einem privatkapitalistischen System möglich sind, bleibt noch rein theoretisch. Klar ist, daß in einer notleidenden Welt Antworten gefunden werden müssen.

6 SCHMIERGELDER UND BERUHIGUNGSMITTEL

Massenmuße und Modetorheiten in der Überflußgesellschaft

Unser Feind ist die Selbstzufriedenheit; sie muß überwunden werden, bevor wir wirklich etwas lernen können.

Mao Tse-tung

Gut und schön: der Designer muß sich seiner sozialen und moralischen Verantwortung bewußt sein. Denn Design, Formgestaltung, ist das wichtigste Werkzeug für den Menschen, seine Produkte, seine Umwelt und damit letzten Endes sich selbst zu prägen; mit Design muß er die Vergangenheit und auch die vorhersehbaren zukünftigen Konsequenzen seines Tuns analysieren.

Der Designer wird seiner Aufgabe um so weniger gerecht, je mehr er von einem marktorientierten, profitgerichteten System programmiert wurde. Eine radikale Abkehr von diesen manipulierten Werten ist schwer zu erreichen.

»Es sind die begüterteren, von ihrer geographischen Lage und den historischen Umständen begünstigteren Nationen, die heutzutage einen derberen Geist und weniger Halt an moralischen Prinzipien zeigen.

Ich würde diese Nationen auch nicht glücklich nennen, trotz aller äußeren Zeichen ihrer Wohlhabenheit.

Aber wenn sogar die Reichen bedrückt sind, weil sie keine Ideale haben, so ist für die wirklich Notleidenden ein Ideal die erste Lebensnotwendigkeit. Wo es viel Brot gibt und wenig Ideale, ist Brot kein Ersatz. Aber wo Brot knapp ist, sind Ideale Brot.«

(Jewgenij Jewtuschenko, Frühreifer Lebensbericht)

Alles Design ist eine Art Erziehung. Es kann Erziehung sein durch das Studium oder das Lehren an einer Universität – oder

Erziehung durch Design. In diesem Fall versucht der Designer seinen Klienten, den Produzenten, und die Verbraucher zu erziehen. Weil der Designer in vielen Fällen auf den Entwurf von »Spielzeug für Erwachsene« und ein ganzes Potpourri nutzloser Mätzchen beschränkt wurde (oder sich meistens selbst damit begnügte), ist es schwierig, die Frage nach der Verantwortung zu stellen. Junge Leute, Teenager, halbe Kinder, werden von der Reklame verführt, nutzlosen, teuren Schund zu kaufen, zu sammeln und bald wegzuwerfen. Nur selten überwinden junge Menschen diese Bevormundung.

Eine bemerkenswerte Rebellion dagegen gab es in Schweden vor einigen Jahren, als ein zehntägiges »Teenagerfest«, das Produkte für den Teenagermarkt propagieren sollte, so gründlich boykottiert wurde, daß er um ein Haar bankrott machte. Nach einem Bericht in »Sweden NOW« (2. Bd., Nr. 12, 1968) demonstrierte eine stattliche Anzahl Jugendlicher gegen das, was sie als »Überkonsum« bezeichneten, indem sie ein »Anti-Fest« abhielten, wo der Slogan des Tages lautete: »Verdammt, wir kaufen nicht!« An diesem großen Tag fuhren Busse die jungen Leute von ganz Stockholm zu Experimentierbühnen, wo politisch engagierte Filme liefen, und in offenen Sitzungen wurden Themen wie Hunger in der Welt, Umweltverschmutzung und Drogen diskutiert. Nach Meinung der Jugendlichen war das »Teenagerfest« nur der Anfang des systematischen Versuchs, junge Europäer auszubeuten, indem man ihnen suggerierte, sie müßten mehr Kleider, Wagen und »Statusplunder« besitzen.

Aber Schweden ist wieder einmal mehr die Ausnahme als die Regel. Interessanterweise taucht die Vorstellung vom »reinen« Design und der moralischen Neutralität des Designers immer dann auf, wenn Designer amtlichen Status erhalten oder ein Gehalt oder Subventionsgelder bekommen. Man versucht so, die Identität des Designers zu bestätigen und ihn vor der aufdringlichen Einmischung von Managergruppen zu schützen; doch geht es dabei leider nicht ohne Selbsttäuschung und Publikumsbetrug ab. Im heutigen Amerika, schreibt Paul Goodman, werden für Wissenschaft und Design Milliardensummen für ganz äußerliche Probleme, oft sogar für spezielle Produkte, ausgegeben. Von nahezu 20 Milliarden Dollar, die Regierung und Korporationen für Forschung und Entwicklung bereitstellen, fließen mehr als 90 Prozent in die letzten Entwürfe für die Eisenwarenproduktion. Aktiengesellschaften er-

höhen die Preise um 1000 Prozent, angeblich um Grundlagenforschung zu ermöglichen, doch der Hauptzweck dieser
Forschung ist, die Patente anderer Firmen zu umgehen. Man
kann schwerlich glauben, daß diese Art Wissenschaft oder
Design uneigennützig ist. Goodman schließt: »Ich habe Äuße-
rungen von hervorragenden Wissenschaftlern gehört, z. B. vom
California Institute of Technology, sie seien mitschuldig, daß
die Regierung um Geld betrogen werde, das sich, wie sie wüß-
ten, *nicht* so auszahlen wird, wie die Regierung es sich
wünscht!«

Es wäre interessant, die Folgen zu analysieren, wenn Designer und Hersteller gleicherweise von *allen* sozialen und moralischen Verpflichtungen befreit würden. Was geschähe, wenn
die Anzeigenleute, Designer und Fabrikanten wirklich freie
Bahn hätten? Wie würden sie, assistiert von ihren zahmen Psychologen, Ingenieuren, Anthropologen und Soziologen das
Angesicht der Erde verändern oder verunstalten?

Ich schrieb vor zwei Jahren einen kurzen satirischen Artikel,
um zu illustrieren, was geschehen könnte, wenn Design weiterhin völlig unkontrolliert bliebe. Er sollte zeigen, wie destruktiv die Kombination von unverantwortlicher Planung,
Männlichkeitswahn und sexueller Ausbeutung sein könnte.
Erschienen ist er unter dem Titel »Das Lolita-Projekt« in »The
Futurist« (April 1970). Meine Satire machte den Vorschlag, daß
in einer Gesellschaft, in der Frauen nur als Objekte für sexuelle
Befriedigung gesehen werden, ein unternehmender Fabrikant
gut und gern mit der Produktion und dem Vertrieb künstlicher
Frauen beginnen könne. Diese Plastikfrauen müßten beatmete,
elektrisch beheizte, nach Programm reagierende Gebilde sein,
zum Einzelverkaufspreis von etwa 400 Dollar. Ich regte auch
verschiedene Verbesserungen der Natur an, z. B. eine sechs
Meter lange, eidechsenhäutige, auf Aggressivität program-
mierte Superfrau mit 12 Brüsten und 3 Köpfen.

Zu meiner Überraschung erhielt ich auf meinen Artikel hin
zahlreiche Briefe. Ein Dr. phil., der in Harvard Sozialpsychologie lehrt, schrieb mir viermal wegen einer Lizenz für die
Lolita-Fabrikation. Industriedesigner aus vielen Ländern fragen
immer noch an und bieten mir Geld. Eine lebensgroße Plastik-
puppe (die, wie die schwedische Presse und ich finden, Jackie
Kennedy-Onassis ähnelt) ist jetzt für 9,95 Dollar im Handel.

An einen frühen Designmißbrauch für politische Zwecke

21. Anzeige aus *Argosy*, Februar 1969. Beispiel für verantwortungs-
loses Design.

erinnert Jay Doblin in »One Hundred Great Produkt Designs«.
1937 setzte Adolf Hitler einen Kraftwagen für jedermann ganz
oben auf seine Prioritätenliste, weil er sich des phantastischen
propagandistischen Wertes bewußt war. Er befahl die Gründung einer neuen Autofirma, der Volkswagen-Entwicklungs-

Gesellschaft. Anfang 1939 nahm das VW-Werk in einer noch nicht existenten Stadt, später Wolfsburg, die Arbeit auf:

»Hitler war überzeugt, daß große Wagen – der einzige in Deutschland bis dahin hergestellte Typ – für die privilegierten Klassen entworfen und deshalb mit den nationalsozialistischen Interessen unvereinbar seien. Im Frühjahr 1933 traf er sich mit Ferdinand Porsche, um einen Wagen für die Massen, ein Kleinauto, zu planen. Porsche, der seit vielen Jahren mit kleineren Wagen experimentierte, sah in Hitlers Enthusiasmus die Gelegenheit, einen Traum zu verwirklichen. Porsche war einer der angesehensten Autokonstrukteure im damaligen Deutschland. Er und der ›Führer‹ kamen überein, der ›Volkswagen‹ solle ein Fahrzeug für vier Personen sein, mit Luftkühlung, einem Durchschnittsverbrauch von 8–10 Liter/100 km und einer Spitzengeschwindigkeit von 100 km/h. Er sollte den deutschen Arbeiter etwa 1000 RM kosten.«

In den Vereinigten Staaten gebraucht man Design nicht offen für politische Zwecke; dafür dient es bedenkenlos einer Klientel die rein am Profit orientiert ist. Die implizite Botschaft der meisten Entwürfe wendet sich beinahe ausschließlich an die obere Mittelklasse, denn diese Käuferschichten versprechen die größten Gewinne.

Industrial Design ist eine junge Wissenschaft; sie wird fast ganz von den Männern beherrscht, die sie schufen, oder von ihren unmittelbaren Nachfolgern. Wenn man den Band »Design in America« durchsieht, der von den Mitgliedern der Industrial Design Society of America (IDSA) gestaltet wurde, erschrickt man, wie steril alles wirkt. In Hunderten von Bildern versuchen die Mitglieder der IDSA offensichtlich, sich der Welt von ihrer besten Seite zu präsentieren: das Ergebnis ist eine Kollektion anspruchsvoller Trivialitäten für das Heim und unmenschlicher Einfälle für die Gestaltung der Arbeitswelt.

Im Interesse einer effektiveren Arbeit muß die ganze Designpraxis umgekrempelt werden. Designer sollten nicht länger Angestellte der Aktiengesellschaften sein, sondern sie müssen direkt für die Verbraucher arbeiten.

Gegenwärtig tritt der Designer niemals als Anwalt auf. Ein neuer Sekretärinnenstuhl z. B. wird entworfen, weil ein Möbelfabrikant hofft, Profit machen zu können, wenn er einen neuen Stuhl auf den Markt bringt. Dem Design-Stab wird gesagt, daß ein neuer Stuhl in einer bestimmten Preiskategorie gebraucht wird.

Nun studiert man Ergonomik, d. h. die Humanfaktoren, die die Leistungsfähigkeit beeinflussen. Die Designer ziehen ihre Bibliotheken zu Rate. Unglücklicherweise sind die meisten Sekretäre in den Vereinigten Staaten Frauen, und ebenso unglücklicherweise stammen die meisten entsprechenden Daten in den wenigen zur Verfügung stehenden Büchern von männlichen Jugendlichen zwischen 18 und 25 Jahren, vorwiegend von Angehörigen der Armee. Abgesehen von einigen interessanten Angaben in Henry Dreyfuss' »Designing for People« existieren *praktisch keine Maßtabellen für Frauen, Kinder, ältere Menschen, Babys, Verwachsene usf.*

Wie dem auch sei, dank dem Instinkt des Fabrikanten, daß ein neuer Bürostuhl sich verkaufen würde, errechnet nach den Maßen holländischer Piloten während des Zweiten Weltkriegs, Gestalt geworden durch die stilistische Kunstfertigkeit des Designers, steht das Modell des Stuhls nun fertig da. Jetzt werden Verbraucher und Markt getestet. Das bedeutet, daß man einige Stühle unter genau kontrollierten Umständen prüft oder verkauft. Sie werden z. B. durch ein führendes Geschäft in sechs »Teststädten« abgegeben. Dies sind Städte von durchschnittlicher Bevölkerungszahl und mittlerem Einkommen, in denen angeblich gern Geld für »neue Ideen« hinausgeworfen wird. San Francisco, Los Angeles, Phoenix (Arizona), Madison (Wisconsin) und Cambridge sind fünf aus der Liste von 50 solchen Städten.

Für den Verbrauchertest gibt es zwei Methoden: man veranlaßt Sekretärinnen, sich ungefähr so lange auf den Stuhl zu setzen, wie sie brauchen, um einen Satz auf der Maschine zu tippen, dann lenkt man ihre Aufmerksamkeit auf die köstliche Farbe der Polsterung. Oder man stellt für ein paar hundert Stunden eine Maschine auf den Stuhl, um zu prüfen, ob eins der Stuhlbeine abbricht. *Noch bedenklicher ist die Tatsache, daß kaum ein Industrieprodukt jemals einem zweiten Test unterworfen wird.* Wenn sich das Ding verkauft, ist's in Ordnung.

Wenn wir im Team einen besseren Bürostuhl entwerfen, für wen arbeiten wir? Der Fabrikant möchte Bürostühle mit Sicherheit nur herstellen, um sie zu verkaufen und Geld zu verdienen. Die Sekretärin selbst muß Mitglied unseres Teams sein. Und wenn der Stuhl fertig ist, muß er *wirklich* getestet werden. Heute wird gewöhnlich eine »durchschnittliche« Sekretärin gebeten, sich auf den neuen Stuhl zu setzen, manchmal sogar für fünf Minuten, und dann fragt man sie: »Nun, was meinen Sie?« Worauf sie antwortet: »Oh, das rote Polster ist wirklich mal was Neues!« Wir halten das für Zustimmung und gehen in die Massenfertigung. Aber Maschine schreiben bedeutet Achtstundentag, lange, ununterbrochene Arbeitszeiten. Und selbst, wenn wir die Sekretärin vernünftig testen, wie können wir darauf hinwirken, daß *sie selbst* entscheidet, welcher Stuhl gekauft wird? Gewöhnlich trifft der Chef, der Architekt, oder, Gott steh uns bei, der Innendekorateur diese Entscheidung.

Die Umkehrung der Rolle des Designers kann noch weiter getrieben werden. Unsere Aufgabe verschiebt sich dahin, daß wir zu Mittelsmännern zwischen dem Volk und den Produzenten, Regierungsstellen etc. werden, denen wir die Wünsche und Nöte des Publikums nahebringen müssen. Damit sind wir nicht mehr – und nicht weniger! – als Werkzeuge in der Hand des Volkes.

Und jetzt, endlich, ist der Bürostuhl da, bei dessen Planung Sekretärinnen im Team mitgearbeitet haben und der gründlich getestet wurde! Er stammt von dem Stuttgarter Team »Umweltgestaltung«. Die ergonomischen Details wurden von Ulrich Burandt aus dem Institut für Hygiene und Arbeitsphysiologie in Zürich geliefert, der Stuhl wird hergestellt von Drabert & Söhne, Minden. Er ist lückenlos dokumentiert in *Infordesign*, Nr. 34, Brüssel. Aber man muß befürchten, daß er von

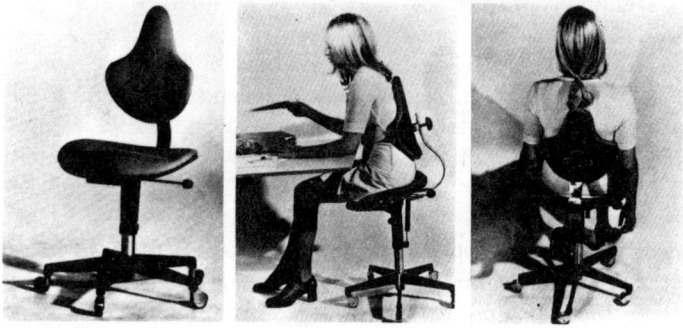

22. Sekretärinnenstuhl, entworfen vom Team Bohl, Kunze, Scheel und Grünschloß, Stuttgart. Mit Genehmigung des Magazins »Infordesign«, Brüssel.

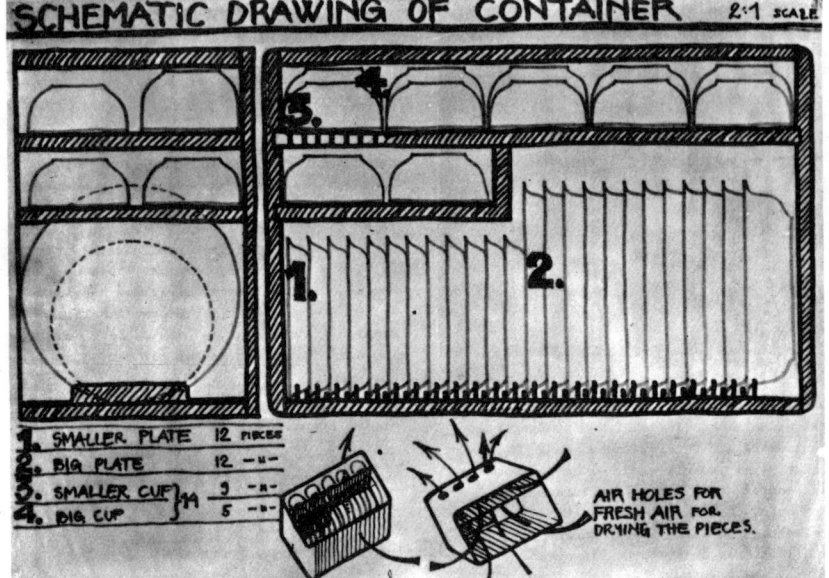

SCHEMATIC DRAWING OF CONTAINER 2:1 SCALE

1. SMALLER PLATE 12 PIECES
2. BIG PLATE 12 —"—
3. SMALLER CUP ⎱ 9 —"—
4. BIG CUP ⎰ 5 —"—

AIR HOLES FOR FRESH AIR FOR DRYING THE PIECES.

23. Zeichnung des belüfteten Behälters, in dem Rücklaufgeschirr gespült, getrocknet und gespeichert werden kann. Entwurf von Barbro Kulvik-Siltavuori, Finnland. Mit Genehmigung der Designerin und der Gruppe 21.

Modellen übertrumpft wird, die, wie amerikanische Designer gern sagen, »sexed up« – also mit Sex-Appeal entworfen – sind, wenn er in Amerika auf den Markt kommt.

Wenn wir vom Bürostuhl auf das Beispiel eines kleinen Kühlschranks umschalten, müssen wir ganz andere Überlegungen anstellen. Bei den gegenwärtigen Markt- und Verkaufsstrukturen ist ein billiger Kühlschrank ganz einfach ein Kühlschrank ohne »zusätzliche Verbesserungen«. Sollte jemand einwenden, die Bedürfnisse der Ghettobewohner würden nicht berücksichtigt, Familien mit niederem Einkommen und andere voraussichtliche Benützer, so haben die Marktforscher fertige Antworten bereit. Die Schwarzen in den Cityghettos, erfahren wir, sind nicht in der Lage, einen Kühlschrank richtig zu bedienen; der Lebensstil der einkommensschwachen Schichten beruhe auf Strukturen, die die Familie zersetzen usf. Mit anderen Worten, die Fehler unserer Gesellschaft werden an ihren Opfern getadelt. Wie William Ryan in seinem neuesten

Buch »Blaming the Victim« (Das Opfer beschuldigen) ausführt, ist dies ein vorzügliches Alibi und eine elegante Art, sein Gewissen zu beschwichtigen.

Wir werden in der amerikanischen Gesellschaft täglich darauf hingewiesen, daß es schlechthin beschämend und böse ist, ein niederes Einkommen zu haben.

Design muß in der Tat noch viel lernen. 1970/71 wurde unter der Patenschaft der *Gruppe 21* in Westdeutschland ein gesamteuropäischer Design-Wettbewerb ausgeschrieben, der sich mit Tafelgeschirr befaßte. Die vom ökologischen Gesichtspunkt aus verantwortungsbewußteste Arbeit wurde von einer meiner früheren Studentinnen, Mrs. Barbro Kulvik-Siltavuori aus Finnland, vorgelegt. Ihre Einsendung beschäftigte sich mit der Möglichkeit der Zurücknahme.

Sie schlug vor, das Geschirr, mindestens für besondere Zwecke und Bevölkerungsgruppen, auf drei Typen zu beschränken, die den Minimalforderungen genügen: einen großen Teller, einen kleinen Teller und einen Napf für Flüssigkeiten. Mrs. Kulvik-Siltavuori nannte glasierten roten Ton als mögliches Material, vielleicht auch Plastik. Sie meinte ganz richtig, daß Unterschiede in Glasur, Farbe oder Größe ganz unwesentlich seien, entscheidend sei der niedere Preis.

Dieses Geschirr wird in belüfteten Plastik-Behältern geliefert, die so konstruiert sind, daß das Spülen, Trocknen und Aufräumen des Geschirrs im selben Behälter möglich ist. Was wichtiger ist, zerbrochene Teller und Näpfe können zurückgegeben werden, wie leere Bier- oder Milchflaschen; hierfür wird als Teil des Systems ein Abfallsack mitgeliefert. Der Hersteller kann das zurückgegebene Geschirr als Rohmaterial benützen: das Plastikmaterial für neues Geschirr, den gebrannten Ton für Ziegel usf.

Kennzeichnend ist, wie das Design-Establishment auf ihre Arbeit reagierte. Die Einsendung bekam den *fünfzehnten* Preis (von fünfzehn), und die Jury vermerkte: »Das Konzept ist von beträchtlicher Originalität ... jedenfalls wissen wir den Humor dieser Lösung zu schätzen. Sie ist eine *amüsierende* Provokation der bestehenden Bedingungen.«

Da wir gelehrt worden sind, Macht, Geld und Besitz gleichzusetzen, verweigern wir den Armen oder Notleidenden den Zugang zu Gütern. Niederes Einkommen bedeutet soviel wie gebrauchte Geräte von der Heilsarmee kaufen oder gänzlich ohne sie auskommen. Für die einkommensschwachen Schichten wird überhaupt nichts entworfen. Dahinter steht die Philosophie: wenn diese Leute bloß mehr Geld hätten, dann könnten sie ja teilhaben am »amerikanischen Traum«. Auf diese Weise bringen wir es fertig, alle Minoritäten auszusondern – und künstlich neue zu schaffen. Diese Minoritäten bestehen aus Menschen, die nicht in die willkürlichen Normen der herrschenden Mittelklasse passen. Wir spalten diese Minoritäten noch weiter auf (wie es scheint, gibt es »erziehbare Schwarze«, »würdige Arme«, »ungewöhnliche Kinder« etc.) und tadeln sie für die Schwierigkeiten, die sie – wie wir ihnen versichern – haben. So konnten wir ein trügerisches Überlegenheitsgefühl entwickeln, das uns in der Überzeugung bestärkt, zur jeweils normsetzenden schweigenden Mehrheit zu gehören.

Die Fähigkeiten des Designers müssen selbstverständlich allen Menschen zugute kommen. Das bedeutet eine Umstrukturierung der Rolle des Designers: er muß die Probleme der Allgemeinheit lösen und wird nur seinen »direkten« Klienten verpflichtet sein, den tatsächlichen Benutzern der Erfindungen, Instrumente, Produkte und Umgebungen, die er entwirft. Seine zweite Rolle wird sein, die Produktion oder Neugestaltung dieser Dinge zu beschleunigen. Wenn man den Industrien derartige Vorschläge macht, beklagen sie sofort den allgemeinen Mangel an Interesse. Lehrer sagen uns, die Eltern kämen nicht zu den Elternabenden, die Bürger, so behaupten Gemeindebeamte, treten keiner Organisation bei, Mieter bleiben den Nachbarschaftstreffen fern. Ist es nicht interessant, daß *wir die Leute der Apathie beschuldigen, während sie selbst darüber klagen, ausgeschlossen zu sein?*

Aber wahrscheinlich ist der gewichtigste Einwand gegen den Berufsstand des Designers, daß kaum eine der oben besprochenen Tatsachen in Schulen und Büros jemals auch nur andeutungsweise erörtert wird. Die meisten Designer akzeptieren ihre Rolle als Meister-Stilist; nie stellen sie ihre Tätigkeit, mit der sie einem ausbeuterischen System Hilfe leisten und das ganze Volk betrügen, in Frage. Sie machen sich nicht klar, daß ihre Arbeit entscheidend dazu beiträgt, unsere Klassenstruktur zu verhärten.

Natürlich gibt es gewisse Unterschiede, wie man in verschiedenen Altersgruppen und Nationen die Design-Probleme handhabt und über sie denkt. Bei der Mehrheit der Designer, die in Schweden, Finnland und den meisten sozialistischen Ländern arbeiten, gilt das eben Gesagte als schlichte Selbstverständlichkeit. In den Vereinigten Staaten empfinden viele Designstudenten und eine ganze Menge jüngere Designer eine erschreckende Leere in ihrem Beruf und ein Mißverhältnis zwischen ihren Gedanken und ihrem Tun.

Erst neuerdings haben sich einige Designer in den Vereinigten Staaten erlaubt, auch zu fühlen, nicht nur zu denken und zu entwerfen. Aber die meisten meinen nach wie vor, daß ihre Arbeit im Dienst des Kapitals eben eine »Gegebenheit« ist. Eine eigenartige Note von Paternalismus herrscht im Design immer noch vor. So sagte der Direktor eines der größten Designbüros in Chicago anläßlich einer Tagung vor kurzem zu mir: »Wir müssen was tun für die Wanderarbeiter, was gut für sie ist – aber auch wieder nicht zu gut –, sonst schaffen sie ihre Esel nie ab!« Als die Einwohner eines wenig begüterten Stadtteils in Lafayette, Indiana, zusammen mit Architekturstudenten von der Notre-Dame-Universität einen Spielplatz planten, wurde im Nachbarschaftsrat eine Lösung angeboten, die den Wünschen der Gemeinde besser entsprach. Darauf einer der Design-Studenten: »Das können die doch nicht machen, das sind *meine* Nigger!«

Aber anstatt weitere Vorwürfe gegen die Profession des Designers zu erheben, will ich lieber mit einem Beispiel zeigen, wie die Dinge sein *könnten*.

Meine Tochter Jenni Satu ist fast ein halbes Jahr alt. Da sie schon spielt, könnte man sie auch mit Büchern bekanntmachen. Doch Papier- oder Plastikseiten haben die Neigung, zarte kleine Finger zu zerschneiden, und Seiten aus fester Pappe sind schwer umzuwenden. So begann ich, mich nach Büchern aus Stoff umzusehen. Es gab *acht*, und sie sind alle von der Hampton Publishing Company in Chicago verlegt. Jedes Buch besteht, von den beiden Buchdeckeln abgesehen, aus drei Blättern, also *sechs Seiten*, und kostet 2 Dollar! Die Illustrationen – mit ungiftigen Farben auf Stoff gedruckt – erinnern an romantische Bilder von vor hundert Jahren, stammen aber aus dem Jahr 1935.

Ein kleines Kind interessiert sich für weiche Stoffe, Farbkontraste, optische Eindrücke und Dinge, an denen es saugen kann. So entwarf einer meiner Studenten ein neues Buch: es hat 20 Seiten. Eine von ihnen ist eine kleine Tasche mit Teddyfell-

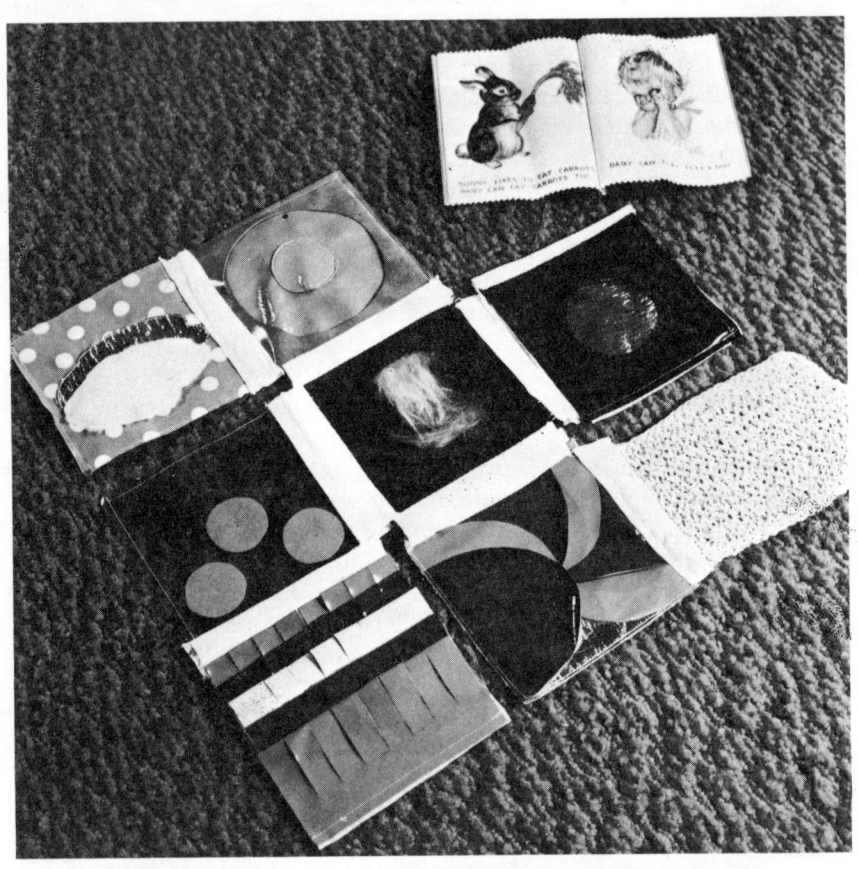

24.   Oben rechts: Babybuch aus Stoff, Preis 2 Dollar. Darunter ein
Neuentwurf, der für kindliche Bedürfnisse besser geeignet und für ca.
60 Cent Verkaufspreis herzustellen ist. Design nach einer Idee des
Autors von Arlene Klasky, California Institute of the Arts.

Futter. Andere Seiten haben einfache Farbflecke, Stoffe, die
sich angenehm anfühlen, oder Dinge, die man zum Quietschen
bringen kann. Zusätzlich sind die Seiten horizontal geschlitzt,
so daß das Kind die 10 Blätter in über 40 Muster legen kann. Das
Buch besteht ebenfalls aus Stoff, auch seine Farben sind ungif-
tig – aber es kann jetzt für 59 Cent verkauft werden! Doch damit nicht genug: mein Student hat eine Maschine entworfen,
mit der diese Bücher von Blinden hergestellt werden können,
entweder in Heimen oder in einer Art Hausindustrie.

Wie schon oft in diesem Buch bemerkt, muß der Designer auf die einzelnen Bevölkerungsgruppen Rücksicht nehmen. Obwohl sich die Kunden nach Alter, Beruf, Geschlecht, Schulbildung usf. unterscheiden, scheinen die meisten Designer ausschließlich für ein männliches, sex-interessiertes Publikum zu arbeiten. Der ideale Konsument ist zwischen 18 und 25, hellhäutig, und verfügt über ein mittleres Einkommen. Wenn wir uns die ergonomischen Daten ansehen, die von Designern selbst veröffentlicht werden, muß er weiterhin *genau* 183 cm groß sein und *genau* 185 Pfund wiegen. Wir haben bereits gesagt, daß die bisher bei verschiedenen Populationsgruppen gesammelten Daten bestenfalls symbolisch genannt werden können. Obendrein wissen Designer sehr wenig darüber, was die Menschen wirklich wünschen oder brauchen.

Beim Vergleich der Lehrpläne von 58 Designschulen stelle ich fest, daß Kurse in Psychologie und Sozialwissenschaften fast immer fehlen. Wenn sie existieren, dann laufen sie unter Bezeichnungen wie *Konsumentenwünsche 201, Die Psychologie des Marktes, Wie man das Verhalten der Konsumentengruppen dirigiert.* An der Purdue Universität, der Universität von Südkalifornien und der School of Design, Illinois Institute of Technology, gibt es einige dieser Lehrgänge in Psychologie und Sozialwissenschaften für zukünftige Designer. (Fairerweise müssen wir erwähnen, daß die School of Design, California Institute of the Arts, eine bemerkenswerte Ausnahme bildet: hier sind die Querverbindungen zwischen Sozialpsychologie, den anderen Verhaltenswissenschaften und dem Design fest etabliert. Dafür erhob sich eine neue Gefahr: manche Designer und ihre Schüler beschäftigen sich nicht mit Design, sondern spielen statt dessen mit Pop-Soziologie. Die besseren Lösungen für die Design-Probleme der wirklichen Welt werden sicherlich von jungen, in der *Wissenschaft der Formgestaltung* geschulten Menschen kommen, nicht von Dilettanten, die mit dem modischen Radikalismus kokettieren.

Wenn wir von den schlecht entworfenen Objekten, die unsere Welt verunzieren, einmal absehen: gibt es überhaupt irgendwelche Dinge, die sich viele Leute leisten können? Vielleicht ist es nützlich zu prüfen, was an zugleich gut entworfenen und preiswerten Gegenständen zu haben *ist.* Als ich noch auf der Schule war, prägte das Magazine »Interiors« den Satz: »Am

Stuhl erkennt man den Designer«. Richtig oder nicht, dieses Schlagwort hat sich gehalten. Heute sieht sich der Konsument, der einen Stuhl kaufen möchte, einer verwirrenden Phalanx von 21 336 verschiedenen Modellen gegenüber. Viele davon sind amerikanisch, aber wir importieren auch aus Finnland, Schweden, Italien, Japan und vielen anderen Ländern. Es werden Stühle hergestellt, die sorgfältig die Sitzgelegenheiten des vorgeschichtlichen Ägypten nachahmen; andere aufblasbare Stühle vereinigen die neuesten Plastikstoffe mit elektronischen Einrichtungen und verdanken ihre ästhetischen Qualitäten dem letzten Mondflug. Die Preise variieren: man konnte einen aufblasbaren Stuhl für nur 59 Cent bekommen; ein heute verkaufter Lehnstuhl, zum Teil aus Schweden, aber mit japanischer Elektronik im Kopfteil und einem deutschen Motor, der in der Rückengegend eine wellenförmige Bewegung erzeugt, wird Stück für Stück für bare 16 500 Dollar verkauft. Gut gestaltet in jeder Hinsicht sind wahrscheinlich mindestens 500 Stühle. Aber wir wollen uns nur mit drei Modellen befassen, die ich hervorragend finde; zwei von ihnen haben den Test der Zeit so gut bestanden, daß die meisten Leute erstaunt sein werden, wenn sie hören, wann diese Stühle zuerst gebaut wurden.

Der Direktorstuhl ist in seiner gebräuchlichsten Form eine scherenbeinige Holzkonstruktion mit Sitz und Rückenlehne aus Segeltuch, geprüft für eine Belastung von 300 Pfund. Man sitzt in ihm lange Zeit sehr bequem, was ganz ungewöhnlich ist für einen Stuhl ohne Kissen oder Polster. Zwecks Stapelung kann er zu einem kompakten Paket zusammengefaltet werden; er wiegt weniger als 15 Pfund. Bei Sears Roebuck kostet der Stuhl heute 12,88 Dollar.

Man sieht den Stuhl auf frühen französischen und amerikanischen Fotografien; er erscheint auf Bildern, die während des Bürgerkriegs entstanden. Heutige Fabrikanten schätzen die Zahl der seit 1900 allein in Amerika hergestellten Stühle auf mehr als 5 Millionen. Es gibt auch englische, deutsche, schwedische und finnische Versionen des Stuhls.

1940 erwarb Hans Knoll das Muster eines von Ferrari-Hardoy und Durchan Bonet entwickelten Stuhls. Diese Konstruktion aus zwei ineinandergreifenden, offenen Tetraedern aus Stahlstäben mit Bezug aus Leder oder Segeltuch ist den Designern seither unter der Bezeichnung »Hardoystuhl« bekannt, dem Publikum als Schmetterlingsstuhl, Feldzugsstuhl, Schling-

25. Links: Direktorstuhl, hergestellt von The Telescope Folding Furniture Co., Inc., Granville, New York.

26. Rechts: »Lounge-Stuhl« (1938) von Durchan Bonet und Ferrari-Hardoy, hergestellt von Artek-Pascoe, Inc. Collection The Museum of Modern Art, New York, Edgar-Kaufmann-Stiftung.

stuhl, Safaristuhl oder »Eierkopfs-Entzücken«. Der ursprüngliche Knoll-Hardoy wurde 1940 mit Lederbezug für 90 Dollar verkauft. Durch die Preiskämpfe rivalisierender Fabrikanten sank dieser Preis, wenigstens an der Westküste, 1950 auf 3,95 Dollar. Durch Überproduktion kam es schließlich dahin, daß man in einigen Supermärkten den Stuhl als Dreingabe erhielt, wenn man für mindestens 40 Dollar andere Waren einkaufte. Die Ursprünge des Hardoystuhls sind dunkel, doch wurde er in einer hölzernen faltbaren Version schon 1895 von der allgegenwärtigen Gold Medal Furniture Company (Racine, Wisconsin) angeboten. Nahezu 7 Millionen Hardoystühle oder Nachahmungen von ihnen sind während der letzten 30 Jahre verkauft worden. Die Gründe für ihre Popularität decken sich mit denen für den Direktorstuhl; wie dieser hat der Hardoystuhl jedem Versuch widerstanden, ihn mit Assoziationen wie »Status« oder »Elite« zu verbinden.

Der »Sack«, entworfen von Piero Gatti und Cesare Paolini, wurde dem italienischen Publikum 1968 vorgestellt. Es handelt sich tatsächlich um einen lederüberzogenen Sack, der mit Plastikkörnern gefüllt ist. Der ursprüngliche Einzelverkaufspreis war in Italien 80 Dollar. Der Stuhl ist leicht, beutelähnlich und einfach zu tragen, die Plastikfüllung modelliert sich nach den Körperformen des Benutzers. Seit seiner Einführung haben Nachbildungen in verschiedenen Materialien den Preis auf 9,99 Dollar heruntergedrückt. Er ist angenehm in Stoffausführung, am angenehmsten in dem originalen weichen italienischen Handschuhleder. Wie der Direktor- und der Hardoystuhl paßt er ausgezeichnet zu den modernen Vorstellungen von einem bequemen, unprätentiösen Lebensstil. Der Nachteil des Sacks und des Hardoystuhls ist, daß es älteren Leuten schwer fällt, sich zu setzen und wieder aufzustehen. Was die drei Stühle (außer ihrem nahezu gleichzeitigen Ursprung im Lauf eines Jahrhunderts) gemeinsam haben, ist Unempfindlichkeit, Stapelbarkeit, Leichtigkeit, niederer Preis und die Tatsache, daß sie nicht zum Statussymbol wurden. In diesem Zusammenhang ist es interessant, daß – wenigstens in den Vereinigten Staaten – dennoch keiner der Stühle an einkommensschwache Bevölkerungsschichten verkauft wurde. Der Grund ist klar: Die einkommensschwachen Gruppen sind den Anzeigen und der Fernsehreklame zum Opfer gefallen, die sie empfinden ließen, dies seien nicht die passenden Stühle für sie.

Designer stimmen wahrscheinlich keineswegs darin überein, daß gerade diese drei Stühle »gutes Design« seien. Die »Geschmacksbildner« in unserer Gesellschaft halten einen unglückseligen Rekord im Auslesen dessen, was gutes Design ist. Das Museum of Modern Art gilt für gewöhnlich als erster Schiedsrichter des guten Geschmacks. In dieser Eigenschaft hat das Museum während der letzten 36 Jahre drei Broschüren publiziert. 1934 gab das Museum eine Schrift mit dem Titel »Machine Art« heraus. Es ist ein reich illustrierter Führer durch eine Ausstellung, die der Öffentlichkeit maschinell hergestellte Objekte schmackhaft machen sollte; obendrein hatte das Museum diese Objekte einzeln als »ästhetisch gültig« ausgewählt. Von den 397 Gegenständen, denen man damals zeitlosen Wert zuschrieb, überlebten *396* nicht. Nur die chemischen Flaschen und Reagenzgläser von Coors, Colorado, gibt es noch heute in den Laboratorien, nachdem sie aufgrund der Ausstellung kurze Zeit bei der Intelligentsia als Weinflaschen, Vasen und Aschenbecher en vogue gewesen waren.

1939 veranstaltete das Museum eine zweite Ausstellung; die Broschüre »Organic Design« zeigt die verschiedenen Objekte. Von 70 Entwürfen wurde nur einer, Einsendung A-3501, ausgeführt. Die gemeinsamen Einsender, Saarinen und Eames, entwickelten den Entwurf getrennt weiter; der Saarinen Womb-Stuhl von 1948 und der Eames Lounge-Stuhl von 1957 gehen beide auf diese Einsendung zurück.

1950 fand im Museum of Modern Art eine internationale Ausstellung unter dem Titel »Preisgekrönte Entwürfe für moderne Möbel« statt. Die meisten Einsendungen stammten diesmal von Design-Stäben und Möbelgesellschaften, dennoch überlebte nur einer von 46 Entwürfen bis heute. Da die oben erwähnten Saarinen- und Eames-Stühle für 400 bzw. 654 Dollar verkauft werden, war ihr wirklicher Einfluß auf das Volk verschwindend klein. Aber wenn wir den »geschmacksbildenden« Apparat des Museums of Modern Art berücksichtigen, ist ein Verhältnis von 3 Erfolgen zu 510 Mißerfolgen alles andere als überzeugend. Eindrucksvoller noch sind die Unterlassungen des Museums: Mies van der Rohes Barcelona-Stuhl wurde in den zwanziger Jahren entworfen. Knoll International griff ihn in den fünfziger Jahren wieder auf, verkaufte ihn – nur paarweise – zu 750 Dollar *das Stück*; er ist seitdem zum beliebtesten Statussymbol des Big Business geworden und ziert die Eingangshallen der meisten Industrie-Bosse rund um den Erdball. Ein weiterer Stuhl, der vom Museum unberücksichtigt blieb und seither ähnlich gewinnbringend von Knoll wieder eingeführt wurde, ist der ebenfalls in den zwanziger Jahren entworfene Segeltuch- und -Stahl-Stuhl von Le Corbusier.

Es ist lehrreich, die vielen Museumskataloge mit »gut entworfenen Objekten« zu vergleichen. Ob 1920, 30, 50 oder 70 gedruckt, die Gegenstände sind dieselben: einige Stühle, Autos, Bestecke, Lampen, Aschenbecher und vielleicht eine Fotografie des allgegenwärtigen DC-3 Flugzeugs. Der Erfindungsgeist scheint sich mehr und mehr auf die Entwicklung wertlosen Ramsches fürs nächste Weihnachtsgeschäft und die Konstruktion von »Spielzeug für Erwachsene« zu beschränken. Als man in den zwanziger Jahren die ersten elektrischen Brotröster anschaltete, ahnte man kaum, daß uns in einem knappen halben Jahrhundert dieselbe Technik, die Menschen zum Mond befördert, elektrische Schnurrbartbürsten und batteriebetriebene Messer für den Rostbraten bescheren würde. Und doch hat es richtige Neuerer gegeben. Alles, was der verstorbene Dr. Peter Schlumbohm gemacht hat, ist hervorragend entworfen, umsichtig konstruiert und ästhetisch ungewöhnlich attraktiv.

Dr. Schlumbohm war freier Erfinder; 1941 brachte er den

Chemex Coffee Maker heraus. Der Chemex wurde richtung-
weisend für alle seine späteren Entwürfe: Schlumbohm fand
Wege, Handgriffe zu verbessern und zu vereinfachen und das
ohne Elektrizität und gewöhnlich auch ohne mechanische
Mittel. Indem er physikalische Grundbegriffe neu überdachte,
fand er eine Möglichkeit, besseren Kaffee auf einfachere Weise
zu machen. Seit der Einführung des Chemex-Systems sind in
vielen Ländern Nachahmungen erschienen, vor allem Melitta
in Deutschland, ebenso einige schwedische Systeme. Auf den
Kaffee-Filter folgte 1946 ein Cocktailschüttler, 1949 ein Wasserkessel aus Glas, dessen Form das Wasser schneller zum
Kochen bringt, 1951 ein elektrischer Filterstrahlventilator und
viele andere Dinge, wie Schneeschutzbrillen, ein Mehrzweck-
Tragbrett usf. Alles, was er entwarf, war preiswert. Dr.
Schlumbohm starb 1957.

 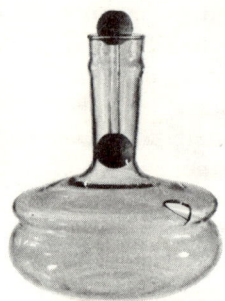

27. Links: Chemex Coffee Maker (1941) von Peter Schlumbohm.
Pyrex-Glas und Holz, 25 cm hoch, hergestellt von Chemex Corp., U.S.A.
Sammlung Museum of Modern Art, New York. Geschenk von Lewis
und Conger.

28. Rechts: Wasserkessel (1949) von Peter Schlumbohm. Pyrex-Glas,
30 cm hoch, hergestellt von Chemex Corp., U.S.A. Sammlung Museum
of Modern Art, New York. Geschenk des Herstellers.

Es wäre langweilig, die vielen schlecht gestalteten Spielsachen noch einmal zu registrieren. Wir haben, wie es scheint, die
Zinnsoldaten, Bomber und Panzer für Jungen und die aufwen-
dig gekleideten Barbie-Puppen für Mädchen überwunden, dafür
gibt es jetzt intergalaktische Roboter. Manche davon sind
ebenso destruktiv wie die Kriegsspielsachen und noch unmenschlicher und mechanistischer.

Im Weihnachtsgeschäft 1970 war ein sogenanntes »Dynamit-Häuschen« sehr erfolgreich. Zu einem kleinen Haus aus Plastik bekam man ein Päckchen (unechter) Dynamitstäbe, die durch ein Kabel mit einer Entladungsvorrichtung verbunden waren. Wenn Kinder die Dynamitstäbe durch den Kamin hinabließen und dann den Detonator bedienten, explodierte das Haus mit einem, wie der Hersteller meinte, »befriedigenden« Knall und brach in ein Dutzend oder mehr Stücke auseinander. Diese konnten natürlich wieder zusammengesetzt werden, auf daß das Spiel immer wieder von neuem beginne. Aber ich muß den erzieherischen wie auch den Vergnügungswert eines Spielzeugs bezweifeln, das Kinder lehrt, Häuser in die Luft zu sprengen.

Gut entworfene, billige und speziell auf das Entdeckungsbedürfnis des heranwachsenden Kindes abgestimmte Spielsachen sind immer noch selten. Creative Playthings (Princeton, New Jersey, und Los Angeles, Californien) handelt mit solchem Spielzeug aus der ganzen Welt. Ich empfehle hier eine Reihe einfacher Holzspiele aus Finnland.

Sie wurden entwickelt, um Spaß zu machen und Geschicklichkeiten wie drehen, wenden, einfädeln, drücken und stoßen zu üben. Designer sind Jorma Vennola und Pekka Korpijaakko. Vor mehreren Jahren war Jorma Vennola, ein Schüler von mir, wesentlich an der Planung der ersten tragbaren Spiel- und Übungsumgebung für Kinder mit Gehirnlähmungen beteiligt (sie wird weiter hinten in diesem Buch erklärt und abgebildet). Während dieser Arbeit entwarf Jorma Vennola auch einige Spielzeuge. Eins davon ist sein »Fingermajig« – wahrscheinlich eine hervorragende Design-Entwicklung, die ich deshalb kurz beschreiben möchte.

Zwei Plastikhälften, jede von der Größe und Form des Deckels einer altmodischen Fahrradklingel, sind zu einem Ball zusammengefügt. Aus mehreren Löchern ragen Pflöcke von etwa 3 cm Länge; sie sind im Inneren des Balls dicker, so daß sie nicht herausrutschen können. Das Herz des Balls ist eine kleine Schaumgummikugel. Wenn man auf die Pflöcke drückt, schlüpfen sie hinein und springen dann wieder zurück. Das Spielzeug kommt in 8 leuchtenden Farben auf den Markt. Kinder spielen gern damit, weil es sich angenehm anfühlt und elastisch ist. Das »Fingermajig« übt die Handmuskeln in vorbildlicher Weise, auch bei Kindern mit Gehirnlähmungen,

Kinderlähmung und Myasthenia gravis. Da es einfach und nicht mechanisch ist, nützt es sich nicht ab. Es schwimmt und ist daher eine der wenigen guten Badewannenspielsachen. Durch seine leuchtenden Farben ist es auch für Spiele im Schnee geeignet.

Und das beste: zuzüglich der Transportkosten von Finnland und des Zolls kostet es 75 Cent! (Manche Warenhäuser sind neuerdings dazu übergegangen, das »Fingermajig« für 1 Dollar in der Kinderabteilung als Spielzeug zu verkaufen, und für 5 Dollar oben als »wirksames Beruhigungsmittel«.)

Viele Dinge sind gut geplant, unglaublich viel mehr sind schlecht geplant, und eine wirklich erschreckende Zahl ist überhaupt nicht geplant. Ich bin nicht dafür, daß es immer mehr Produkte gibt. Eine Welt, die ökologisch gesehen mit dem Rücken zur Wand steht, kann sich keins der vier folgenden Stadien leisten: Raubbau von Rohstoffen, Umweltverschmutzung durch den Fabrikationsprozeß, Überfluß an Gütern, Umweltverschmutzung durch weggeworfene Güter. Es läuft mir kalt den Rücken hinunter, wenn ich ein von Herman Kahn zitiertes Lied lese, das die Arbeiter der Matsushitawerke in Japan jeden Morgen singen:

»Nehmen wir unsere Kraft und unseren Verstand zusammen. Und tun unser Bestes, die Produktion voranzutreiben! Senden wir unsere Güter den Menschen in aller Welt, *Immerfort und stetig...*« (Von mir hervorgehoben.)

Dennoch, manche Dinge werden gebraucht, heute gebraucht. Die Designer neigen dazu, manches nicht zu entwerfen, weil sie technische Fortschritte abwarten wollen. Aber wenn ein Blinder ein besseres Schreibgerät für Blindenschrift benötigt, nützt es ihm wenig, wenn man ihn damit tröstet, daß in 10 Jahren Tonbandgeräte in der Größe einer Zigarettenpakkung weniger als 10 Dollar kosten werden. Er braucht das Schreibgerät *jetzt;* übrigens machen die heutigen monopolistischen Praktiken solche Hoffnungen auf die zukünftige Preisentwicklung absolut unrealistisch. Zum Beispiel hat monopolistische Absprache und willkürliche Preisfestsetzung dazu geführt, daß eine Hörhilfe, die aus einem Ohrstück und einem in der Rocktasche zu tragenden Verstärker zu 6 Dollar besteht, für 470 Dollar verkauft wird. Weil anscheinend wenige Designer nachdenken und diejenigen Produkte entwickeln, die wirklich fehlen, erkläre ich eine Anzahl von ihnen auf den folgenden Seiten. (Ich entschuldige mich, daß ich eine Art Designer-Kurzschrift gebrauche; es würde Bände füllen, jeden Gegenstand genau zu beschreiben. Daß andere vielleicht ähnliche Ideen hatten, weiß ich nur zu gut. Doch haben sie nichts oder wenig getan. Einige dieser Gegenstände haben meine Studenten bereits entworfen; sie werden hier gezeigt. Worauf wir alle warten, sind Mittel und Wege der Produktionserleichterung.)

JETZT BENÖTIGTE ERZEUGNISSE: Wir wollen mit Gesundheitsfürsorge, Krankheitsverhütung und Diagnostik beginnen. Natürlich bestehen Bedürfnisse nach intelligent konstruierten Herz-Lungenmaschinen, Vereinfachungen der Chirurgie am offenen Herzen etc. Instrumente, die beinahe ebenso ausgeklügelt sind, wie die von meinem Studenten C. Collins Pippin entworfenen Bohrer und Sägen für osteoplastische Kraniotomie, werden an späterer Stelle abgebildet. Aber auch auf einem viel niedrigeren, beinahe spielerischen Niveau kann noch viel getan werden. Fieberthermometer zum Beispiel. Gegenwärtig existiert keins, das ein sehr schnelles, genaues Ergebnis liefert und wenig kostet. Keins hat eine Farbskala, so daß Menschen, die schlecht lesen können, oder die nicht wissen, daß 36,5 ° »normal« ist, damit umgehen können. Wie wäre es mit einem Thermometer, das einem Blinden ermöglicht, seine Temperatur selbst zu messen? Es gibt nur ein Fabrikat aus der Schweiz, das sehr zerbrechlich ist und 10 Dollar kostet.

Die moderne Elektronik könnte uns einen Pulszähler liefern, der die tatsächlichen Pulsschläge registriert. Er müßte nicht mehr als 15 Dollar kosten. Einer meiner Studenten, Bob Worrell, hat bereits einen Plan entworfen. Aber hier begegnet uns eine weitere Schwierigkeit. Viele Menschen, die einen derartigen Pulszähler bei Patienten ohne weiteres bedienen könnten, sind unter Umständen Analphabeten und unfähig, eine komplizierte Skala abzulesen, einige Rechnungen bezüglich der Pulsart anzustellen und diese Daten korrekt in das Krankenblatt einzutragen. Offensichtlich muß ein Digitalrechner entwickelt werden. Wenn man einen Schritt weiter gehen will, kann man diesen Digitalrechner mit einem Gummistempelrad verbinden, so daß das Ergebnis direkt auf die entsprechende Karte übertragen wird. (Auch Laboratorien und Kraftwerke sind in dieser Beziehung vielfach rückständig. Gas- und Elektrozähler haben eine verwirrende Anordnung von 5–7 verschiedenen

Skalen, und neue Angestellte müssen monatelang geschult werden, bis sie diese unübersichtlichen Meßgeräte ablesen können.)

Krücken sind ungünstig konstruiert; Stützkorsetts sind teuer und können zu wenig an die verschiedenen Körperproportionen angepaßt werden. Blindenstöcke wurden kürzlich das erste Mal von Robert Senn neu entwickelt. Sie sind weiter vorn in diesem Buch beschrieben und abgebildet.

Gerade jetzt bin ich dabei, ein Übungs- und Spaß-Fahrzeug für Kinder zu bauen, die nur unkontrollierter, unbeholfener Bewegungen fähig sind. Wäre so etwas nicht auch nützlich für Invalide, die eben erst Arm- oder Beinprothesen bekommen haben? Die Fahrzeuge könnten stationär sein und vom Benützer selbst angetrieben werden, oder man könnte sie im Wasser für Hydrotherapie benützen. Als meine Studenten und ich Ende der fünfziger Jahre derartige Fahrzeuge entwarfen, waren es bedauerlicherweise die einzigen, die es damals überhaupt gab. Seither sind nur drei schlecht nachgebaute Dreiräder kommerziell hergestellt worden.

Zur Zeit wird kein wirklich sicherer Tablettenbehälter zu so niedrigen Kosten hergestellt, daß man ihn mit den Arzneien verteilen könnte. In den Vereinigten Staaten sterben jährlich mehr als fünfzig Kinder an einer Überdosis verschiedener Tabletten und Kapseln, die sie auf eigene Faust eingenommen haben.

Blinde Erwachsene benötigen ein Gerät, mit dem sie Notizen in Blindenschrift machen können. Gegenwärtig gibt es für sie nur eine teure und schwere Schreibmaschine (weil der Benützer nicht sieht, muß die Maschine besondere Kontrollvorrichtungen haben) oder eine völlig unzureichende Tafel mit Stift. Da die Schriftzeichen von oben eingedrückt werden, Blindenschrift aber erhaben ist, muß *rückwärts* geschrieben werden! Ein Team von zwei Doktoranden an unserer Schule entwarf ein taschengroßes billiges Schreibgerät für Blinde. Aber das ist nur ein Anfang. Blinde wollen nicht nur Körbe flechten und Besen binden. Ein Designer könnte es sich zur Aufgabe machen, Fabrikationsprozesse zu entwickeln, die unmittelbar die oft eindrucksvolle manuelle Geschicklichkeit der Blinden berücksichtigen.

Es gibt viele andere Gruppen, die wir abgesondert haben und nun »gehemmt«, »benachteiligt« oder »behindert« nennen. Es

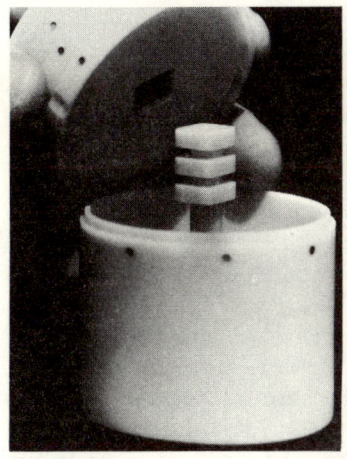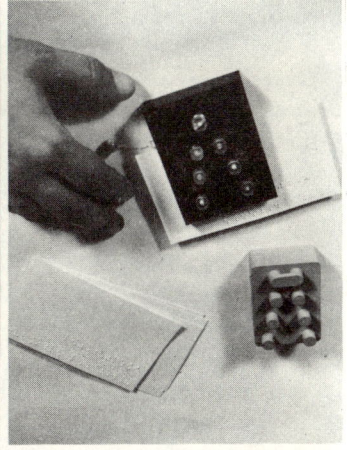

29. Links: Sicherheits-Tablettenbehälter, den kleine Kinder nicht öffnen können. Entwurf: David Hausman, Student an der Purdue Universität.

30. Rechts: Schreibgerät für Blinde, das wesentlich besser als die vorhandenen Modelle ist. Entwurf: Solbrit Lanquist und James Hennessey, Assistenten am California Institute of the Arts.

ist sogar dahin gekommen, daß wir sie für die Pflichtversäumnisse unserer Gesellschaft tadeln. Man muß ihre Fähigkeiten studieren, um sinnvolle Beschäftigungs- und Arbeitsmethoden für sie zu finden. Es erübrigt sich zu betonen, daß Mitglieder der benachteiligten Gruppen in jedem Fall im Design-Team vertreten sein müssen.

Als das Kunstmuseum in San Francisco kürzlich eine Skulptur-Ausstellung für Blinde veranstaltete, wurden Scharen kleiner blinder Kinder durch die Galerien getrieben, während die Blitzlichter geschäftig klickten. Wir können den Blinden nicht unseren ganzen ererbten Reichtum an Plastiken vorenthalten und ihr Gebrechen nur zur gelegentlichen Befriedigung selbstgefälliger Direktorengefühle benützen. (Nebenbei: die Ausstellung und die Idee dazu waren vom Moderna Museet in Stockholm geborgt, das im Juli und August 1968 »Kunst für die Blinden« zeigte. Diese Ausstellung jedoch fand in völlig verdunkelten Räumen statt, so daß auch die Sehenden zeitweise »blind« waren; man mußte sich seinen Weg entlang einem hüfthohen Geländer *ertasten*. Jede Skulptur war in Blindenschrift ausgewiesen; wenn man sie berührte, leuchtete eine winzige Birne auf und erhellte eine zollgroße Tafel mit dem

Text in normaler Schrift. Ein ziemlicher Unterschied also zu der Ausstellung von San Francisco!)

Gegenwärtig arbeiten wir an einer »Sinnesreiz-Wand«. Ich verdanke die Idee einem meiner früheren Studenten, Charlie Schreiner von der Purdue Universität, und Yrjö Sotamaa aus Helsinki. Die Wand besteht im wesentlichen aus einem räumlichen Gitter, 60 cm hoch, 160 cm lang, 30 cm tief. Hineingesteckt in diese Wand sind Würfel von 30 cm Seitenlänge. Jeder »tut« etwas. Sie quietschen, reflektieren Licht in vielen Facetten, sind dreidimensionale »Fühldinge«, die mit der Hand von innen erforscht werden können, schalten Lichter an usf. Diese Einheit kann im Kindergarten oder der Kinderkrippe auf einer ihrer Seiten liegen; Kinder bis herunter zu einem Jahr können sie erkunden und mit ihr spielen. Wenn das Kind älter wird und neue Fähigkeiten entwickelt, können neue Würfel – Aquarien, Projektionsschirme, elektronisches Spielzeug und anderes mehr – hinzugefügt oder gegen alte ausgetauscht werden. Spezifische Geschicklichkeiten, wie Schuhe schnüren, knöpfen, Schleife binden, mit Reißverschluß oder Druckknöpfen umgehen, können gelehrt werden.

Nach den glaubwürdigsten Schätzungen leben auf der Erde zur Zeit an die 150 Millionen Menschen, die bettlägerig sind und gerne lesen würden, aber Buchseiten nicht umblättern können. In Schweden gibt es sieben verschiedene Seiten-Umwender, in den Vereinigten Staaten drei, aber keiner funktioniert. Wenn wir einen wirklich tauglichen Seiten-Umwender erfunden haben, könnten wir ihn mit einem kleinen, nicht blendenden Projektor kombinieren.

Die Alten brauchen Sitzmöbel, bei denen das Hinsetzen und Aufstehen keine Schwierigkeiten macht; sie sollten billig, leicht zu reinigen und leicht zu tragen sein. In den Pensionärsstädten in Florida und an der Westküste leben Hunderte von Kunsttischlern, Designern und Handwerkern, deren einzige Anregung die Kanastaturniere am Wochenende sind. Die Möbel könnten von der betroffenen Klientengruppe selbst entworfen und gebaut werden.

Ein Ambulanzwagen kann bis zu 28 500 Dollar kosten. Wo sind gut geplante, preigünstige Einbauvorrichtungen, die jeden Kombiwagen in eine Ambulanz für Notfälle verwandeln könnten?

In Kapitel elf wird ein begehbarer Übungs- und Spielwürfel

abgebildet und besprochen, der in Finnland für behinderte Kinder gebaut wurde. Wie wär's mit anderen Würfeln? Experimentelle Kinder-Fürsorge-Zentren in Würfelform, Würfel, die auf dem Wasser schwimmen oder im Wasser schweben, Würfel, die sich zusammenschlagen lassen zum Spielen, für Tests und Diagnosezwecke? Wenn Studenten in ein altes Zimmer ziehen, müssen sie unnötig viel Geld ausgeben, um es bewohnbar zu machen. Und natürlich leben viele Menschen in Slums. Man könnte Wohnwürfel konstruieren, die aus Schlaf-, Arbeits- und Sitzgelegenheiten eine ästhetisch befriedigende Einheit bilden; die Gegebenheiten der Wohnung selbst könnten genützt, aber optisch ausgeschaltet werden. Freunde von mir haben drei solche Würfel gebaut (einen zum Schlafen, Essen und Sichaufhalten; einen zur Arbeit; einen als Spielzimmer für das Baby; jeder von 2,50 m Seitenlänge) und sie in ihrem ebenso teuren wie häßlichen Appartement in Buenos Aires installiert.

Vor etwa zwei Jahren haben Versuche, die an der Konstfackskolan in Stockholm angestellt und in dem schwedischen Design-Magazin »Form« lückenlos dokumentiert wurden, gezeigt, daß Menschen in Rollstühlen keine Telefonzellen oder Drehtüren benutzen und nicht die Artikel ihrer Wahl im Supermarkt kaufen können. Dasselbe gilt zum großen Teil für Menschen mit Krücken. Wo sind Telefonsäulen (mit Geräuschabschirmung) für Behinderte? Wo preisgünstige, aber dauerhafte Vorrichtungen, durch die Treppen und Randsteine in Rampen verwandelt werden könnten? Wo sind drehbare Warenständer für Supermärkte?

In einem grandios ausgeklügelten Hochhaus-Slum in Chicago müssen schwarze Frauen runde fünf Meilen zu Fuß gehen, um den nächsten Supermarkt zu erreichen. Öffentliche Transportmittel stehen nicht zur Verfügung. Wenn eine Frau schwanger ist, drücken die Pakete auf den Kopf ihres ungeborenen Babys. Die körperlichen Probleme der Schwangeren sind auch die permanenten Probleme der Fettleibigen. An sich einfache Aufgaben, wie in ein Bad zu steigen oder aus dem Bett herauszukommen, bringen eine Unzahl von Gleichgewichtsschwierigkeiten mit sich. Aber Geräte, die diesen Leuten das Leben erleichtern würden, sind noch nicht erfunden.

Hochspezialisierte Arbeit verlangt oft eine hochspezialisierte Ausrüstung. Dafür ein Beispiel: Wir entdeckten, daß Tänzerinnen und Tanzstudenten ihre Beine wirksamer entspannen konnten, wenn sie diese möglichst hoch lagerten. Für diesen speziellen Fall gibt es keine Sitzeinheit (mit Ausnahme der unglücklichen »Barca«-Liege von 1939). Wir nahmen Tänzerinnen und Tanzstudenten (die Kundengruppe) in unser Team auf; mit ihrer Hilfe entwickelte ein Doktorand, Douglas Schoeffler, einen geeigneten Entspannungsstuhl. Viele solcher Stühle wurden an Berufstänzer und Ballettschüler verkauft. Studenten, denen auch 18 Dollar zu viel sind, können die Pläne und Schablonen für 75 Cent zum Selbstbau erwerben.

Sicherheit und Schutz des Verbrauchers könnte Bände füllen. Mich beschäftigt am meisten, wie *unsicher* viele Sicherheitsvorkehrungen sind. Ein Problem sind die hydraulischen Wagen, die wir zum Transport schwerer Gegenstände benutzen, um Verletzungen zu vermeiden; sie sind um mindestens 600 Prozent zu teuer. Lärmbelästigung schädigt nicht nur das Gehör, sondern auch das Herz- und Kreislaufsystem. Es gibt keine wirksamen Rauch- und Smogmasken. Es gibt keine tauglichen Rückenstützen, Lendenstützen und Gürtel für Männer in der Eisenindustrie. (Ausgezeichnete Modelle findet man in Osteuropa, doch scheinen sowohl unsere Industriekapitäne als auch ihre Gefangenen, die Designer, anzunehmen, daß bei uns »niemals jemand so hart arbeitet«.)

Eins der gefährlichsten Vehikel in den Vereinigten Staaten ist der Schulbus. Die ausgezeichneten deutschen Busse, die für diesen Zweck gebaut werden, finden keinen Absatz, und die amerikanischen Autofirmen sind nicht willens, ein besseres Fahrzeug zu konstruieren. Diese 30 Jahre alten Todesfallen rattern die kurvenreichen Bergstraßen von Nordkarolina herunter, wo ein lokales Gesetz erlaubt, daß Fünfzehnjährige am Steuer sitzen.

Die meisten Unfälle in der Landwirtschaft werden von Traktoren verursacht. Kaum einer hat eine Sperre, die das Wegrollen verhindert.

Über Straßensicherheit wird häufig diskutiert. Bucky Fullers Oktaedergitter (ein strukturales System) würde sicher alle Leitplanken ausstechen, die heute in Gebrauch sind. Ein aus Doktoranden bestehendes Forschungsteam in Purdue unter der Leitung Michael Crottys schlug 1967 ein solches System vor. Es wurde als zu teuer abgelehnt. Was bedeuten Kosten bei einem Durchschnitt von 50 000 Verkehrstoten im Jahr?

31/32.   Schnell-Entspannungsstuhl speziell für Tänzer und Tänzerinnen. Entwurf: Douglas Schoeffler, Student am California Institute of
the Arts. Oben: die normale Stellung, in der man auch schaukeln kann.
Legt man die Arme zurück, kippt der Stuhl in die Entspannungslage
(unten).

Offenbar verabscheuen amerikanische Autofahrer die Vorstellung, einen Regulator an ihrem Gashebel zu haben. Warum führt man nicht eine Sirene oder Glocke ein, die außen laut schrillt, wenn der Geschwindigkeitsmesser über 110 km/h klettert? Zumindest wären wir übrigen gewarnt und hätten eine Chance, uns in Sicherheit zu bringen.

Die Benachteiligung der Armen durch Designer und ihre Dienstherren kann man an den Preisen vieler Geräte und Werkzeuge leicht ablesen. Anstatt einen Gegenstand zu entwerfen, der sich zu einem vernünftigen Preis verkaufen läßt und gut funktioniert, und dann nach Wahl zusätzliche Bequemlichkeiten und Verbesserungen mit entsprechenden Aufschlägen hinzuzufügen, machen wir es lieber umgekehrt. Wir haben einen neuen Zyklus eingeführt: Der billigste Posten in einer Reihe ist nicht mehr als eine Spielerei (Polaroid Colorpack II). Eine Kostenstufe höher erreichen wir das Niveau des Ramsches (die meisten Mixer). Eine weitere Stufe, und wir sind da, wo wir hätten anfangen sollen: ein solides Stück, aber viel zu teuer (die IBM Selectric Schreibmaschine). Auf der nächsten Stufe bleibt das Objekt dasselbe, wird aber mit Extras überladen und heißt nun »luxuriös« (jedes amerikanische Auto). Auf der letzten Stufe ringen wir uns wieder zur grundlegenden Einfachheit des Designs durch; der Gegenstand ist meist gut gemacht und hochgradig überteuert. Dies ist Status (der Barcelona-Stuhl von Mies van der Rohe). In diesem Zusammenhang ist eine Fallstudie lehrreich:

Vor einigen Jahren entwickelte Kodak ein System, das Gewicht der Dias für ihre Einführung in die Magazine der Projektoren auszunützen. Es entstand ein Projektor mit dem Namen Kodak Carousel. Weil die Methode wirklich hervorragend und der Projektor selbst außergewöhnlich robust war, verkaufte er sich gut. Aber, wie Raymond Loewy, das Oberhaupt der amerikanischen Industriedesigner, zu sagen beliebt: »Laß es nie bei gut bewenden.« Bald kam ein neuer Kodak Carousel vom Zeichenbrett, das »schlanke Linie«-Modell. Es war etwas kleiner, viele Leute kauften es. Das ursprüngliche Modell wurde das Carousel 600 (mit Diawechsel durch Knopfdruck, Linsen nach Wahl, einem Magazin für eine Diagröße) zu 60 Dollar (Magazine für andere Diagrößen und verschiedene Linsen sind zusätzlich erhältlich.) Wir gehen nun über zum

33. Zwei Kodak-Carousel-Projektoren mit Fernbedienung. Der deutsche Kodak-Carousel »S« mit variabler Spannungsaufnahme und extraschwerer Verdrahtung kostet etwa 75 Dollar, der amerikanische Kodak-Carousel Ektagraphic »VA« – ganz ähnlich, aber schwerer, plumper und ohne variable Spannungsaufnahme – 279,50 Dollar.

Modell 650 (zusätzlich: nimmt verschiedene Diagrößen auf, Knopfdruck-Wechsel für vorwärts und rückwärts, Fernsteuerung für vorwärts) zu 100 Dollar; zum Modell 750 (zusätzlich: Fernsteuerung für vorwärts und rückwärts, Spezialschalter zur Schonung der Lampe) zu 130 Dollar; zum Modell 800 (zusätzlich: Fernbedienung für Scharfeinstellung, eingebaute Zeitsteuerung) zu 145 Dollar; zum Modell 850 (zusätzlich: statt der fernbedienten automatischen Scharfeinstellung, Wolfram-Halogen-Lampe, zwei Linsen eingeschlossen) zu 190 Dollar... zum Modell 860 zu 200, 860 QZ zu 239, RA 960 zu 875 Dollar und schließlich zum Modell für Bogenlampe zu 1500 Dollar.

Während der ganzen Zeit hatte Kodak außerdem genaue Kopien aller dieser Projektoren hergestellt und unter dem Namen »Ektagraphic« an Schulen und Audiovisionsstudios verkauft. Die Ektagraphic-Reihe kostet durchschnittlich 10–20 Dollar mehr als die Reihe für Normalverbraucher. Zwischen den beiden Reihen gibt es nur zwei Unterschiede: Die Ektagraphic-Projektoren sind nicht schwarz, sondern grau gespritzt, und sie sind, wie Kodak sich diplomatisch ausdrückt, stärker verdrahtet. Das heißt, daß die Ektagraphic-Projektoren, die im allgemeinen nur über Audiovisionsgeschäfte bezogen werden können, eine geerdete, stark isolierte Verdrahtung besitzen und die Gefahr eines Kurzschlusses bei ihnen geringer ist.

119

In anderen Worten: die regulären Modelle von 60 bis 239 Dollar *sind nicht so sicher* wie die der Ektagraphic-Reihe.

Unterdessen baut und verkauft in Stuttgart die deutsche Kodak-Gesellschaft in aller Ruhe ihre eigene Version, das sogenannte Carousel »S«. Dieses Modell *ist* sicher verdrahtet, hat seine eigene Fernbedienung für Scharfeinstellung und vor allem einen eingebauten Transformator, dank dem man es überall, unabhängig von der örtlichen Stromspannung, benützen kann. Es wird in Deutschland für 75 Dollar verkauft. Kodak von Rochester, New York, versucht Amerikaner vom Erwerb abzuhalten; man läßt dort durchblicken, daß der Projektor irgendwie unzuverlässig sei. Das stimmt natürlich nicht.

Das deutsche Modell vermittelt einfachen, sicheren, unfallfreien Betrieb sowohl durch seine Leistung wie auch durch sein Aussehen. Sollten deutsche Verbraucher Wünsche nach Gummilinsen, automatischer Zeitsteuerung oder dergleichen äußern, so können diese Einrichtungen gesondert gekauft und einfach an- oder aufgesteckt werden. Alle Zusätze zu der deutschen Version des Carousel, wie Diaträger, Speziallinsen etc. sind besser entworfen, solider gebaut, ästhetisch befriedigender und viel billiger. Warum ist das so? Nun, die Deutschen halten sich an das gute alte amerikanische know-how: Massenproduktion. Sie stellen nur *einen* Projektor mit Zusatzgeräten her, während wir fast ein Dutzend mit nur geringfügigen Abweichungen machen – und alle Modelle fangen den Verbraucher wie in einer Falle, wenn er sich für eins entschieden hat. Unser System arbeitet auf die Unzufriedenheit des Konsumenten und forciertes Veralten hin. Daß es darüber hinaus auch kostspielig und unsicher ist, wurde gezeigt.

Natürlich brauchen Projektoren auch Linsen. Das Magazin »Modern Photography« veranstaltete in der Juni-Nummer 1971 einen vergleichenden Linsentest. Die Linsen wurden als »ausgezeichnet«, »sehr gut«, »gut« und »annehmbar« beurteilt; die Beurteilung erfolgte auf Grund ihrer Schärfe in der Mitte und am Rand.

Die Standardlinse des Kodak Carousel (5-Zoll F: 3,5 Ektanar) erhielt die Note »annehmbar« (also die schlechteste) für die Schärfe in der Mitte, »gut« (also die zweitschlechteste) für die Randschärfe. Die Gummilinse wurde in drei verschiedenen Stellungen getestet; sie bekam viermal »annehmbar« und zweimal »gut«. Im Gegensatz dazu erhielt die deutsche

Kodak-Carousel Standardlinse (Projar, F: 100 mm) für Rand und Mitte »ausgezeichnet«. Die Gummilinse des deutschen Kodak »S« (Vario-Projar, F: 3,5, 70–120 mm) wurde dreimal mit »ausgezeichnet« und dreimal mit »sehr gut« benotet.

(Es ist interessant, daß von den sechs am häufigsten verwendeten Linsen der Vereinigten Staaten, die von »Modern Photography« getestet wurden, nur eine besser als »gut« benotet wurde: der einzige deutsche Import auf der Liste.)

Vor mehr als 40 Jahren entwarf Bucky Fuller eine Central Utility Core (zentrale Installationssäule), einen aus zwei Stükken gegossenen Raum, der alles enthält, was man für gewöhnlich von Küche und Badezimmer fordert. Die Einheit wurde nie so gebaut, wie sie ursprünglich geplant war. Kraftwerke, Bauspekulanten, Architekten und Designer taten ihr bestes, das zu verhindern. Als Moshe Safdie für die Expo 1967 in Montreal Habitat (etwa: Wohnbereich) entwarf, sah er eine zentrale Installationssäule vor. Einige hundert wurden für Habitat hergestellt, dann war Schluß. Zweifellos ist eine zentrale Installationssäule heutzutage eine Notwendigkeit.

Die Säule würde den ganzen Hausbau revolutionieren und noch weiterreichende Folgen haben. Man könnte sie so gestalten, daß die Menschen die Wohneinheiten selbst aus organischerem Material rund um sie herum errichten könnten. Die Wohnungen ließen sich dann leicht verändern, umbauen oder auch entfernen, wenn das Haus den Eigentümer wechselt. Andererseits könnte man Zimmer vorfertigen, die an die Zentralsäule angehängt werden.

Ein Elektroherd mit Backofen muß nicht größer sein als ein Würfel von 50 cm Seitenlänge. Wir sind dabei, einen Herd zu entwickeln, der ebenso viele Platten und so viel Platz hat wie eine »normale« Koch-Einheit.

Die Nöte der Dritten Welt erfordern dringend Planung. Ich wiederhole, daß wir nicht in Plüschbüros in New York oder Stockholm sitzen und Dinge »für sie« und »für ihr Wohl« entwerfen können. Nichtsdestoweniger ist der Zweck dieser Liste nur, die Allgemeinheit dafür zu interessieren, was getan werden kann und muß. Energiequellen, Lichtquellen, Kühl- und Tiefkühl-Einheiten, ungezieferfeste Getreidespeicherungsmöglichkeiten, einfache Systeme zur Ziegel- und Röhrenherstellung, billige Systeme, die Autos und Lastwagen in

Sanitätswagen verwandeln könnten – dies sind einige Bedürfnisse. Weiter: Kommunikationssysteme, einfache Lehrmittel, Wasserfilterung, Immunisierung und Impfung.

Bei uns liegen noch durchaus gebrauchsfähige Fahrzeuge, wie Busse, Eisenbahnwagen, Fährboote und Dampfer nutzlos herum. Sie könnten zu beweglichen Klassenzimmern, beruflichen Umschulungszentren, Nothospitälern usf. umgestaltet werden. Alte Fährschiffe zum Beispiel könnten regelmäßig die Nebenflüsse des Amazonas befahren und als Arztstationen dienen für Information über Geburtenkontrolle und Schwangerschaftsunterbrechung, Röntgenbestrahlung, Rezepturen für Brillen, Zahnuntersuchungen und Behandlung von Geschlechtskrankheiten, um nur eine mögliche Verwendung vorzuschlagen.

Doch die meisten Nöte der Dritten Welt können nur an Ort und Stelle gelöst werden. Als verantwortungsbewußte Designer haben wir dafür zu sorgen, daß die Entwicklungsnationen nicht in unsere eigenen Fehler verfallen und die Talente der Designer für den Egoismus der Reichen und die Profitgier der Industrie mißbrauchen.

Wie man uns sagt, besteht zur Zeit eine weltweite Nahrungsmittelknappheit. Aber Tatsache bleibt, daß es genügend Nahrung gibt. Nahrung verdirbt, wird verschwendet, von Ungeziefer verzehrt. In den meisten Ländern der Dritten Welt muß alle verderbliche Nahrung innerhalb von 24 Stunden gegessen werden. Es gibt schlechterdings keine ungezieferfesten Kühlvorrichtungen. Die Industrie und die Designer neigen dazu, die Achseln zu zucken; ohne es zu wissen, wandeln sie eine Bemerkung ab, die am Ausbruch der Französischen Revolution mit schuld war, wenn sie sagen: »Sollen sie Kühlschränke kaufen!« Andere lassen sich von neuen Technologien betören, die *vielleicht* irgendwann einmal die Kühlmethoden revolutionieren werden.

Einer meiner Doktoranden und ich dachten eingehend darüber nach, wie man den Völkern der Dritten Welt *heute schon* helfen könnte, ihre verderblichen Nahrungsmittel eine oder zwei Wochen lang frisch zu halten. Wir entwickelten einen handbetriebenen Kühler. Er besteht aus einer Grundbrett-Einheit, die eine Reifenpumpe, einen Wärmeumwechsler, eine weitere Pumpe, Pumpenventile, ein Zählerventil und eine Handkurbel umfaßt. Auf dem Grundbrett ist ein Styroporkubus von 50 cm Seitenlänge mit Deckel befestigt. Komprimierte und dadurch erhitzte Luft wird durch den Wärmeumwechsler gepreßt, der sie auf die Temperatur der Umgebung abkühlt. Dann strömt sie in den Kühler, wo sie sich ausdehnt und weiter abkühlt. Diese Prozedur wird mehrfach wiederholt. Wenn man 20 Minuten lang kurbelt, reicht das aus, um etwa einen Scheffel Mangofrüchte 12 Stunden lang so kühl zu halten, daß sie nicht verderben (ca. 10 °C). Noch wichtiger ist, daß die Kühler in Dörfern der Dritten Welt mit bereits vorhandenen Werkzeugen und gebrauchten Ventilen gebaut werden können. Seit dieses Problem gelöst ist, haben wir Versuche angestellt, das Styropor durch zwei Schichten Zeitungspapier mit einer dazwischenge-packten Schicht einheimischer getrockneter Blätter zu erset-zen. Wenn das Muster fertig ist, wird es der UNESCO überge-ben.

Gegenwärtig beschäftigt sich keine Schule für Industrial Design mit Problemen der Landwirtschaft (Bewässerung, Seu-chenkontrolle, Pflügen, Futterbevorratung). Die wenigen Designbüros, die sich um sie kümmern, entwerfen »schmissi-gere«, »rassigere« Traktoren für die Schaufenster des Markts.

Aber es gibt noch so vieles! Amerikanische Frauen sind an-scheinend gewillt, alles über natürliche Geburt und Lamaze-Methoden zu erfahren. Gute grafische Informationen in Form von Dias oder einfachen schematischen Zeichnungen existie-ren jedoch nicht. Die vorhandenen Filme über Geburten sind höchstens geeignet, Ehegatten in Ohnmacht fallen zu lassen. Ebenso nötig sind einfache grafische, beruhigende, nicht-ver-bale Unterweisungen über Fehlgeburten.

Auf dem Gebiet des Transportwesens müssen wir mögli-cherweise einen großen Schritt zurück in die Vergangenheit tun. Ich hatte das Glück, einer der wenigen Menschen zu sein, die Passagier des »Graf Zeppelin« waren: eine noble und ganz und gar beglückende Erfahrung, die all meinen Kindheitserin-nerungen an Reisen Glanz gab. Die Zeppelinluftfahrt wurde in den späten dreißiger Jahren eingestellt, weil das zur Füllung be-nutzte hochexplosive Wasserstoffgas zu Unfällen führte. Aber heute haben wir Gase, die so wenig explosiv sind, daß jede Gefahr ausgeschaltet werden könnte. Zeppeline würden die Luftverschmutzung auf der Nordatlantikstrecke radikal redu-zieren, ein sichereres und bequemeres Reisen ermöglichen und die Fahrtzeit nur um wenige Stunden verlängern. Sie wären eine wunderbare Ergänzung der heutigen Jets und sicherlich eine bessere Lösung als die geplanten Überschallflugzeuge. Das verlockende der Super Stars ist lediglich, daß Menschen mit Angst vor dem Fliegen die Dauer ihrer Todesfurcht gern von 8 auf 3 Stunden verkürzen.

Die Alternative zu der Möglichkeit, einen Prozeß zu beschleunigen, ist immer, ihn zu verlangsamen. Es wäre durchaus denkbar, wieder Segelschiffe zur Überquerung des Nordatlantik einzusetzen. Der große Nachteil der Segelschiffe war der hohe Bedarf an Arbeitskräften für die Takelung. Heute könnte das alles automatisiert werden. Zu meiner Genugtuung sind die Bundesrepublik und die Deutsche Demokratische Republik zur Zeit dabei, solche Schiffe zu entwickeln.

Diese Liste ist bei weitem nicht vollständig, doch gibt es noch einige ganz wichtige Punkte. Es fehlen Geräte, die speziell für Linkshänder entworfen sind. Ein paar einfache Werkzeuge können mit beiden Händen bedient werden, wie ein Hammer oder ein Schraubenzieher; dagegen schneiden die gewöhnlichen Scheren den Linkshänder schmerzlich in Daumen und Zeigefinger. Einige linkshändige Personen sind »rechtsäugig«, andere sehen besser und mehr mit dem linken Auge. Die Steuermechanismen, Knöpfe und Kontrollapparaturen der meisten Autos sind für rechtshändige, rechtsäugige Menschen eingerichtet.

Radikale Neuentwürfe sind für alle Sportausrüstungen, vor allem für den Wettbewerbssport, angezeigt. Viele Geräte sind gefährlich und fast alle so teuer, daß es kein Wunder ist, wenn die »minderbemittelten Schichten« es vorziehen, Fußballspiele im Fernsehen mitzuerleben, anstatt selbst Ski zu fahren oder zu segeln.

Wenn es meine einzige Absicht wäre, Geld zu verdienen, würde ich einige dieser Ideen zu verwirklichen suchen, statt über sie zu schreiben. Wie die Dinge liegen, arbeite ich auf den Gebieten, wo die Bedürfnisse meiner Meinung nach am dringendsten sind. Der Rest der Liste soll andere anregen. Da ich von der grundlegenden Ungerechtigkeit unseres Patentwesens überzeugt bin, ist dieser Vorschlag konsequent und der Überlegung wert.

Hier ist die Stelle, auf »Consumer Reports« hinzuweisen.

Die Zeitschrift versucht, Erzeugnisse zu bewerten; sie lehnt Anzeigen ab, um unabhängiger urteilen zu können. Die Berichte wahren gewöhnlich recht intelligent die Interessen der Konsumenten. Aber weil der Markt dauernd mit Neuerscheinungen überflutet wird, ist es für »Consumer Reports« unmöglich, Schritt zu halten. Auf Risiken für Gesundheit und Sicherheit wird hingewiesen, doch bemängelt das Magazin selten schlampige Fertigung und kümmert sich *nie* um die Trivialität des Gegenstands an sich. So finden wir eine drei Seiten lange Bewertung verschiedener Sorten elektrischer Kämme, müssen aber 11 Monate warten, bis wir Angaben über die neuesten Bratpfannen finden. Über ganz billige Dinge, wie z. B. Woolworths kleinste, nicht-elektrische, nicht teflonbeschichtete Bratpfanne zu 29 Cent, wird fast nie berichtet. Hochspezialisierte Ausrüstungsgegenstände, wie bestimmte fotografische Linsen, Zeichengeräte, Vermessungsinstrumente, medizinische Artikel, müssen sich dieselbe Vernachlässigung gefallen lassen. (Diese Artikel werden meist in Fachzeitschriften besprochen. Bei einem schnellen Überblick über etwa 60 Produkte in neun Fachgebieten fand ich, daß *alles vollkommen ist!*) »Consumer Reports«, das nie nach dem Warum eines Objekts fragt, hilft uns so nur, das kleinste Übel unter mehreren auszuwählen.

Die Verpackung kann alle möglichen Fehler, Betrügereien und Verbrechen maskieren. Als die Verbrauchervereinigung, die »Consumer Reports« herausgibt, die Tiefkühl-Frühstücke der Campbell Soup Company besprach, sagte sie, daß das Essen »gut roch, aussah und schmeckte«; zusätzlich wurde die »attraktive« Verpackung gelobt. Etwas später merkte sie noch an, daß man Nagetierhaare und Insektenteile in den Frühstückswürsten gefunden hätte.

Vor einigen Monaten machte sich das britische Magazin »Design« über die Designer lustig, indem es ihnen den Standpunkt zuschrieb: »Wir sind beinahe Götter, aber das muß ja nicht jedermann erfahren!« Wenn man alle Vorschläge meiner Liste überblickt, könnte man leicht vermuten, ich sei der Ansicht, alle Probleme auf der Welt ließen sich durch Design lösen. Tatsächlich möchte ich nur sagen, daß viele Probleme die Hilfe der Designer nötig hätten. Und das zwingt die Designer in eine neue Rolle: Sie sollten nicht mehr Werkzeuge in den Händen der Industrie sein, sondern Anwälte der Verbraucher.

TEIL II

Wie es sein könnte

7 REBELL AUS LEIDENSCHAFT

Kreativität versus Konformismus

*Wenn du ein Ding machst, ein neues Ding, dann
ist es so schwierig, das zu machen, daß es unbedingt häßlich werden muß. Aber die, die es nach
dir machen, die müssen sich nicht abquälen, es
überhaupt zu machen, deshalb können sie es nett
machen, und jedermann kann es mögen, wenn die
anderen es nach dir machen.*

Picasso (nach Gertrude Stein)

Vordringlichste Aufgabe des Designers ist, Probleme zu lösen.
Meiner Ansicht nach bedeutet das, daß er auch ein Gespür dafür haben sollte, welche Probleme bestehen. Er wird oft ein
Problem »entdecken«, das niemand zuvor gesehen hatte, und
dann versuchen, es zu lösen. So könnte man Kreativität definieren. Zweifellos ist die Zahl der vorhandenen Probleme wie
auch ihr Schwierigkeitsgrad in einem solchen Ausmaß gewachsen, daß neue und bessere Lösungen unumgänglich sind.

Jetzt möchte ich gern mehrere Dinge gleichzeitig tun: die
Notwendigkeit der Problemlösung betonen, jenen Aspekt pro-
blemlösenden Verhaltens erörtern, den man »kreativ« oder
schöpferisch nennt, und Methoden der Problemlösung vor-
schlagen.

Als Designer und Lehrer muß ich mir die Frage stellen: wie
können wir Design verbessern? In den Schulen und Büros dieses Landes und des Auslands scheinen alle darin übereinzu-
stimmen, daß die Antwort *nicht* lautet: indem wir *mehr*
Design lehren. Designer und Studenten müssen sich viele andere Gebiete aneignen und mit diesem Wissen das Verhältnis
des Designers zu unserer Gesellschaft neu bestimmen. Die
Erkenntnisse der Sozialwissenschaften, Biologie, Anthropolo-

gie, Politik des Maschinenbaus, der Technologie und der Verhaltenswissenschaften müssen ein neues tragfähiges Fundament für den Designprozeß legen. Aber die wichtigste Fähigkeit, die der Designer für seine Arbeit braucht, ist das Talent, Probleme zu erkennen, zu isolieren, zu definieren und sie zu lösen.

Wie und warum wurde das Wort »kreativ«, schöpferisch, ein Modewort? Die Fähigkeit, Probleme zu lösen, war sicherlich die ganze Menschheitsgeschichte hindurch eine wesentliche und wünschenswerte Begabung. Aber Massenproduktion, Massenreklame, die Wirkung der Massenmedien und die Automation sind vier zeitgenössische Trends, die gleichförmige Verhaltensweisen begünstigt haben, und deshalb ist das Ideal Kreativität heute schwerer zu erreichen.

Der Geist der Gleichmacherei, des Konformismus, ist in erschreckendem Ausmaß gewachsen. Das Individuum wird von allen Seiten aufgefordert, sich unterzuordnen: Nicht nur die staatlichen und örtlichen Behörden erzwingen gewisse Verhaltensweisen, es gibt auch Pressionen von Nachbarn in vorstädtischen Wohngegenden, konformistische Strömungen in Schulen, an Arbeitsplätzen, in der Kirche und beim Spiel. Was geschieht, wenn wir mit einer so aggressiv konformistischen Umgebung nicht zurechtkommen können? Wir werden wütend und man schleppt uns zum nächsten Psychiater. Das erste, was dieser Spezialist für menschliche Motivationen uns dann sagt, ist: nun ja, wir müssen Sie anpassen! Und was ist Anpassung, wenn nicht ein anderer Ausdruck für Konformismus? Damit befürworte ich keineswegs eine vollständig nicht-konformistische Welt. Konformismus ist tatsächlich eine wertvolle menschliche Eigenschaft, die das ganze soziale Getriebe zusammenhält. Aber wir machen den schwerwiegenden Fehler, *Konformismus des Tuns* mit *Konformismus des Denkens* zu verwechseln.

Umfassende psychologische Tests haben gezeigt, daß die geheimnisvolle Eigenschaft »schöpferische Imagination« bei allen Menschen vorhanden ist, aber weitgehend verschwindet, wenn das Kind sechs Jahre alt wird. Die schulische Umgebung (»Das darfst du nicht tun! Jenes darfst du nicht tun!«) setzt in der Seele des Kindes eine ganze Reihe von Sperren, die seine Fähigkeit, frei zu gestalten, später beeinträchtigen. Natürlich haben einige dieser Verbote sozialen Wert: Moralisten meinen, sie helfen dem Kind, ein Gewissen auszubilden; Psychoanalytiker nennen diesen Vorgang die Formierung des Über-Ichs; religiöse Führer sprechen vom »Gefühl für gut und böse« oder der »Seele«.

Aber die Gesellschaft kann noch erheblich weitergehen in ihrem Bestreben, größeren Konformismus zu erzwingen und sich selbst vor dem zu schützen, was die gängige kulturelle Hauptströmung »abwegig« zu nennen geruht. 1970 forderte Dr. Arnold Hutschnecker in einer Denkschrift an Präsident Nixon, man solle alle Kinder zwischen sechs und acht Jahren psychologisch testen, um festzustellen, ob sie Tendenzen zeigen, die sie *vielleicht* im späteren Leben zu Verbrechern machen könnten. Der zugrundeliegende, unausgesprochene Vorschlag war, daß man diese Kinder dauernd mit schweren Beruhigungsmitteln behandeln könne, wie ja auch Millionen älterer Patienten in Pflegeheimen ständig unter dem Einfluß starker Tranquilizer stehen, um dem Pflegepersonal die Arbeit zu erleichtern. Dieser Vorschlag ist charakteristisch für die Art, wie unsere Institutionen heute oft Konformismus erzwingen wollen.

Es gibt viele Sperren, die die kreative Fähigkeit, Probleme zu lösen, aufheben; eine falsche Art der Problemstellung kann dasselbe bewirken. Die meisten Probleme, die sofortige und radikale Lösungen verlangen, liegen auf ganz neuen Gebieten.

Chad Oliver schreibt in seinem Science-Fiction-Roman »Schatten in der Sonne«:

»...er mußte es allein herausfinden. Das klingt einfach genug, es ist eine der simpelsten Redensarten der englischen Sprache, aber Paul Ellery wußte, daß es nicht so leicht war. Die meisten Menschen leben und sterben, ohne daß sie jemals ein vollkommen neues Problem lösen müssen. Möchtest du wissen, wie du dein Fahrrad aufstellen kannst? Daddy zeigt's dir. Willst du wissen, wie die Installation in deiner neuen Wohnung gelegt werden soll? Der Klempner zeigt's dir... Sollst du, wenn du vom Büro heimkommst, eine helle Toga anziehen und im Hinterhof ein kleines Opfer bringen? Was würden da die Nachbarn denken!
Aber – wie sollst du mit einem Whumpf in der Butter fertig werden? Was machst du mit einem Grlzead im Treppenhaus? Wieviel sollst du für einen neuen Lttangnuf-fel ausgeben? Ist es in Ordnung, mit einer prwaatz abzunakaven?
...Ein Whumpf in der Butter!

Eine Situation, völlig außerhalb der menschlichen Erfahrung...«

Unsere Gesellschaft bestraft hochgradig kreative Individuen für ihre non-konformistische Autonomie. Deshalb ist es so schwierig und entmutigend, Unterricht im Lösen von Designproblemen zu geben. Ein 22jähriger Student kommt zu uns mit massiven inneren Sperren gegen neue Denkweisen, verbildet durch 16 Jahre falscher Schulerziehung und eine Kindheit und Jugend, in der er »geformt«, »angepaßt«, »geprägt« wurde. Er sucht natürlich eine Schule und einen Studienplan, der ihm den größten unmittelbaren persönlichen Gewinn zu versprechen scheint. Unterdessen entfalten sich in unserer Gesellschaft ständig neue soziale Muster, die eine geringe Abweichung vom Hauptstrom in Aussicht stellen, ohne jemals das buntscheckkige Gewebe zu gefährden, das die Gesellschaft als Ganzes ausmacht.

Wir müssen zuerst die psychologischen Aspekte des Problemlösens verstehen. Kein Psychologe oder Psychiater kann den exakten Mechanismus des schöpferischen Prozesses aufzeigen; dennoch stehen uns eine Reihe von Einzelerkenntnissen zur Verfügung. Wir wissen, daß die Fähigkeit, neue Ideen hervorzubringen, eine Funktion des Unbewußten ist und daß die assoziativen Kräfte des Gehirns hier am Werk sind. Wir alle können von Natur aus neue Ideen konzipieren, wobei Alter (mit Ausnahme der Senilität) und sogenannter IQ (ausgenommen wirklicher Schwachsinn) kaum eine Rolle spielen.

Freies Assoziieren wird durch Kenntnisse in vielen Wissensbereichen erleichtert. Die Wissensmenge, die Qualität von Gedächtnis und Erinnerungsvermögen spielen in dem Prozeß eine Rolle. Unumgänglich notwendig ist die Fähigkeit, Dinge auf neue Art zu sehen. Diese wiederum wird durch Kenntnis und Verstehen einer Fremdsprache gefördert. Denn die Struktur der Sprachen gibt uns Gelegenheit, mit Realitäten umzugehen und Erfahrungen zu machen, die in jeder Sprache anders nuanciert sind.

So kann ich z. B. ohne weiteres auf englisch sagen: »I am going to San Francisco.« Wörtlich dieselbe Feststellung: »Ich gehe nach San Francisco« ist im Deutschen möglich, aber zu allgemein. Eine nähere Bestimmung ist nötig: ich fliege – ich fahre usf. In Navaho- und Eskimosprachen sind noch genauere Bestimmungen erforderlich: ich gehe – allein, oder mit Freunden – mit dem Wagen, mit dem Schlitten – manchmal steuere ich, manchmal der Freund – nach San Francisco – dann komme ich wieder zurück usf. Wenn wir ein Problem in mehr als einer Sprache formulieren, erkennen wir es besser.

Auch Intoleranz verursacht starke Sperren. Im Sozialbereich ist Toleranz eine unbedingte Notwendigkeit, wenn Probleme zu lösen sind. Die Redensart, daß einer in »Schablonen denkt«, hat die Untersuchungsergebnisse der Psychologie vorweggenommen und drückt präzise aus, was wirklich geschieht, beispielsweise wenn jemand sagt »Schwarzer«, »Jude«, »Kommunist«, »Hippie«, und die unmittelbare Reaktion darauf ist »Hurensohn«. Die assoziative Reaktion des Gehirns erfolgt tatsächlich nach einer im Reiz/Reaktionsmuster des Gehirns vorgeprägten Schablone. Ein intoleranter Mensch operiert auf dem Niveau der bedingten Reflexe.

Wer routinemäßig Probleme löst, steht auch dem Begriff »Sicherheit« anders gegenüber als seine konformistischen Zeitgenossen. 1958 durchgeführte Umfragen bei Künstlern, Architekten, Ingenieuren mit zahlreichen Patenten, Komponisten, Musikern, Schriftstellern und kreativen Wissenschaftlern ergaben, daß alle diese Personen, ungeachtet ihres finanziellen Status, im Vergleich zu den sonst bei der Bevölkerung üblichen Maßstäben *unter*versichert sind. Schöpferische Individuen suchen und finden Sicherheit in sich selbst, nicht durch Zahlung eines monatlichen Versicherungsbeitrags.

Sperren des *Wahrnehmungsvermögens* werden hier nur der Vollständigkeit halber aufgeführt. Wer teilweise farbenblind ist, ist in seinen visuellen Fähigkeiten leicht behindert. Schwerer behindert ist der total Farbenblinde, während grauer oder grüner Star und andere Leiden, die zur Erblindung führen, das Sehvermögen völlig blockieren.

Kulturelle Sperren werden im Individuum durch seine soziale Umgebung gesetzt. In jeder Gesellschaft gefährdet eine Anzahl von Tabus das unabhängige Denken. Das berühmte Neun-Punkte-Problem der Eskimos, das den durchschnittlichen Europäer stundenlang beschäftigen kann, wird von Eskimokindern innerhalb von Minuten gelöst, weil sie andere Raumvorstellungen haben als wir. Professor Edward Carpenter berichtet, daß die Männer des Aklavik-Stammes in Alaska zuverlässige Karten kleiner Inseln zeichnen, indem sie auf das Geräusch der Wellen lauschen, die an die Küste schlagen; die

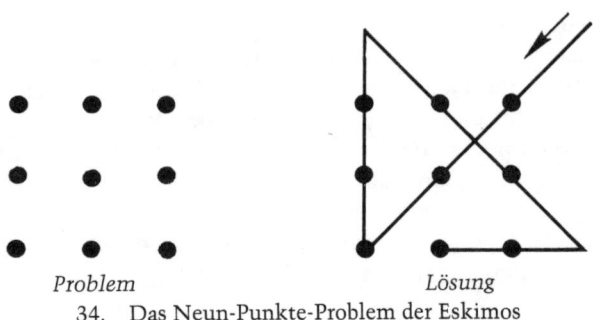

Problem   *Lösung*

34. Das Neun-Punkte-Problem der Eskimos

35. Eskimostempel: »Geister(Tornags)verschlingen Füchse«. Sammlung des Autors.

Umrisse der Insel werden also durch eine Art primitives Radar wahrgenommen. Eskimokunst verwirrt uns bisweilen, weil wir die ursprüngliche Fähigkeit der Eskimos, Bilder von allen Seiten her gleichzeitig zu betrachten, verloren haben.

Ein weiteres Problem kultureller Sperren hat ein Klosettschüsselfabrikant entdeckt: der durchschnittliche Amerikaner kauft nie eine neue Klosettschüssel! Wenn man eine Schüssel entwerfen könnte, die in vielen Leuten den Wunsch weckt, sie zu besitzen, würde die einschlägige Industrie einen gewaltigen Aufschwung nehmen. Auf den ersten Blick scheint dies ein betrügerisches Unterfangen zu sein, ein Schrei nach »künstlichem Veralten«. (Dem »Stilisten« fallen auch gleich zwei Antworten ein: der »Detroit-Look«, eine Schüssel mit Schwanzflossen und Chromleisten, oder die »Popschüssel« in knalligen Farben oder auch mit Blümchen und Vögeln.) Doch medizinische Untersuchungen ergaben, daß *alle* Klosettschüsseln *zu hoch* sind. Man sollte auf diesem Utensil nicht eine sitzende, sondern eine mehr hockende Stellung einnehmen. Entweder muß man also den Boden erhöhen oder die Schüssel niedriger machen. Eine neue, niedrigere Schüssel wurde entwickelt und gebaut; aber trotz des klaren sanitären Vorteils und obwohl nun ein wirklicher Grund zum Erwerb bestand, wurde der Entwurf abgelehnt. Der Hersteller spürte, daß auf diesem Gebiet die kulturelle Sperre zu groß war und er unmöglich für das Produkt werben konnte. Dies ist ein Beispiel für eine sehr bestimmte kulturelle Sperre; in Finnland oder Japan hätte man ohne weiteres entsprechende Anzeigen aufgeben können.

Das kulturelle Tabu hinsichtlich der Ausscheidungsprozesse erschwert andere Entwicklungen. Wenn ich nun von der Ablage der Fäkalien zu ihrer konstruktiven Verwertung übergehe, wenden sich noch mehr Leute ab. Wann immer der Kreislauf der Körperabfälle zur Sprache kommt (zum Beispiel bei der Planung von Raumkapseln oder Raumstationen), entsteht Verlegenheit. Aber auf unserem Raumschiff Erde ist alles, was wir atmen, trinken, essen oder als Kleidung tragen, seit unser Planet existiert, durch Milliarden von Verdauungssystemen gegangen. Unsere kulturelle Sperre wirkt hier auf unser Denken, unser Denken auf unser Tun. Wir sind entsetzt, daß unsere Wasservorräte durch menschliche Exkremente »vergiftet« sind. Trotzdem wissen wir nicht recht, ob wir unsere Exkremente loswerden oder sie nur von unseren Trinkwasservorräten fernhalten wollen.

Ich weise darauf hin, daß das ganze Forschungsgebiet der anaerobischen und aerobischen Verdauung völlig vernachlässigt wurde. Zur Zeit der Abfassung dieses Buchs (Dezember 1970) beschäftigen sich nur drei bedeutendere Wissenschaftler mit dem Studium der erzeugenden Prozesse. Abgesehen von gelegentlichen Artikeln in »The Whole Earth Catalog« über englische Exzentriker, denen es gelungen ist, ihre Autos mit Hühnerdung zu betreiben, weiß die Öffentlichkeit nichts von den gigantischen Energiereserven, die aus den körperlichen Prozessen der Verdauung gewonnen werden könnten. Die Schließung dieses Energiekreislaufs wäre meiner Überzeugung nach der erste logische Schritt zu einem neuen Lebensstil.

Es liegt durchaus innerhalb der Möglichkeiten der heutigen Technik, einen Energiekonverter zu entwickeln, der durch die Verwendung anaerobischer Verdauungssysteme ein Haus von allen äußeren Energiezufuhren unabhängig macht. Doch auf diesem Gebiet gibt es praktisch keine Forschungsarbeit. Es handelt sich hier um Dinge, die, wie wir belehrt wurden, »schmutzig« sind: eine kulturelle Sperre steht den entsprechenden Untersuchungen im Weg.

Von privater Seite wurde immerhin schon manches geleistet. Dr. George W. Groth jun. hält auf seinem Gut in der Nähe von San Diego, Kalifornien, 1000 Schweine. Der Schweinemist treibt einen 10-Kilowatt-Generator, der den gesamten Licht- und Kraftstrom liefert. Die Jauchegruben wurden überdeckt und das Klärgas zum Betrieb eines Gasmotors verwendet. Heißes Wasser aus dem Kühlsystem der Maschine läuft durch 100 m Kupferrohr innerhalb der Grube und erhält dort eine Temperatur von 30–35 °C aufrecht, die für den Fäulnisprozeß am günstigsten ist. Ein kompletter Zyklus dauert 20 Tage, aber wenn der Prozeß läuft, hält er sich selbst in Gang. Das System liefert elektrische Energie, ist praktisch geruchsfrei und lockt keine Fliegen an. Der Dung zerfällt zuerst in einfache organische Bestandteile, wie Säuren und Alkohole, dann – da Luft keinen Zutritt hat – in Wasser, Kohlendioxid und Methan. Auch in Asien und Afrika hat man derartige Versuche angestellt.

Assoziative Sperren wirken auf den Gebieten, wo psychologisch determinierte Einstellungen und Hemmungen, die oft bis in die früheste Kindheit zurückgehen, ein unabhängiges Denken verhindern. Ein bekanntes Beispiel soll diesen Punkt illustrieren.

In einem College wurde ein 2 m langes Eisenrohr mit einem Durchmesser von 4 cm senkrecht etwa 30 cm tief in den Fußboden eines Kellerraums einzementiert. Ein Tischtennisball wurde in das Rohr geworfen. In dem Raum befand sich eine buntgemischte Sammlung von Werkzeugen und Geräten. 1000 Studenten wurden einzeln in den Raum geführt und aufgefordert, den Tischtennisball irgendwie aus dem Rohr herauszuholen. Einige versuchten, das Rohr durchzusägen, das aber zu stark war, andere warfen Eisenfeilspäne auf den Ball und wollten ihn dann mit einem Magneten heraufholen, aber der Magnet wurde vom Rohr selbst viel zu stark angezogen. Doch früher oder später fanden fast alle – 917 von 1000 – heraus, daß in einer Ecke ein Eimer mit Wasser und einem Putzlappen stand. Sie gossen Wasser in das Rohr, worauf der Ball in die Höhe stieg. Aber das war nur die Kontrollgruppe.

Einer zweiten Gruppe von 1000 Studenten wurde dann dieselbe Aufgabe gestellt – mit einer geringfügigen Änderung. Die Psychologen ersetzten den Wassereimer durch einen antiken Rosenholztisch, auf den sie eine schön geschliffene Kristallkaraffe mit Wasser und zwei Gläsern stellten. Aus der zweiten Gruppe lösten nur 188 die Aufgabe. Warum? Offenbar »konnten« mehr als 80 Prozent dieser Gruppe das Wasser nicht sehen. Zwar ist ein Kristallkrug auf einem Rosenholztisch auffälliger als ein Eimer in einer Ecke. Aber die Assoziation zwischen Wasser und dem »Fluten« eines Tischtennisballs stellt sich schwerer ein, wenn das Wasser sich in einem hübschen Krug, als wenn es sich in einem Putzeimer befindet, obwohl wir uns normalerweise nicht mit dem Fluten von Tischtennisbällen durch Wasser aus Putzeimern beschäftigen.

Manchmal kann gerade eine spezifische Berufsausbildung stärkere assoziative Sperren setzen. Architekten, Ingenieure und Grafiker, denen man die Frontal- und die rechte Seitenansicht dieses Gegenstands vorlegt mit der Aufforderung, Grundriß und perspektivische Zeichnung anzufertigen, versagen zu einem höheren Prozentsatz als technische Laien. Es gibt zwei gleich richtige Lösungen; welche gefunden wird, hängt davon ab, ob die Versuchsperson durch schöpferische Analyse oder durch »plötzliche Erkenntnis« zu ihrem Ergebnis kam. Der Gedankengang hinter Lösung Nr. 1 lautet etwa: die rechte Seitenansicht hilft nicht weiter, es sollte ein Zentralschnitt sein. Da sie ein perfekter Zentralschnitt wäre, muß ich einen Körper finden, bei dem Zentralschnitt und rechte Seitenansicht identisch sind. Wenn ich ein gleichseitiges Dreieck als Lösung an-

Vorderansicht   *Ansicht von rechts*

36. Raumvorstellungs-Problem.

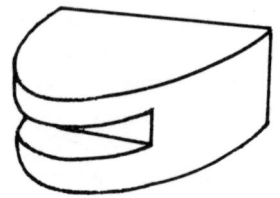

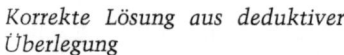

Korrekte Lösung aus deduktiver   *»Elegante«* richtige Lösung
Überlegung   aus plötzlicher Einsicht

37.   Lösung des Raumvorstellungs-Problems.

nehme, erscheint die Spitze in der Frontansicht als senkrechte Linie; runde ich die Spitze ab, verschwindet sie und die Lösung ist gefunden. Im zweiten Fall wird die Lösung durch plötzliche Erkenntnis und Intuition erreicht. Sie ist genauso richtig, aber »eleganter«.

Die assoziative Sperre, die manche Menschen eine Lösung finden läßt, liegt darin, daß sie eine völlig falsche und unbegründete Rechtwinkligkeit in das Problem hineintragen und sich den Körper nur als Quader vorstellen können.

Emotionale Sperren sind sicher am schwersten zu überwinden. Die Angst, sich zum Narren zu machen, ein pathologisches Sicherheitsbedürfnis, verbunden mit mangelndem Willen zum Risiko, Antriebsschwäche bei der Durchführung einer Idee wegen der Möglichkeit eines Fehlschlags – all das fällt in diese Kategorie. Hierher gehört ferner ein tiefsitzendes Mißtrauen in das eigene schöpferische Vermögen, das den Designer zwingt, die erste Idee aufzugreifen, anstatt mehrere Alternativen zu erforschen, die Furcht vor Kollegen, Lehrern, Schülern usf.

Fassen wir die bisherigen Ergebnisse zusammen:
1. Mit dem zunehmenden Druck auf Individualismus und Eigenständigkeit, der unserer Gesellschaft durch Reklame, Massenproduktion und Automation aufgezwungen wird, nimmt die Fähigkeit, Probleme auf neue und unerwartete Art zu lösen, immer mehr ab.
2. In einer sich schnell entwickelnden, zunehmend komplexen Gesellschaft wird der Designer immer häufiger mit Problemen konfrontiert, die nur durch grundlegend neue Einsichten gelöst werden können.

3. Die Schulausbildung vermittelt den zukünftigen Designern einige Kenntnisse, viele Geschicklichkeiten und ein gewisses ästhetisches Gefühl, aber fast keine Methode, um grundlegende Einsichten zu gewinnen.
4. Wegen perzeptueller, kultureller, assoziativer und emotionaler Sperren finden sie sich untauglich zur Lösung neuer Probleme. Diese Sperren sind direkte Folgen des sich laufend beschleunigenden Wettrennens nach Konformismus und sogenannter »Anpassung«.
5. Dieses Rennen ist nicht nur jeder wahren gestalterischen Kreativität abträglich, sondern vermindert – aus einem größeren Blickwinkel gesehen – die Überlebenschancen der Spezies Mensch.
6. Die verschiedenen Sperren sind nicht Teil der angeborenen Persönlichkeitsstruktur, sondern erlernte, einschränkende und hemmende Faktoren.

Es wird also unsere Aufgabe sein, Methoden einzuführen, die mit diesen Sperren aufräumen. Wenn wir Studenten und junge Designer immer wieder vor Probleme stellen, die von ihrer Alltagsrealität so weit entfernt sind, daß wir sie in gänzlich neue und ungewohnte Denkmodelle hinein*zwingen*, helfen wir ihnen, sich ihres schöpferischen Potentials bewußt zu werden. Durch die Nötigung, Probleme zu lösen, die außerhalb der normalen menschlichen Erfahrung liegen, bildet sich allmählich ein Gewohnheitsmodell heraus, und zwar ein Gewohnheitsmodell, das sie von den inneren Sperren befreit (die es nicht geben kann, wo die Alltagserfahrung ausgeschaltet ist). Dieses Gewohnheitsmodell wird dann auf die Lösung aller Probleme, der nahe- und fernliegenden, übertragen.

Was ist ein total neues Problem, außerhalb aller menschlichen Erfahrung? Der verstorbene Professor John Arnold, zuletzt in Stanford, wirkte zusammen mit Studenten der Ingenieurwissenschaften und des Industrial Designs auf diesem Gebiet bahnbrechend. Am berühmtesten ist sein »Arkturus IV«-Projekt: die Klasse bekommt reichhaltige Informationen über die Bewohner des vierten Planeten des Arkturussystems sowie über den Planeten selbst. Diese mythischen Bewohner sind eine außerordentlich hochgewachsene, sich langsam bewegende Spezies, die von Vögeln abstammt und viele interessante physiologische Eigenschaften besitzt. Sie werden in Eiern ausgebrütet, haben einen Schnabel, vogelähnliche, hohle Knochen, drei Finger an jeder Hand und drei Augen, von denen das mittlere ein Röntgenauge ist. Ihre Reaktionsgeschwindigkeit ist etwa zehnmal so lang wie die von Menschen, die Atmosphäre, die sie atmen, reines Methan. Wenn eine Klasse nun aufgefordert wird, etwa ein automobilähnliches Fahrzeug für diese Leute zu entwickeln, sind wichtige und total neue Bedingungen gegeben, an die sich der Entwurf unmittelbar halten muß.

Eine Benzinuhr ist offensichtlich überflüssig, weil die Arkturianer mit ihrem Röntgenauge durch den Tank hindurchsehen können. Ein Geschwindigkeitsmesser? Die Spitzengeschwindigkeit wird bei 12 km/h liegen müssen, da bei der langen Reaktionszeit die Gefahr von Zusammenstößen sonst zu groß ist. Wahrnehmungsmäßig würden die Leute die Beschleunigung so wie wir in unseren Autos empfinden. Die Antwort scheint einfach: Unterteilung einer Geschwindigkeitsmesserskala. Aber was für ein Zahlensystem würden Wesen haben, die drei Finger an jeder Hand und drei Augen besitzen? Dezimal, duodezimal, binär, sexagesimal? Da die Fahrzeuge auf der Erde gebaut und nach Arkturus IV exportiert werden sollen, erhebt sich die Frage, ob sie einen Standardmotor, der gegen die Methanatmosphäre abgeschirmt ist, verwenden sollen, oder eine neue Art Motor entworfen werden muß, der spezifisch für Methan geeignet ist. Welche äußere Form soll das Fahrzeug bekommen? Eiförmig? (Günstig und kompakt, wenn ärodynamische Erwägungen wegfallen.) Oder wäre die Eiform, psychologisch gesehen, für die Arkturianer eine Rückkehr in den Mutterschoß, die sie in ein falsches Sicherheitsgefühl einlullen würde, so daß sie der Verkehrssituation zu wenig Aufmerksamkeit widmen? Vielleicht müßten wir das Arkturusauto so ei-unähnlich wie möglich machen. Wirklich eine schwierige Aufgabe!

Andere Problemstellungen können wir aus der Natur ableiten. Im fünften Kapitel erläuterte ich, wie man künstliche Kletten gegen die Bodenerosion einsetzen kann. In Kapitel neun werde ich den Flugeigenschaften verschiedener Samen noch besondere Aufmerksamkeit widmen.

Jeder Student bekam einen Ahornsamen und sollte ihn zwei Wochen lang studieren. Dann mußte er eine praktische

Anwendung für den Samen finden, wobei dessen Form (nicht die Größe) und die Dynamik der Abwärtsbewegung auszunützen waren.

Unter den Antworten befanden sich Vorschläge für ein Notsignal bei nächtlichen Luft/See-Rettungsaktionen; Flugkörper, an die Behälter mit Fischbrut gehängt werden können zum Abwurf über unzugänglichen Seen Nordontarios; Aufforstungskapseln; Vorrichtungen, um vom Schnee eingeschlossenes Vieh und Wild mit Nahrung zu versorgen. Andere Lösungen betrafen Spielzeug, ein rotierendes Laboratorium für Experimente mit künstlich herbeigeführter Seekrankheit und für Weltraummedizin. Mit Chemikalien gefüllte Plastik-Ahornsamen sollten, zu Tausenden abgeworfen, Waldbrände löschen.

Aus dem Vorhergehenden läßt sich entnehmen, daß es beim Lehren gestalterischer Kreativität hauptsächlich darauf ankommt, ein Milieu zu schaffen, in dem neue Gedanken gedeihen können. Was wurde bisher in diesem Zusammenhang von Schule und Berufsausbildung getan? Sie präsentieren den kulturellen Status quo ihrer Zeit, indem sie alle Daten vermitteln, die gerade als »Wahrheit« angesehen werden. Nie haben sie sich mit dem *individuellen* menschlichen Gehirn beschäftigt. Im Gegenteil, die ungeheure Vielfalt menschlicher Gehirne wurde nur als ein Faktor in Rechnung gestellt, den man so weit ausschalten mußte, daß der jeweilige Lehrplan oder die neueste Modetheorie mit einem Minimum an Anstrengung »verkauft« werden konnte. Wir haben nicht erkannt, daß Erfindungsgeist, Einfallsreichtum, eigenständiges Denken kulturzerstörende Eigenschaften sind ($E = mc^2$), während die sogenannte Erziehung ein kulturerhaltender Mechanismus ist. Ihrem innersten Wesen nach muß die jetzt praktizierte Erziehung versagen, wenn es gilt, einen vitalen neuen Aufbruch in irgendeiner Sparte unseres Kulturlebens zu fördern. Sie kann sich nur diesen *Anschein geben*, um die Illusion des Fortschritts aufrechtzuerhalten.

Eine der Hauptschwierigkeiten bei der erfolgreichen Nutzung schöpferischer Imagination ist die Tatsache, daß »Neuheit« vielfach Experiment, und Experiment Fehlschlag heißt. Die Möglichkeit von Fehlschlägen, eine unvermeidliche Begleiterscheinung des Experiments, verstößt gegen ein Grundgesetz unserer erfolgsorientierten Kultur. Der schöpferische Gestalter muß nicht nur experimentieren, sondern auch in die Irre gehen dürfen. Die Straße des Fortschritts ist bedeckt mit dem Müll unserer Fehlschläge. Andererseits befreit dieses Recht auf Fehler den Designer nicht von seiner Verantwortlichkeit. Hier liegt wahrscheinlich die Crux der Angelegenheit: Man muß dem Designer den Willen zum Experiment einflößen und ihm gleichzeitig bewußt machen, daß er für seine Mißerfolge verantwortlich ist. Unglücklicherweise sind sowohl Verantwortungsgefühl als auch eine Atmosphäre, die Fehlschläge hinnimmt, heute Seltenheiten.

Bessere Ausgangsmöglichkeiten sind gegeben, wenn Designer und Studenten an Arbeit auf Gebieten gewöhnt werden, wo ihre vielen Sperren und Hemmungen sich gar nicht auswirken können. Dies bedeutet zugleich Toleranz gegen experimentelle Fehlschläge. Weiterhin müssen Grundsatzfragen in Unterricht und Forschung mehr berücksichtigt werden, auch wenn sie ihrem Wesen nach keinen unmittelbaren Nutzen haben. Daraus wiederum ergibt sich die Skepsis gegenüber fertigen Antworten und dem glatten, falschen Kitsch, der die meisten gestalterischen Erzeugnisse unserer Schulen und Büros kennzeichnet.

Wir brauchen nicht nach Arkturus IV zu reisen, um Designer und Studenten mit Verhältnissen zu konfrontieren, die völlig außerhalb ihrer gewohnten Erfahrung liegen. Wir müssen ihnen nur die Aufgabe stellen, etwas für einkommensschwache Familien zu entwerfen. Der Designer hat lange Zeit nur für den Geschmack der mittleren und oberen Bourgeoisie gearbeitet, aber neuerdings ist es auch Mode geworden, für ausgewählte »Haus-Nigger«, die die Armen repräsentieren, symbolisch eine Kleinigkeit zu tun. Wir haben die Tatsache aus den Augen verloren, daß mittlerweile ein sehr wesentlicher Teil unserer Bevölkerung in subtilerer Weise diskriminiert wird.

Ich stelle also die ganze derzeit herrschende Design-Tendenz in Frage. Objekte mit »mehr Sex« auszustatten (so drücken sich die Designer aus, wenn sie irgendwas für ein mythisches Verbraucherpublikum attraktiver machen wollen) ist sinnlos in einer Welt, in der tatsächliche Bedürfnisse dringend nach Design verlangen. Die reinen Formprobleme haben wir gelöst, eine Rückkehr zu den Inhalten ist längst überfällig.

Viele Vorschläge dieses Buches, die dem Designer neue Ziele setzen, haben den nützlichen Nebeneffekt, daß sie für Designer wie Studenten ungewohnt sind. Wenn wir – im Sinn dieses Buches – tun, was wir für notwendig halten, entwickeln wir zugleich unsere Fähigkeit, Dinge neu zu sehen und neue Aufgaben zu meistern.

8 WIE MAN IM DESIGN ERFOLG HAT, OHNE SICH WIRKLICH ANZUSTRENGEN

Neue Ziele für verantwortungsbewußte Designer

Man kann das Leben nicht auf Kühlschränken, Politik, Kreditwürdigkeit und Kreuzworträtseln aufbauen. Das ist unmöglich. Und niemand kann auf die Dauer ohne Poesie, Farben und Liebe leben.

Antoine de Saint-Exupéry

Industrial Design unterscheidet sich von seinen Schwesterkünsten Architektur und Maschinenbau. Von Architekten und Ingenieuren erwartet man, daß sie Probleme lösen, von Designern nur allzuoft, daß sie neue schaffen. Sobald es ihnen gelungen ist, den Menschen eine neue Unzufriedenheit zu suggerieren, sind sie auch schon mit einer zeitweiligen Lösung bei der Hand.

Die Hauptanforderungen an die Ingenieurwissenschaft haben sich seit den Zeiten des Archimedes nicht wesentlich geändert. Ob es ein Wagenheber ist oder eine Raumstation – es muß funktionieren, und zwar erstklassig. Während der Architekt neue Methoden, Materialien und Arbeitsprozesse anwenden kann, sind die Grundprobleme der menschlichen Physis heute dieselben wie in den Tagen des Parthenon.

Industrial Design entstand zu Beginn der großen Depression. Es war zuerst ein System, das die Herstellungskosten senkte, den Gebrauch der Dinge erleichterte und ihr Aussehen nach funktionellen Grundsätzen verbesserte, um den Absatz bei den chaotischen Marktbedingungen der dreißiger Jahre zu garantieren. Aber als die Designer stark geworden waren und sich als Manager und Planer auf weite Sicht etabliert hatten, kam einigen Mitgliedern der Profession das Gefühl für Lauterkeit und Verantwortung abhanden. Sie wurden Lieferanten von Trivialitäten und Geschmacklosigkeiten, Erfinder schlechter Spielsachen für Erwachsene und Kinder.

Die Möglichkeiten für intelligentes Design sind heute und morgen größer als je, denn die Welt steht vor der Notwendigkeit, ihre Systeme zu überprüfen und zu erneuern. Amerikas Wirtschaftshilfe in Übersee, Gesundheit und Energiebedarf der Völker der Welt, die globale Gefahr der Wasserknappheit, Massenbehausung, Krankheitsbekämpfung, Vergeudung des Mutterbodens: Design-Planung auf weite Sicht kann zur Lösung dieser Probleme beitragen.

Je weiter unser Zeitalter der Massenproduktion, Automation, Gleichmacherei und Massenwerbung fortschreitet, desto allgegenwärtiger ist Industrial Design geworden. Alle unsere Kommunikations- und Transportmittel, Konsumgüter, Waffen, Möbel, Verpackungen, medizinischen Instrumente, Werkzeuge etc. wurden von Designern für uns entworfen. Gegenwärtig leben auf der Welt 472 Millionen Familien; man kann mit Sicherheit vorhersagen, daß sich sogar der Wohnungsbau, der bisher meist noch individuell betrieben wurde, innerhalb der nächsten zehn Jahre in ein völlig durchorganisiertes Massenprodukt verwandeln wird.

Apparaturen aller Art, Autos, Sportausrüstungen, Kommunikationsbedarf, ärztliche Instrumente, Computer, Lernmaschinen, Raumfahrzeuge und Tausende von anderen Objekten liegen längst im Bereich des Industriedesigners. Aber wenn wir Kleidung, Behausung und Werkzeuge als die Grundbedürfnisse des Menschen annehmen, sehen wir, daß Entwürfe für exklusive Mode und Architektur noch nicht vom Industrial Design erfaßt sind. Aber ihre nächsten Verwandten, einfache Kleidung und Massenbehausungen, müssen bald auf Massenproduktion umgestellt werden.

Ist der zeitgenössische Architekt etwas anderes als ein Meister-Monteur? Er hat »Sweet's Catalogue« zur Seite, das 25bändige Werk, das die meisten Bauteile aufführt, Platten, Baumaschinen usf. Mit Hilfe dieses Katalogs setzt er das Puzzle »Haus« oder »Schule« zusammen, indem er Einzelteile aneinanderstöpselt, die größtenteils von Industriedesignern entworfen sind. (Die wenigen Architekten, die, nach Wright, originell und mit neuartigen Methoden arbeiten – Bruce Goff, Paolo Soleri, Herb Greene u. a. – haben jährlich zusammen 0,3 Häuser gebaut.) Sehr große Architekturbüros, deren Budget die Verwendung eines 1401–1410 Computers erlaubt, füttern einfach alle Seiten des Sweet's zugleich mit den ökonomischen und ökologischen Daten in den Computer und lassen ihn das Gebäude »entwerfen«. Er mache seine Sache ausgezeichnet, erklären manche Architekten mit rührender Aufrichtigkeit.

Wenn die weltweite Wohnungsnot bekämpft werden soll, liegt die Antwort sicherlich in den Techniken der Massenproduktion und in völlig neuen Konzepten. Der Architekt als oberster Baumeister, der Architekt, der dieses schöne Land mit endlosen Reihen steriler Behausungen verschandelt, oder der Bauspekulant mit seinem Prinzip »Schachteln, kleine Schachteln« – sie alle sind in den siebziger Jahren Anachronismen.

Buckminster Fuller, Jim Fitzgibbon und andere kühne Experimentatoren würden bei der Titulierung »Architekt« schaudern. Und doch verkörpern sie den Designer-Typ, dessen umfassende Kenntnis von Möglichkeiten und Bedürfnissen – Materialien, Werkzeugen und Arbeitsmethoden einerseits, der globalen Wohnungsnot andererseits – und die industriell gestalteten Wohnungen von morgen bescheren wird.

Als Moshe Safdie für die Expo 1967 in Montreal Habitat, ein Beispiel radikal neuartigen Wohnungsbaus, entwarf und baute, war er einer der ersten Architekten-Planer, die ein Bausystem

38. Bewegliches Wohnen, zuerst gezeigt an den Terrassenhäusern und Gärten von Habitat Montreal.

39. Bewegliches Wohnen, dargestellt am ersten Bauplatz von Habitat Puerto Rico, San Patricio-Hügel in Hato Rey, San Juan. Mit Genehmigung von M. I. T. Press und Tundra Books, Montreal. Fotos Jerry Spearman.

aus vorgefertigten Teilen anwendeten. Man hat Habitat oft vorgeworfen, es sei zu teuer und zu umständlich. In Wirklichkeit ist Habitat wahrscheinlich das billigste und gleichzeitig variabelste *System*, das erfunden werden kann, und es stimmt nachdenklich, daß die Ausstellungsleitung nur den Bau von einem Drittel der geplanten Einheiten zuließ. Die Stärke von Habitat liegt darin, daß, wenn erst einmal genug Geld in die Fabrikationseinrichtungen geflossen ist, das System für sich selbst zu zahlen beginnt, je mehr Einheiten gebaut werden. Wer das Habitatsystem besser verstehen will, sollte sich mit den beiden neueren Projekten Safdies in Puerto Rico und Israel beschäftigen.

Die Rocklängen gehen rauf und runter, das pneumatische Pullover-Girl von 1940 wurde um 1950 schlaksig-rauh, um sich in den sechziger Jahren in eine glänzende, vinylhäutige Schlange zu verwandeln, und die Dekolletés, verspricht man uns, fallen weiter. Unsere junge Dame in Kunstpelz-Minirock, schwarzen Spitzenstrümpfen und hochhackigen Goldlederstiefeln ist endlich in voller Schönheit den Seiten von Sacher-Masoch und Krafft-Ebing entstiegen, den Hauptsachverständigen engagierter Mode. Und auch die Männer konnten der Aufmerksamkeit barmherziger Mode-Stilisten nicht entrinnen. Aber wie in der Architektur hat der Industriedesigner den Sektor Kleidung durch die Hintertür betreten, indem er wegwerfbare Arbeitshandschuhe (die Rolle zu 200 Stück), Skistiefel, Raumanzüge, wegwerfbare Schutzkleidung für Personen, die mit radioaktiven Isotopen umgehen müssen, Kampfanzüge usf. entwarf. Mit der Einführung »atmender« und daher wirklich brauchbarer Leder-Ersatzstoffe sucht auch die Schuh-, Gürtel-, Handtaschen- und Kofferindustrie mehr und mehr die Hilfe des Produkte-Designers. Neue Techniken in der Vakuum-Ausformung, im Pressen, Kleben und Ziehen haben ermöglicht, daß Artikel in die Massenproduktion gehen, die traditionell mit dem Handwerk verknüpft waren.

So sind Werkzeuge, Wohnung, Kleidung sowie reine Luft und brauchbares Wasser nicht nur der Job, sondern auch die Verantwortung des Industriedesigners.

Die Beziehung des Menschen zu seiner Umgebung ist unter den Lebewesen einzigartig. Alle anderen passen sich *autoplastisch* an eine sich wandelnde Umwelt an; sie lassen sich im Winter einen dickeren Pelz wachsen oder entwickeln im Lauf der Zeit eine völlig neue Spezies; nur der Mensch transformiert *alloplastisch* die Erde, bis sie seinen Bedürfnissen und Wünschen entspricht. Diese Aufgabe der Formgebung und Umprägung ist zur Verantwortung des Designers geworden. Wenn vor hundert Jahren ein neuer Stuhl, ein Wagen, ein Kessel oder ein Paar Schuhe gebraucht wurden, ging der Konsument zum Handwerker, teilte ihm seine Wünsche mit, und der Gegenstand wurde für ihn gemacht. Heute werden die zehntausend Artikel des täglichen Gebrauchs in Massenfertigung hergestellt, und ihre Zweckmäßigkeit oder Schönheit steht oft in gar keinem Verhältnis zu den Wünschen des Verbrauchers. Dann muß die Werbung helfen, diese Objekte erstrebenswert oder auch nur schmackhaft zu machen.

Wenn Produkte millionenweise hergestellt werden, vervielfachen sich auch die Fehler im selben Ausmaß; die kleinste Entscheidung des Designers kann unabsehbare Folgen haben.

Ein einfaches Beispiel: Nehmen wir an, die Designer, die in Detroit die neuen Automodelle entwerfen, kommen auf die Idee, den Aschenbecher um 25 cm nach rechts zu verschieben, um das Armaturenbrett symmetrischer zu gestalten. Das

Ergebnis? *Zwanzigtausend Tote und neunzigtausend Verletzte innerhalb von fünf Jahren.* Der Fahrer ist gezwungen, nur 25 cm weiter nach rechts zu reichen, wodurch seine Aufmerksamkeit jeweils nur $^1/_{50}$ sec vom Verkehr abgelenkt wird. Diese Zahlen sind eine Extrapolation des Vehicular Safety Study Program (Studienprogramm für Verkehrssicherheit) an der Cornell Universität. In diesem Zusammenhang sei erwähnt, daß zur Zeit der Abfassung dieses Buches ein Direktor von General Motors äußerte: »GM-Stoßstangen bieten 100 Prozent Schutz vor Beschädigung (sind also sicher), *falls die Geschwindigkeit des Wagens nicht über 5 km/h hinausgeht.*« [Von mir hervorgehoben.] Unterdessen baut der Präsident von Toyota Motors ein Denkmal für 445 000 Dollar, ›um die Seelen derjenigen zu ehren, die in seinen Wagen starben‹ (zitiert im Magazin »Esquire«, Januar 1971).

Durch Verschwendung von Designer-Talenten für solchen Unsinn wie nerzbedeckte Toilettensitze, elektronische Nagellack-Trockner und barocke Fliegenpatschen wurde eine ganze Kategorie von Fetischobjekten für unsere Überflußgesellschaft kreiert. In einer Anzeige werden die Vorzüge von Windeln für Papageien gepriesen. Diese zarten Unaussprechlichen kosten 1 Dollar pro Stück. Ein Ferngespräch mit dem Hersteller versah mich mit der haarsträubenden Information, daß monatlich 20 000 Stück davon verkauft werden.

Bei allen Dingen zählt die Aufmachung. Wenn wir einen Füllfederhalter auspacken, ist da zuerst die Tüte vom Laden. Dann kommt die Schachtel, kunstvoll in Geschenkpapier gewickelt, das von einem Band aus falschem Samt zusammengehalten wird. Wenn wir das Papier entfernt haben, folgt eine einfache graue Schachtel, deren einzige Aufgabe es ist, das »Geschenk-Etui« selbst zu verhüllen. Dieses ist mit billigem falschem Saffianleder beklebt, seine Form beschwört die wildesten Exzesse des Wiener Biedermeiers heraus. Wenn man es öffnet, enthüllt sich ein Anblick, der das Herz von Evelyn Waughs »Loved One« beglücken würde, denn er gleicht dem Interieur eines Hollywood-Luxussarges aufs Haar. Zwischen Seidenfutter, auf einem Kissen aus (falschem) Samt, stellt sich die Füllfeder in ihrer ganzen phallischen Schönheit dar. Aber sieh da, die Füllfeder selbst ist auch noch einmal ein Verpackungsobjekt! Die äußere Umkleidung eines kürzlich neu herausgekommenen Typs besteht – nicht einfach aus Silber, sondern aus »antikem Silber«, gewonnen durch Einschmelzen von Münzen, die, wie man annehmen muß, mit großen Kosten aus einer spanischen Galeere geborgen wurden; sie sank wahrscheinlich vor Jahrhunderten zufällig gerade vor der Parker Pen Fabrik III. Eine Faksimile-Landkarte mit Angabe des Orts des gesunkenen Schiffs, geschmackvoll auf (falsches) Pergament gedruckt, liegt jeder Füllfeder bei. Kostenpunkt: 75 Dollar.

Man könnte noch viele solche Beispiele anführen: die Verpackung von Parfums, Whisky-Geschenk-Flaschen, Spielsachen. Bei der erwähnten silbernen Füllfeder ist der Einzelpreis um 145 000 Prozent höher als der des eigentlichen Schreibwerkzeugs. Man kann einwenden, daß schließlich auch billige Federn zu haben sind und das Beispiel nur »die Freiheit der Wahl« illustriere. Aber diese »Freiheit der Wahl« ist illusorisch, denn die Wahl steht nur dem frei, für den der Unterschied zwischen 75 Dollar und 19 Cent unwesentlich ist. Tatsächlich findet hier eine gefährliche Verschiebung der primären Nutzungs- und Bedürfnis-erfüllenden Funktion auf assoziative Werte statt, da für die meisten Zwecke das Schreibgerät zu 19 Cent brauchbarer ist als das zu 75 Dollar. Außerdem repräsentieren Herstellung, Reklame, Verkauf und auch das Material für die Verpackung eine so überflüssige Verschwendung, daß sie heute nicht mehr gebilligt werden kann. Was aber sollen die Verpackungs-Designer denn sonst tun?

Wenn landwirtschaftliche Maschinen oder Bauteile und dergleichen in die Dritte Welt verschifft werden, hat das Verpackungs-Design neue Aufgaben zu lösen: Menschen, die nicht lesen können, sollten allein durch die Art, wie die Verpackung die einzelnen Teile freigibt, die richtige hierarchische Abfolge von Montage- und Demontageprozeduren erlernen können. Jeder, der die Hütten gesehen hat, die in Südamerika und Südafrika aus flachgeklopften Ölkanistern zusammengehämmert werden – sie behausen Millionen von Menschen –, muß sich gefragt haben, warum Öl und andere Rohmaterialien nicht in Behältern verschifft werden, die als Baustoffe besser geeignet sind. Verpackung, die wieder oder anders weiterverwendet werden kann, ist eine weitere Herausforderung für Verpackungs-Designer, die einmal an vernünftiger Arbeit teilnehmen wollen.

Wenn wir behaupten, die Grundbedürfnisse der Menschen seien befriedigt, nehmen wir einen primitiven und engstirnigen

Standpunkt ein. Selbst in unserem eigenen Land vernachlässigen wir die Nöte weiter armer landwirtschaftlicher Gebiete, die gemischtrassigen Ghettos unserer Städte, die verschämten Armen und die geistig und körperlich Zurückgebliebenen und Behinderten. Absichtlich schließen wir 2 350 000 000 menschliche Wesen in den sogenannten unterentwickelten Gebieten der Welt aus. Während die Regierungen der aufstrebenden Länder oft für ihre Nationen in demselben wahnsinnigen, fetischistischen Wettrennen nach Statussymbolen begriffen sind wie die Amerikaner als einzelne, bleiben die wirklichen Bedürfnisse der breiten Bevölkerungsschichten unberücksichtigt. Sie schaffen eine Fluglinie an wie wir einen Familiencadillac; sie bauen ein Zyklotron wie wir einen Hobbyraum; sie richten über das ganze Land hin eine Superautobahn ein (bei wenigen Wagen und ohne Tankstellen) wie wir eine Klimaanlage; sie verpulvern Weltbankkredite wie wir ein Feuerwerk. Soweit die statushungrigen Regierungen.

Vor mehreren Jahren erhielt ich Besuch von Vertretern der US-Armee, die mir von ihren Schwierigkeiten in manchen Teilen der Welt erzählten, wo ganze Populationen Analphabeten sind und auf erstaunlich tiefem Niveau leben. Die Mehrheit der Bevölkerung weiß z. B. nicht, daß sie in Indien lebt. Da es sich um Analaphabeten handelt und weder Strom noch Geld für Batterien zur Verfügung steht, sind sie praktisch von allen Nachrichten und jeder Kommunikation abgeschnitten. Ich entwarf eine neue Art Kommunikationsmittel.

Ein außergewöhnlich begabter Doktorand, George Seegers, besorgte die Elektronik und baute den Prototyp. Es ist ein Ein-Transistorradio ohne Batterie oder Strombedarf. Es besteht aus einer gebrauchten Konservenbüchse. Diese enthält Paraffin und einen Docht, der etwa 24 Stunden brennt. Die aufsteigende Wärme wird über ein Thermoelement in soviel Energie verwandelt, daß ein Ohrhörer betrieben werden kann. Das Radio ist natürlich nicht direktiv, d. h., daß es alle Stationen gleichzeitig empfängt. Aber in Entwicklungsländern ist das unwichtig: nur ein Programm (übertragen von Verstärkertürmen im Abstand von etwa 75 km) wird gesendet. Angenommen, eine Person im Dorf hört für fünf Minuten täglich Nachrichten, so dauert es ungefähr ein Jahr, bis der Paraffinvorrat erschöpft ist. Dann kann das Gerät mit anderem Wachs, Holz, Papier, getrocknetem Kuhmist (der seit Jahrhunderten den Hauptbrennstoff in Asien bildet) oder jedem sonst verfügbaren Brennstoff weiter beheizt werden. Alle Bestandteile: Ohrhörer, handgefertigte Kupfer-Radialantenne, Erdungsdraht (auslaufend in einen alten Nagel), Tunnel-Diode, Thermoelement usw., sind in das leere obere Drittel der Dose gepackt. Das Gerät wird in den USA für nicht ganz 9 Cent hergestellt.

Natürlich ist es mehr als eine kluge kleine Spielerei. Es ist ein fundamentales Kommunikationsmittel für Weltgegenden, in denen die Leute weder lesen noch schreiben können. Nachdem wir das Gerät erfolgreich in den Bergen Nordkarolinas getestet hatten (dort ist nur ein Sender zu empfangen), zeigten wir es der Armee. Dort war man entsetzt: »Wenn nun ein Kommunist ans Mikrofon kommt?« Die Frage ist sinnlos, denn unsere wichtigste Aufgabe ist, den Menschen freien Zugang zu jeder Art Information zu ermöglichen. Nach weiteren Verbesserungen gab ich das Radio der UNESCO. Die UNESCO ihrerseits verteilt es an Dörfer in Indonesien. Niemand, weder der Designer noch die UNESCO oder irgendein Fabrikant hat Gewinn oder Prozente aus der Erfindung, da das Gerät in Heimindustrie hergestellt wird.

1966 zeigte ich Dias des Radios an der Hochschule für Gestaltung in Ulm. Es war interessant für mich, daß fast alle Professoren hinausgingen (aus Protest gegen die »Häßlichkeit« des Radios und seinen Mangel an »formaler« Gestaltung), *aber alle Studenten blieben.* Natürlich ist das Radio häßlich. Aber das hat seinen Grund. Wir hätten es leicht anmalen können (grau, schlugen die Leute in Ulm vor). Aber das wäre falsch gewesen. Erstens hätte es den Preis jedes Stücks um vielleicht $^1/_{20}$ Pfennig erhöht, und das ist viel Geld, wenn Millionen von Radios gebaut werden. Zweitens, und wichtiger, habe ich meiner Meinung nach nicht das Recht, ästhetische Entscheidungen für Millionen von Menschen in Indonesien zu treffen, die einer ganz anderen Kultur angehören.

Die Indonesier dekorierten ihre Konservenbüchsenradios, indem sie bunten Filz, Papier, Glasscherben oder Muscheln an die Außenseite klebten und den oberen Rand der Büchse mit Mustern aus kleinen Löchern versahen. So hatten wir eine Chance »eingebaut«, daß die Menschen das Gerät wirklich zu ihrem Eigentum machten.

In den fünfziger Jahren lieferten einige große Designbüros, wie Chapman & Yamasaki in Chicago, Joe Carreiro in Phil-

40. Radioempfänger für die Dritte Welt. Er besteht aus einer Konservenbüchse und benützt Paraffin und Docht als Kraftquelle. Die aufsteigende Wärme liefert über ein Thermoelement soviel Energie, daß ein nicht selektiver Empfänger betrieben werden kann. Wenn das Paraffin verbraucht ist, kann es durch neues Paraffin, Papier, getrockneten Kuhmist oder irgendeinen anderen brennbaren Stoff ersetzt werden. Herstellungskosten auf Heimindustrie-Basis 9 Cent. Entwurf von Victor Papanek und George Seeger, North Carolina State College.

41. Dasselbe Radio wie oben, aber mit bunten Filzresten und Muscheln dekoriert (Indonesien). Der Benützer kann die Konservenbüchse nach eigenen Vorstellungen verschönern. Mit Genehmigung der UNESCO.

adelphia und andere auf Anforderung des State Department Entwürfe für unterentwickelte Länder. Aber ihre Arbeit bestand hauptsächlich darin, den jungen Nationen beim Design und der Herstellung von Gütern zu helfen, die den amerikanischen Käufer angesprochen hätten. Mit anderen Worten, sie gestalteten nicht für die Bedürfnisse der Israelis, Ecuadorianer, Türken, Mexikaner etc., sondern für amerikanische Konsumenten. Designer üben Einfluß aus, sie haben die Macht, zu verändern, abzuschaffen, abzuwandeln, oder ganz neue Formen ins Leben zu rufen. Haben wir unsere Kunden erzogen, unsere Verkaufskräfte, die Öffentlichkeit? Versuchen die Designer, für Unbestechlichkeit und bessere Methoden einzutreten? Streben wir ernstlich vorwärts, nicht nur auf dem Markt, sondern auch in der Wertschätzung der armen Leute auf der ganzen Welt?

Hören wir uns ein paar imaginäre Unterhaltungen in unseren Designbüros an:

»Junge, wickel noch einmal zwei Zoll Chrom um den hinteren Kotflügel!«

»Mir scheint, Charlie, das Rot Nr. 6 teilt die Frische des Tabaks besonders intensiv mit!«

»Mein Gott, Harry, wenn wir sie nur dazu bewegen könnten, den Pulverkaffee gleich in die Papiertasse zu drucken, dann brauchte man nur noch heißes Wasser!«

»Do-it-yourself Schaschlikgarnituren mit wegwerfbaren Schwertern?«

»Ein Aluminiumsarg, der durch zweifarbige Eloxierung Nähe-zu-Gott (überkonfessionell) signalisiert?«

»Eine Reihe lebensgroßer Polyäthylen-Lolitas in vier Haut- und sechs Haarfarben?«

»Denk dran, Bill, das Gruppenbild muß zum Ausdruck bringen, daß unsere H-Bomben immer *beschützen!*«

So entstehen tatsächlich nur allzuoft neue Produkte. Ich darf noch hinzufügen, daß Industriedesigner dergleichen Dialoge mit großem Vergnügen lesen. Übrigens sind von den oben aufgezählten sieben Idiotien sechs – nicht die »beschützende« Wasserstoffbombe! – jetzt auf dem Markt.

Gibt es eigentlich gar keine engagierten Designer, die sich um die Lösung sozial konstruktiver Aufgaben bemühen? Tatsächlich befassen sich die vielen Artikel in den Fachblättern und die Gespräche bei Designkonferenzen kaum jemals mit der beruflichen Verantwortlichkeit, die über die unmittelbaren

Marktbedürfnisse hinausreicht. Marktanalyse, Meinungsforschung und unterschwellige Reklame erschweren dem Designer die Hinwendung zu sinnvoller Arbeit. Die Philosophie der meisten heutigen Industriedesigner beruht auf fünf Mythen. Wir werden sie untersuchen und dabei zum Verständnis der *wirklich* zugrunde liegenden Probleme kommen:

1. *Der Mythus von der Massenproduktion:* 1966 wurden in den Vereinigten Staaten 16 Millionen Lehnstühle produziert. Aber wenn wir diese Zahl durch die 2000 Hersteller solcher Stühle teilen, ergibt sich, daß jeder Fabrikant durchschnittlich nur 8000 Stühle gebaut haben kann. Wenn wir uns weiter klarmachen, daß jeder Hersteller durchschnittlich 10 verschiedene Modelle zur Auswahl hat, verringert sich die Zahl auf 800 Stühle einer Sorte. Und wenn wir nun noch berücksichtigen, daß die Modelle der Möbelfabrikanten zweimal jährlich wechseln, sehen wir, daß durchschnittlich nur 400 Einheiten eines gegebenen Stuhls produziert werden. Der Designer arbeitet also keineswegs, wie man ihm beigebracht hat, für 200 Millionen Menschen, sondern nur für $1/5000$ Prozent der Bevölkerung. In rückständigen und unterentwickelten Gegenden der Welt hingegen besteht ein Bedürfnis nach schätzungsweise 2 Milliarden billiger Sitzgelegenheiten.

2. *Der Mythus vom Veralten:* Seit dem Ende des Zweiten Weltkriegs behauptet eine wachsende Zahl von verantwortlichen Managern und Regierungsleuten immer wieder, daß die Produktion von Dingen, die aus der Mode kommen und weggeworfen werden, die Räder unserer Wirtschaft *ad infinitum* und *ad nauseam* in Gang hält. Das ist offenkundiger Unsinn. Eine der gesündesten Handelsgesellschaften der Vereinigten Staaten ist die Polaroid Corporation. Obwohl die alten Modelle der Polaroid Land Cameras im Lauf der Jahre durch neue ersetzt wurden, ist keine alte Kamera unbenutzbar geworden, da die Corporation dafür sorgt, daß es weiterhin Filme und sonstiges Zubehör für sie gibt. Der deutsche Volkswagen ist durch bewußten Verzicht auf größere Stiländerungen oder kosmetische Verbesserungen auf einen führenden Platz unter den Transportmitteln der Welt gerückt. Das Zippo-Feuerzeug verkauft sich weit besser als alle anderen einheimischen Fabrikate zusammen, obwohl (oder vielleicht doch weil) der Fabrikant sich verpflichtet,

Gehäuse und/oder Innenteile auf Lebenszeit zu reparieren oder zu ersetzen. (Besseren Absatz finden nur genaue Kopien ausländischer Herkunft.) Hierin liegt ironische Gerechtigkeit. Denn 1931 beobachtete der amerikanische Nichtraucher George Grant Blaisdell, daß einige seiner Freunde windgeschützte zuverlässige österreichische Feuerzeuge hatten, die in Kettenläden für 12 Cent zu haben waren. Er versuchte, sie direkt einzuführen und für 1 Dollar das Stück zu verkaufen, fand aber, daß die Leute während der Depression nicht so viel bezahlen wollten und hörte wieder auf. Als das Patent für das österreichische Modell erlosch, begann er 1935 selbst mit der Produktion und verkaufte mit Garantie auf Lebenszeit. Er arbeitete zuerst mit Maschinen aus zweiter Hand in einem einzigen Raum in Brooklyn, heute werden jährlich 3 Millionen Stück hergestellt.

Da viele unserer Produkte technisch sowieso bald überholt sein werden, ist es überflüssig und, vom Materialverbrauch her gesehen, gefährlich, ein Veralten künstlich zu forcieren.

3. *Der Mythus von den Verbraucherwünschen:* Niemals in neuerer Zeit sind die sogenannten »Wünsche« der Verbraucher von Psychologen, Meinungsforschern, Sozialwissenschaftlern und anderen dienstwilligen Experten so gründlich erforscht worden, wie im Fall des schlecht beleumundeten »Edsel«. Dieser Fehlschlag kostete 350 Millionen Dollar und veranlaßte einen Spaßvogel zu der Bemerkung, er »sei von der Ford-Stiftung angekurbelt« worden.

»Die Leute wollen Chrom, sie mögen Schwanzflossen« – außer beim Volkswagen und Fiat schlug diese Idee überall durch, und zwar so gründlich, daß Detroit mit der Produktion von Kleinwagen beginnen mußte, als vor einigen Jahren die Importe aus dem Ausland die amerikanischen Verkaufsziffern bedrohten. Sobald die Importe zurückgingen, wurden die Wagen wieder angepriesen als »die größten, längsten, niedrigsten, luxuriösesten von allen«. Diese stilistische Extravaganz hat jetzt wieder die Einfuhrziffern kleiner europäischer Wagen erhöht.

4. *Der Mythus von der Schuldlosigkeit des Designers:* Man hält uns entgegen, all das sei die Schuld des Hauptbüros, der Verkaufsabteilung, der Marktforschung. Aber von 150 durch die Post versandten, auf die impulsive Unüberlegtheit des Käufers spekulierenden Artikeln wurde ein bezeichnend

hoher Prozentsatz von professionellen Designern ausge-
heckt, geplant, patentiert und produziert. Darunter sind so
inspirierende Gegenstände wie »Mink-Fer«, eine Tube deo-
dorierten Nerzmistes zu 1,95 Dollar, als Weihnachtsge-
schenk für »die Pflanze, die sonst alles hat«, oder ein elektronischer Computer zu 1595 Dollar zum Üben von
Golfschlägen. Mit diesem Wunderding kann man im Keller
oder Badezimmer Golf spielen, ohne nur einen Schritt vor
die Tür setzen zu müssen.

5. *Der Mythus, daß es auf Qualität nicht mehr ankommt:*
Während die Amerikaner jahrelang deutsche und später japanische Kameras kauften, kaufen nun die Europäer Polaroid Land Cameras und Zubehör. Amerikanische »Head«-
Skier haben skandinavischen, österreichischen und deutschen Skiern den Rang abgelaufen. Der Verkauf von
Schlumbohms Chemex Kaffeefilter wird nur durch eine
neuere deutsche Nachahmung beeinträchtigt. Der Univer-
sal-Jeep der amerikanischen Armee, der 1943 von Willys
entworfen wurde (seither modifiziert und von American
Motors vertrieben), ist immer noch eins der begehrtesten
Vielzweckfahrzeuge; seine einzigen ausländischen Rivalen
sind der englische Landrover und der japanische Toyota
Land Cruiser, beide auf den neuesten Stand gebrachte und
verbesserte Versionen des Jeeps.

Diese und einige andere in der Welt führende amerikanische
Produkte haben das eine gemeinsam, daß sie ein Problem
von einer ganz neuen Seite her angehen, hervorragend entworfen und in bestmöglicher Qualität hergestellt sind.

Man kann aus diesen fünf Mythen etwas lernen. Es ist Tatsache, daß der Designer oft mehr Einfluß auf sein Werk hat, als
er glaubt, daß Qualität, grundlegend neue Konzepte und Massenproduktion gleichbedeutend sein könnten mit schöpferi-
schem Design für die Majorität der Weltbevölkerung, statt für
einen kleinen inländischen Markt. Die einzige heute sinnvolle
Richtung ist Design für die *Bedürfnisse* der Menschen, nicht
für ihre *Wünsche,* oder gar künstlich induzierten Wünsche.

Wir haben einige Probleme herausgestellt – jetzt müssen wir
fragen, was zu ihrer Lösung getan werden kann. Gegenwärtig
werden etliche Gebiete von den Designern völlig vernachlässigt, obwohl sie Fabrikanten und Designern gleichermaßen
Gewinn bringen könnten. Es handelt sich um Gebiete, die das

sozial Positive, das dem Design innewohnen kann, steigern. Im folgenden einige Vorschläge:

1. *Design-Aufgaben für unterentwickelte Gebiete:*
   Heute werden auf der Welt mehr Öllampen benötigt als vor der Entdeckung der Elektrizität, weil mehr Menschen ohne Strom leben, als die Weltbevölkerung zur Zeit Thomas Edisons betrug. Trotz neuer Techniken und Materialien ist seit 106 Jahren keine radikal neuartige Öllampe oder andere primitive Lichtquelle erfunden worden.

   84 Prozent der Landoberfläche der Erde sind vollkommen straßenloses Terrain. Oft suchen Epidemien diese Gebiete heim; Ärzte und Schwestern sind vielleicht nur 100 km entfernt, aber sie kommen nicht durch. Auch regionale Unglücksfälle, Hungersnöte, Dürreperioden treten häufig auf: wieder ist keine Möglichkeit durchzukommen. Hubschrauber könnten helfen, aber sie sind in vielen Gegenden der Dritten Welt unerschwinglich, ganz abgesehen davon, daß auch die Sachkenntnis fehlt. 1962 begann ich mit einer Doktorandenklasse ein Geländefahrzeug zu entwickeln, das für solche Notfälle nützlich sein könnte. Es sollte folgende Bedingungen erfüllen:

   a. auf Eis, Schnee, Schmutz, in Bergwäldern, trümmerbedecktem Gelände, Sand, gewissen Arten von Treibsand, in Sümpfen etc. brauchbar sein,

   b. Seen, Ströme und kleinere Flüsse überqueren können,

   c. Steigungen von 45° und Schräglagen bis 40° bewältigen,

   d. einen Fahrer und sechs Personen, oder einen Fahrer und eine Ladung von 1000 Pfund, oder einen Fahrer und vier Tragbahren befördern; außerdem sollte der Fahrer nebenher gehen und das Fahrzeug mit einem Außensteuer dirigieren können, um die Ladefähigkeit zu erhöhen,

   e. auch stationär verwendet und durch Kraftübertragung vom Hinterrad nach Wasser und Öl bohren, Pumpen betätigen, Bäume fällen oder einfache Drehbänke, Sägen und andere Maschinen betreiben können.

   Wir erfanden und testeten ein völlig neues Material: »Fibergras«, wobei wir die herkömmlichen chemischen Fiberglaskatalysatoren, aber an Stelle der teuren Fiberglasmatten handgebundene, einheimische getrocknete Gräser verwendeten. Dadurch konnten wir Kosten sparen. Mehr als 150 Grasarten aus aller Welt wurden getestet. Wir beschäftigten uns auch mit der Fabrikationslogistik und senkten so nochmals die Kosten. Mehrere technologische Zentren wurden geplant: Schwermetallteile sollten in der Vereinigten Arabischen Republik, Katanga, Bangalore (Indien) und Brasilien gefertigt werden, elektronische Zündungen in Is-

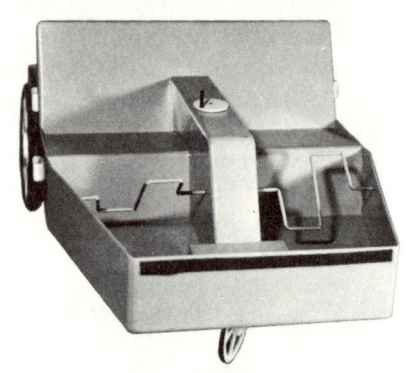

42/43. Modelle zweier Fahrzeuge, die unter der Anleitung des Autors an der Konstfackskolan in Stockholm, Schweden, gebaut wurden. Sie sollen Materialtransporte in rauhem Gelände allein durch Muskelkraft ermöglichen. Eines (entworfen von James Hennessey und Tillman Fuchs) könnte auch als Einkaufsfahrzeug im innerstädtischen Verkehr verwendet werden; es kann zwei Personen und ca. 90 kg befördern. Mit Genehmigung des Magazins »Form«.

rael, Japan, Puerto Rico und Liberia. Nationalchina, Indonesien, Ecuador und Zambia sollten Präzisionsmetallteile und Getriebe liefern. Der Fibergraskörper konnte von den Benutzern an Ort und Stelle überall hergestellt werden. Wir bauten mehrere Prototypen und konnten das Fahrzeug der UNESCO zu einem Stückpreis von weniger als 150 Dollar anbieten.

Aber dies ist der Punkt, wo die Verantwortlichkeit des Designers auf den Plan treten muß. Das Fahrzeug lief prächtig, und die UNESCO teilte uns mit, daß fürs erste 10 Millionen Stück benötigt würden. Das Ergebnis wären 10 Millionen Verbrennungsmotoren mehr (und die entsprechende Verschmutzung in bisher unberührten Teilen der Erde gewesen). Wir haben deshalb das Geländefahrzeug abgesetzt, bis eine bessere Kraftquelle zur Verfügung steht.

(Historische Anmerkung: da ich nichts von Patenten halte, wurden Fotos unseres Fahrzeugs 1964 in dem Magazin »Industrial Design« veröffentlicht Seitdem wurden mehr als 25 Arten solcher Fahrzeuge gebaut und zum Preis von 1200 bis 2000 Dollar an reiche Sportsleute, Fischer oder – als »Spaßfahrzeuge« – an Jugendliche verkauft. Diese Fahrzeuge verschmutzen und zerstören die Gegend und verursachen in unberührten Landschaften unglaublichen Lärm.)

Da wir also jegliche Verschmutzung vermeiden wollten, begannen wir nun mit einer schwedischen Studentengruppe an der Konstfackskolan in Stockholm muskelbetriebene

44.   Allzweckfahrzeug, aus ökologischen Gründen entwickelt. Entwurf eines Studenten-Teams unter Leitung des Autors. School of Design, North Carolina State College, 1964.

Fahrzeuge zu studieren. Die Republik Nordvietnam bringt auf Fahrrädern Lasten bis zu 500 kg über den Ho-Tschi-Minh-Pfad in den Südteil des Landes. Das System ist durchaus effektiv, aber der eigentliche Zweck eines Fahrrads ist ja schließlich ein anderer. Einem unserer Teams gelang es, aus Fahrradteilen einen neuen Fahrzeugtyp zu entwickeln, der bessere Dienste leistet. Das neue Vehikel ist ausschließlich für das Schieben schwerer Lasten entworfen; durch die Verwendung einer Gangschaltung, die für andere Zwecke umgebaut oder ganz entfernt werden kann, läßt es sich auch leicht bergauf schieben. Man kann Tragbahren auf ihm befestigen und, da es einen Fahrradsattel hat, in üblicher Weise auf ihm fahren. Mehrere Fahrzeuge können zu einem kurzen Zug aneinandergekoppelt werden.

Als die Studenten vorschlugen, alte Fahrräder oder Fahrradteile zu verwenden, mußten sie leider darauf aufmerksam gemacht werden, daß auch alte Fahrräder gute Transportmittel sind und daß Teile immer für Ersatz- oder Reparaturzwecke benötigt werden. So entwarfen wir einen neuen Gepäckträger für die Millionen alter Fahrräder in aller Welt. Er ist einfach und kann in jedem Dorf gebaut werden. Er trägt mehr Nutzlast. Und er kann in einer halben Minute heruntergeklappt und dann in seiner wichtigsten Eigenschaft als Kraftquelle zur Elektrizitätsgewinnung, Bewässerung, zum Fällen von Bäumen, Betrieb einer Bohrmaschine usf. verwendet werden.

45.   Muskelbetriebenes Fahrzeug.

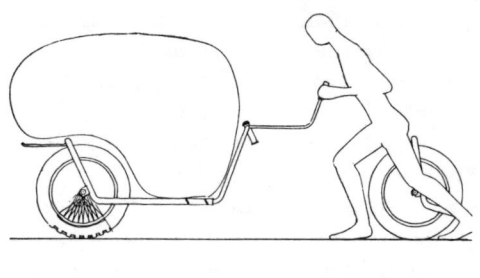

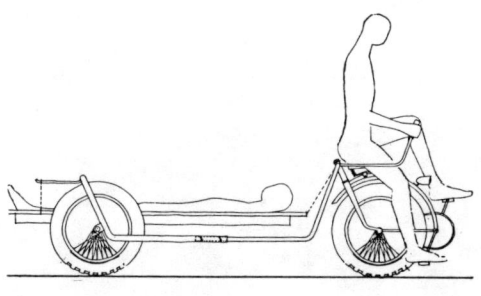

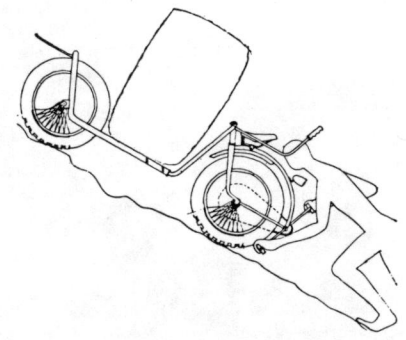

46. Die Zeichnungen zeigen, wie man das muskelbetriebene Fahrzeug umdrehen und unter Verwendung des Mehrgang-Getriebes unter
schwerer Belastung bergauf schieben kann. Es kann Tragbahren transportieren und nach Entfernung des Getriebes als Schubkarren benützt
werden. Entwurf eines schwedischen Studenten-Teams unter Leitung
des Autors. Geeignet für unterentwickelte Gebiete zum Transport
schwerer Lasten. Fotos von Reijo Rüster; mit Genehmigung des Magazins »Form«.

Ein schwedischer Student baute das Modell eines Fahrzeugs, das mit den Armmuskeln angetrieben wird und bergauf fahren kann. Daraus entwickelten wir an der Purdue Universität eine ganze Reihe muskelbetriebener Fahrzeuge, die speziell zu heilgymnastischen Übungen für behinderte Kinder und Erwachsene bestimmt sind.

2. *Design von Lehr- und Übungsgeräten für die Zurückgebliebenen, Behinderten, Versehrten und Benachteiligten:* Gehirnlähmung, Kinderlähmung, Myasthenia gravis, Mongolismus und viele andere zu dauernder Behinderung führende Leiden und Unfälle betreffen $1/10$ der amerikanischen Bevölkerung und ihre Familien, insgesamt 20 Millionen Menschen. Weltweit sind es annähernd 400 Millionen Menschen. Aber die Gestaltung von Prothesen, Rollstühlen und

47. Fahrräder werden in der Dritten Welt als Transportmittel benötigt. Dieser Gepäckträger erfüllt einen doppelten Zweck: man kann ihn herunterklappen und als zeitweilige Kraftquelle benützen. Die Konstruktion ist so einfach, daß bescheidenste Mittel genügen. Entwurf: Michael Crotty und Jim Rothrock, Studenten an der Purdue Universität.

48. Der heruntergeklappte Gepäckträger 49. Die Einzelteile.
mit dem Antrieb.

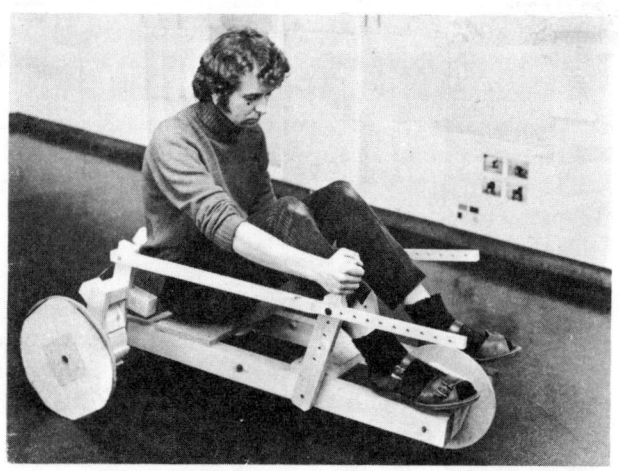

50. Muskelbetriebenes Fahrzeug für heilgymnastische Übungen.

anderen Krankengeräten steht noch auf dem Niveau der Steinzeit. Eine der traditionellen Aufgaben des Industrial Design, die Kostensenkung, sollte hier einsetzen. Man kann in jedem Kaufhaus ein japanisches Transistorradio für nur 3,98 Dollar kaufen, einschließlich Zöllen und Transport. Aber wie bereits erwähnt, Hörhilfen vom Taschen-Verstärker-Typ kosten zwischen 417 und 600 Dollar, obwohl die technische und formale Gestaltung nicht aufwendiger ist als die eines Radios für 3,98 Dollar.

Hydraulisch betriebene und druckverstärkende Krafthilfen müssen dringend verbessert und neu gestaltet werden.

Robert Senns hydrotherapeutisches Übungsfloß ist so konstruiert, daß es nicht kippen kann. Es hat keine Gurte oder Bänder, durch die sich ein Kind gefesselt oder in seinen Bewegungen behindert fühlen könnte. Gegenwärtig besteht Hydrotherapie meist darin, daß der Patient an ein Seil geschnallt wird, das an einer waagerechten Planke befestigt ist. In Robert Senns Floß, das an ein Wellenreiterbrett erinnert, gibt es keine solchen Zwänge; trotzdem ist es sicherer und der Krankengymnast ist dem Patienten näher.

3. *Design für Medizin, Chirurgie, Zahnmedizin und Krankenhausbedarf:* Erst seit kurzem gibt es wirklich brauchbare Modelle für Operationstische. Die meisten chirurgischen Instrumente, vor allem in der Neurochirurgie, sind unglaublich primitiv, schlecht entworfen und sehr teuer; sie haben die Präzision einer Schneeschaufel. So kostet ein Bohrer für osteoplastische Kraniotomie (im wesentlichen eine Klammer und ein Bohreisen aus rostfreiem Stahl) 125 Dollar und arbeitet nicht so feinfühlig wie Klammer und Bohrer eines Zimmermanns für 5,98 Dollar. Die Modelle für Schädelsägen haben sich seit den prädynastischen Zeiten Ägyptens nicht geändert. Einer meiner Doktoranden entwickelte einen radikal neuen elektrisch betriebenen Bohrer und eine Säge für osteoplastische Kraniotomien, der die gesamte neurophysiologische Chirurgie revolutionierte.

Die Kosten für die Gesundheitsfürsorge der »Armen« steigen in astronomischem Ausmaß. Was auch immer diese Summen letzten Endes verschlingt, Tatsache ist, daß ein großer Teil der hohen Ausgaben direkt auf schlechtes Design zurückzuführen ist.

Bisweilen erscheinen Illustrationen neuer biomedizinischer

51. Wasserfahrzeug für die Hydrotherapie behinderter Kinder. Entwurf: Robert Senn, Assistent an der Purdue Universität.

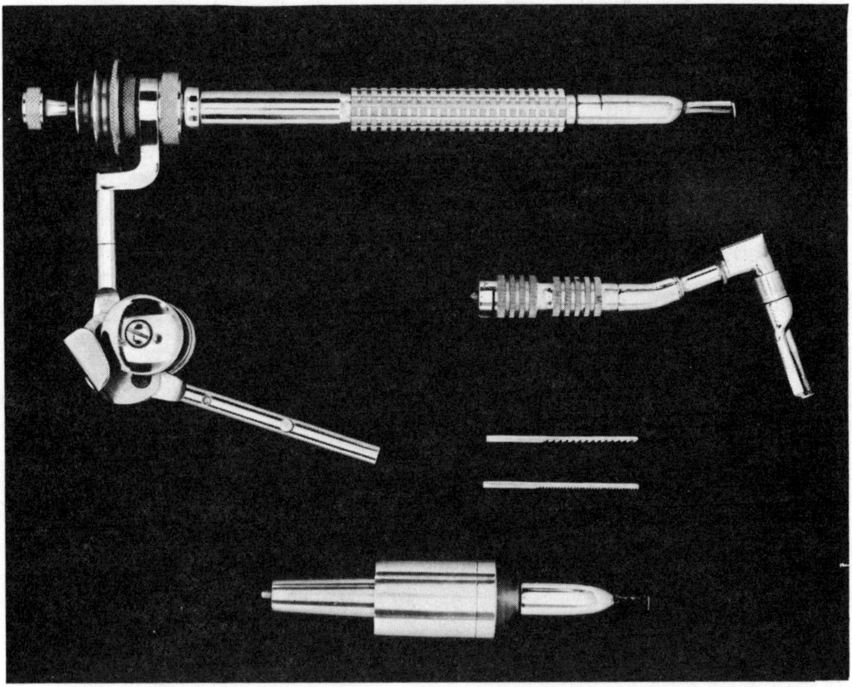

52. Bohrer und Sägen für osteoplastische Kraniotomie. Design copyright © und Entwurf: C. Collins Pippin, North Carolina State College.

Apparate. Fast immer sind es »hochmoderne« Gehäuse, in neuen Schmuckfarben erhältlich, rund um dieselbe alte Maschine. Krankenhausbetten, Entbindungstische und ein ganzes Sortiment von Hilfsgeräten sind fast ausnahmslos unbegründet teuer, schlecht entworfen und arbeitsaufwendig.

4. *Design für experimentelle Forschung:* In Tausenden von Forschungslaboratorien ist die Einrichtung größtenteils veraltet, primitiv, behelfsmäßig und teuer. Vorrichtungen zur Immobilisierung von Tieren, Stereo-Enzephalotomien und die ganze Reihe stereotaktischer Instrumente müßten neu gestaltet werden.

Mit den Dollarmillionen, die sich vom Nationalen Gesundheitsinstitut, von der Nationalen Forschungsgesellschaft und vielen anderen staatlichen und privaten Stiftungen über die Forschungsdepartements der Universitäten ergossen, kletterten die Preise für Laboratoriumsbedarf steil in die Höhe. Ein einfaches bioelektrisches Meßinstrument liegt um 8000 Prozent über der Summe der Einzelpreise seiner Bestandteile; die Zeit für das Zusammensetzen der Einheit wurde mit nicht ganz zwei Stunden angegeben. Eine Firma in New York stellt einen einfachen elektrischen Zeitnehmer für Laboratorien her. Amateurfotografen können ihn für 8,98 Dollar erwerben; für Forschungslaboratorien kostet dieselbe Einheit 172,50 Dollar. Ein Handmixer wird der Hausfrau in zwei Versionen angeboten: in weißem Email für 13,98 oder in rostfreiem Stahl für 15,98 Dollar. Für Laboratoriumsverwendung kostet dasselbe Stück derselben Firma 115 Dollar in weißem Email und 239,50 in rostfreiem Stahl. Sicherlich wären auf diesem Gebiet ehrliches Design, gekonnte Ingenieurtechnik und Kostensenkung wichtige Aufgaben.

5. *Design von Systemen zur Aufrechterhaltung menschlichen Lebens unter extremen Bedingungen:* Die Planung ganzer Umgebungen zum Schutz von Menschen und Maschinen wird zunehmend wichtig. Die Eroberung der Dschungel, der Arktis und Antarktis fordern neue Arten der Systemgestaltung. Noch extremer sind die Bedingungen, wenn subozeanische Siedlungen und Stationen auf Asteroiden oder Planeten entworfen werden sollen. Pläne für das Überleben im Weltraum sind bereits aktuell.

Die Verschmutzung von Wasser und Luft und die Probleme unserer sich uferlos ausbreitenden Vorstädte machen ebenfalls eine Überprüfung des Designs unserer Umweltsysteme nötig.

6. *Design bahnbrechender Konzeptionen:* Viele Produkte erreichen allmählich ein Endstadium, was ihre fernere Entwicklung betrifft. Die Designer fügen lediglich immer mehr im Grunde überflüssige Extras hinzu, statt die Grundprobleme neu zu analysieren und nach völlig neuen Antworten zu suchen. Automatische Geschirrspülmaschinen verschwenden jährlich Milliarden Liter Wasser (angesichts einer weltweiten Wasserkanppheit), obwohl neuere Systeme, wie Ultraschall, die nach dem Prinzip der Trennung von Schmutz und Gegenstand arbeiten, technisch durchaus schon ausgereift sind. Das Neu-Überdenken des Geschirrspülens als System könnte nicht nur das Geschirrspülen erleichtern, sondern auch eines unserer wichtigsten Überlebensprobleme der Lösung näher bringen, nämlich die Erhaltung des Wassers. Auch unsere Toiletten verschwenden Wasser.

Es besteht gegenwärtig eine weltweite Nachfrage nach beinahe 350 Millionen Fernsehern, die hauptsächlich zu Unterrichtszwecken benützt werden sollen. Amerikanische Firmen, die sich um diesbezügliche Aufträge auf afrikanischen und asiatischen Märkten bewarben, wurden mit der einfachen Begründung abgewiesen, die Zeilenzahl entspreche nicht. Wie in Kapitel vier erwähnt, haben amerikanische Fernsehgeräte eine Zeilenzahl von 525/Zoll (unsere Strafe dafür, daß wir die ersten waren), die meisten Länder Europas und die Sowjetunion haben 625, Frankreich 819. Mit einer gewissen Berechtigung glauben viele asiatische, afrikanische und südamerikanische Völker, daß die geringere Zeilenzahl der amerikanischen Geräte für die Augen ihrer Kinder nachteilig wäre. Auch hier war es ein verhängnisvoller Irrtum, weiterhin nur für unsere eigenen Bedürfnisse zu planen. Seltsamerweise machen sich die führenden Firmen der amerikanischen TV-Industrie nicht klar, daß sie, wenn sie ein 1000 Zeilen-Gerät herausbrächten, nicht nur die Weltmärkte gewinnen, sondern auch aus einem »Überlauf«-Effekt Vorteil ziehen könnten. Denn wenn so viele technisch bessere Geräte zur Verfügung stünden, wäre auch ein Grund gegeben, die veralteten amerikanischen Übertragungs- und Sendeeinrichtungen zu ändern.

Alexander Salosin und Viktor Prochorow aus Donezk in der Sowjetunion erfanden ein fingerhutähnliches Gerät zum Einsetzen in Tabakspfeifen. Es ist ein Hilfsgerät für Menschen, deren Stimmbänder schwach oder halb gelähmt sind; es enthält einen Generator, der Tonschwingungen von 80–90 Frequenzen/sec aussendet. Damit können sich Menschen mit gelähmtem Stimmapparat verständlich machen. Auch dieser bahnbrechende Versuch wurde amerikanischen Fabrikanten angeboten, die ihn jedoch hohnlachend abwiesen, da er sich nicht verkaufen werde.

Feuchtigkeitskontrolle in Wohnungen und Krankenhäusern ist wichtig, manchmal sogar entscheidend. In vielen Gegenden der Vereinigten Staaten macht der Feuchtigkeitsgehalt der Luft die Anschaffung von Befeuchtern oder Trocknern notwendig. Diese Einrichtungen sind teuer und häßlich, sie verschwenden überdies große Mengen von Wasser und Elektrizität. Wir erforschten das Problem für einen Fabrikanten, und bei dieser Gelegenheit konnten Robert Senn, ich und einige andere theoretisch einen Be- oder Entfeuchter entwickeln, der keine beweglichen Teile hatte und keine Flüssigkeiten, Pumpen oder Elektrizität benötigte. Wir entschieden uns für Schmelzkristalle. Durch eine Kombination von Schmelzkristallen, antibakteriellen Kristallen usw. konnten wir eine Oberflächenappretur entwickeln, die in jedem Kristallmolekül 12 Moleküle Wasser speichert und sie wieder freisetzt, wenn die Luftfeuchtigkeit sinkt. Dieses Material könnte auf eine Wand gespritzt oder in einen Wandbehang eingewebt werden. Es würde keine elektrische Energie beanspruchen, keinen Lärm verursachen und wäre viel billiger als die gegenwärtigen Systeme.

Auch hier also gibt es endlose Probleme und unsere Designer bieten nicht genug Lösungen an.

Dies sind sechs mögliche Richtungen, die der Designer einschlagen kann und muß, wenn er Arbeit leisten will, die der Mühe wert ist. Bisher haben die Designer solche Herausforderungen weder bemerkt noch auf sie reagiert. Ihr Verhalten hat einen Zustand geschaffen, den man etwa mit der Lage des Gesundheitswesens vergleichen könnte, wenn plötzlich alle

Ärzte Allgemeinpraxis und Chirurgie sein ließen, um sich ausschließlich der Dermatologie und Kosmetik zu widmen.

9 DER BAUM DER ERKENNTNIS: BIONIK

Die Verwendung biologischer Prototypen im Design künstlicher Systeme

Ein Vogel ist ein Instrument, das nach mathematischen Gesetzen arbeitet. Es liegt innerhalb der Fähigkeiten des Menschen, dieses Instrument mit allen seinen Bewegungen nachzubauen.

Leonardo da Vinci

Ein Handbuch, das nie aus der Mode kommen wird, ist das Handbuch der Natur. Hier, in der Welt biologischer und biochemischer Systeme, wurden alle Probleme, denen sich die Menschheit gegenübersieht, bereits gestellt und gelöst, und zwar optimal gelöst.

Die ideale Lösung eines jeden Design-Problems ist, »das meiste mit dem wenigsten« zu erreichen, oder, um George K. Zipfs glückliche Formulierung zu gebrauchen, »der Weg des geringsten Widerstands«.

Hier müssen wir den Begriff »Bionik« definieren. Bionik ist »die Verwendung biologischer Prototypen beim Design künstlicher Systeme«, oder einfacher: das Studium der Grundprinzipien der Natur und die Anwendung dieser Prinzipien und Prozesse auf die Bedürfnisse des Menschen.

Dr. Edward T. Hall schreibt in »The Hidden Dimension (Die verborgene Dimension)«, daß »der Mensch und seine Umwelt sich gegenseitig formen. Der Mensch hat nun ein Niveau erreicht, auf dem er die Welt, in der er lebt, oder, wie sich die Ethologen ausdrücken, sein Biotop, wirklich schafft. Indem er diese seine Welt gestaltet, entscheidet er in der Tat selbst, *was für eine Art Organismus er sein will*«.

Die Probleme, die sich vor dem Designer auftürmen, sind an Komplexität und Dringlichkeit wahrlich furchterregend geworden. Bei einem Bedarf von 472 Millionen einfachster Wohnungen auf der Erde, einer Zahl, die sich jeden Monat um 16 Millionen erhöht, haben Architekten, Unternehmer und Bauspekulanten schlichtweg ihre Unfähigkeit zugegeben, die brodelnden Milliarden der Welt zu behausen.

Auch das kleinste Problem auf dem Gebiet des Produkt-Designs beweist, daß man sehr viel mehr braucht als einen Designer mit einem Mindestmaß an »gutem Geschmack«: vor mehreren Jahren wurde ein neuer, preiswerter Pflug in Südostasien an Bauern verteilt, die bis dahin einen mit einem Stein beschwerten gegabelten Stock zum Pflügen des Bodens verwendet hatten. Nach einiger Zeit entdeckte man, daß die Pflüge nicht benutzt wurden. Nach den religiösen Überzeugungen der dortigen Bauern macht Metall den Boden »krank« und verletzt die Erdmutter. Ich schlug vor, die Pflugscharen mit einer Plastikmischung ähnlich Nylon 60 zu überziehen. Da die Leute an der Plastiktechnologie keinen Anstoß nahmen, akzeptierten und verwendeten sie die Pflüge nun.

Die Pointe dieser Anekdote ist, daß ein interdisziplinäres Design-Team aus Anthropologen, Ingenieuren, Biologen, Psychologen, Soziologen usf. den Fehler von Anfang an hätte vermeiden können.

Gegenwärtig sind die Industrie- und Umweltdesigner notwendigerweise Mittelpunkt in jedem Design-Team. Sie halten diese Schlüsselposition nicht deshalb, weil sie höhere Wesen, besser informiert oder mit mehr Kreativität begabt wären, sondern die Rolle des umfassenden Synthetikers fällt ihnen zu, weil die Angehörigen aller anderen Disziplinen sie nicht übernehmen *können*. Auf allen Gebieten der Wissenschaft herrscht immer mehr die *vertikale* Spezialisierung. Nur der Industrie- und Umweltdesigner wird horizontal in *allen* Wissensgebieten ausgebildet.

In jeder Teamsituation versteht der Designer viel weniger von Psychologie als der Psychologe, viel weniger von Volkswirtschaft als der Volkswirt, und sehr viel weniger von Elektrotechnik als der Elektroingenieur, aber er bringt ein größeres psychologisches Verständnis in den Designprozeß ein als dieser oder der Maschinenbauer, und nur weil die anderen versagen, bildet er die Verständigungsbrücke.

Die Grundsätze, auf denen dieses Kapitel aufbaut, sind:
1. daß das Design von Produkten und Umgebungen auf oder außerhalb der Erde durch interdisziplinäre Teams vervoll-

ständigt werden muß, bis Telepathie, Lernen im Schlaf oder Verlängerung des menschlichen Lebens es für den Designer-Planer möglich und praktikabel machen, mit allen Parametern des Problems vertraut zu sein;

2. daß Biologie, Bionik und verwandte Wissenschaften dem Designer das weiteste Feld schöpferischer neuer Einsichten eröffnen;

3. daß es nicht mehr möglich und wünschenswert ist, ein Produkt für sich, ohne Beziehung zu seiner soziologischen, psychologischen und ökologischen Umwelt zu gestalten. Der Designer muß deshalb Analogien finden, indem er nicht nur biologische Einzelheiten studiert, sondern ökologische und ethologische Systeme.

Designer und Künstler haben immer die Natur aufmerksam beobachtet, aber ihr Blick war oft von einer romantischen Sehnsucht nach irgendeinem ursprünglichen Paradies getrübt. Natürlich hat es im Lauf der Geschichte immer wieder außergewöhnliche Designer gegeben. »Ein Vogel ist ein Instrument, das nach mathematischen Gesetzen arbeitet. Es liegt innerhalb der Fähigkeiten des Menschen, dieses Instrument mit allen seinen Bewegungen nachzubauen«, sagte Leonardo da Vinci 1511. Das Feuer, der Hebel, frühe Werkzeuge und Waffen – all das wurde vom Menschen durch Beobachtung der Vorgänge in der Natur erfunden, möglicherweise mit der einzigen Ausnahme des Rades. Und selbst hier hat die Ansicht von Dr. Thomasias viel für sich, das Rad sei aus der Beobachtung eines eine schiefe Ebene hinabrollenden Baumstamms abgeleitet worden.

Während der letzten hundert Jahre, besonders seit Ende des Zweiten Weltkriegs befragten Wissenschaftler auf der Suche nach Lösungen für ihre Probleme in zunehmendem Maße auch die Biologie. Wichtige, die heutige Technologie entscheidend mitbestimmende Ergebnisse wurden erzielt. Dabei achtete man besonders auf die Art, *wie* ein Prozeß in der Natur abläuft, wie die Teile ineinander greifen, wie die Systeme sich gegenseitig bedingen.

Als man einem Psychologen das Diagramm des Kontrollmechanismus eines neuen Leseapparats für Blinde zeigte, der die Buchstabenformen abtastet und sie in Laute verwandelt, erkannte er darin sofort die sogenannte vierte Schicht des Sehzentrums, jenes Teils des Gehirns, der für die Gestaltwahrnehmung zuständig ist.

Schon bei den ersten Rechenmaschinen sahen die Wissenschaftler eine Ähnlichkeit zwischen der Funktion der Maschine und der des menschlichen Nervensystems. Mit der Erfindung der Vakuumröhren wurde die Ähnlichkeit noch erstaunlicher. Deshalb ist die Bionik heute auf dem Gebiet des Computerdesigns besonders aktiv. Während der letzten fünfzehn Jahre halfen Computer menschliche Gehirne, und menschliche Gehirne Computer besser verstehen. Professor Norbert Wiener arbeitete mit Psychologen, Physiologen und Neurophysiologen zusammen, um durch die Konstruktion von Computern mehr über das menschliche Gehirn zu erfahren, während Dr. Heinz von Foerster in Zusammenarbeit mit Professor W. Ross Ashby und Dr. W. Grey Walter durch seine Forschungen über die Gestaltung des menschlichen Gehirns Aufschlüsse darüber erhielt, wie Computer konstruiert sein sollten.

Dem oben erwähnten britischen Physiologen W. Grey Walter gelang es, einfache elektronische Maschinen zu bauen, die auf Licht als Reizquelle positiv reagierten. Das heißt, diese Maschinen bewegen sich auf die nächste Lichtquelle zu – eine Erfindung, die dem Studium des Verhaltens der gewöhnlichen Motte viel verdankt.

Klapperschlangen sind dem Biologen auch unter dem Namen Grubenvipern bekannt, weil sich am Kopf der Schlangen, etwa in der Mitte zwischen Nasenlöchern und Augen, zwei Gruben befinden. Sie enthalten temperaturempfindliche Organe, die Temperaturunterschiede bis zu $1/1000°$ wahrnehmen können. So groß ist vielleicht der Temperaturunterschied zwischen einem sonnenheißen Stein und einem stillsitzenden Kaninchen. Dasselbe Prinzip wurde von Philco und General Elektric beim Bau der Sidewinder-Rakete angewendet, einer wärmeempfindlichen Luftabwehrrakete, die auf die Auspuffgase von Jetflugzeugen anspricht.

Ein ausgezeichnetes Beispiel für aus der Bionik abgeleitete Entwürfe ist ein sehr genauer Geschwindigkeitsmesser für Flugzeuge, der ein in Käferaugen gefundenes Prinzip benützt. Man entdeckte, daß gewisse Käfer ihre Geschwindigkeit in der Luft vor der Landung durch Beobachtung sich bewegender Objekte am Boden berechnen. Das Studium der Sinnesorgane dieser Käfer schenkte uns einen Geschwindigkeitsanzeiger für Flugzeuge, der die Zeit mißt, die zwischen dem Überfliegen

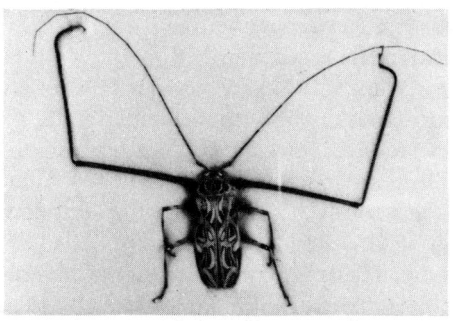

53. *Acroninus longimanus*, männliches Exemplar mit verlängerten
     Vorderbeinen. Sammlung des Autors.

zweier bekannter Punkte auf dem Boden verstreicht und sie in
Geschwindigkeit übersetzt.

Interessant ist auch die Frage Energie-Input versus Energie-
Output. Zwei Beispiele auf diesem Gebiet sind die südamerikanische Fruchtfledermaus, der fliegende Hund, und das
Männchen eines südamerikanischen Käfers Acroninus longimanus. Der fliegende Hund hat eine wahrhaft gigantische
Flügelspannweite und viel Kraft bei verhältnismäßig kleinem
Energie-Input. Die außerordentlich langen Vorderbeine des
südamerikanischen Käfers benötigen noch weniger Energie
und meistern dennoch eine große Nutzlast.

Für mich war dieses Mißverhältnis zwischen Input und Output eine Herausforderung. Schließlich gelang es mir, einige
dieser Käfer zu sezieren. Ich fand ein Energieverstärkungssy-
stem, das Flüssigkeit benützt. Fluide existierten, ohne daß ich
es wußte. Es ist klar, daß zahllose biologische Prinzipien, wie
die Fluide, auf der Straße liegen und auf ihren Entdecker warten.

Von noch größerer Bedeutung für Industrial- und Umweltdesign wird jedoch in Zukunft das Studium ethologischer und
ökologischer Systeme, Prozesse und Milieus sein. Wenn in der
Vergangenheit Industriedesigner vom »totalen Design« sprachen, meinten sie zweierlei. Erstens, daß zusammen mit dem
Design etwa eines Dampfbügeleisens auch Entwürfe für den
Briefkopf des Fabrikanten, die Werbung, die Verpackung, vielleicht auch die Verkaufskontrolle geliefert würden. Zweitens
bezeichnete man mit »totalem Design« die gesamte Werksar-
beit: die Herstellungsmaschinen, Sicherheitsvorkehrungen,

Transport und Lagerung innerhalb der Fabrik. »Totales Design« in Zukunft wird heißen, daß man sowohl Herstellung als auch Verbreitung des Bügeleisens als Glieder einer langen biomorphologischen und phylogenetischen Kette sieht, die zu den erhitzten Steinen und zum Kohlebügeleisen zurückreicht und in der Zukunft endet beim schließlichen Aussterben der Spezies »Bügeleisen« durch die Einführung von »perma-press«- und »no-iron«-Fabrikaten.

Wenn uns die industrielle Revolution eine *mechanische Ära* bescherte (eine statische Technologie der beweglichen Teile), wenn die letzten 60 Jahre uns eine *technologische Ära* brachten (eine dynamische Technologie der funktionierenden Teile), dann treten wir jetzt in die *biomorphologische Ära* ein (eine geschmeidige Technologie zulässiger Imitationen).

Robert McNamara, unser früherer Verteidigungsminister, mag oft ambivalente Gefühle gegenüber unserem Engagement in Südostasien gehabt haben. Während seiner Anstellung bei der Ford Motor Company teilte er die damals herrschende Vorliebe für Schwanzflossen, Motorhaubenzierat und andere neofreudianische Modetorheiten. Hätte der Gehirntrust der amerikanischen Autoindustrie damals so etwas wie die sich selbst erzeugende Hartschaumkuppel von Dow International zustande gebracht, wären bis heute in Südostasien vielleicht einige 250 Millionen Hütten »gewachsen«, wodurch sich der soziale Druck, der zu Bürgerkrieg und amerikanischer Einmischung führte, rechtzeitig vermindert hätte.

Die Absorption von 10 000 Pfund Radiolarien ermöglicht die Bildung von 1000 Pfund Plankton, diese 1000 Pfund Plankton entsprechen 100 Pfund kleiner Meerestiere, diese wiederum 10 Pfund Fischfleisch. 10 Pfund Fischfleisch werden in 1 Pfund Muskelgewebe eines Menschen verwandelt. Die Reibungsverluste in dem System sind einfach verblüffend. Wir haben 168 000 Insektenarten in Nordamerika; wenn auf einer Weide von 20 ha Kühe grasen, lebt auf ihr sechs- bis achtmal soviel Insekteneiweiß wie Rindereiweiß. Eigentlich essen wir Fliegen, wir lassen sie nur zuerst durch Gras, Kühe und Milch hindurchgehen.

Man wird einwenden, daß der durchschnittliche Designer oder der mit Forschung und Entwicklung beauftragte Ingenieur zu wenig in den biologischen Wissenschaften ausgebildet ist und deshalb die Biologie nicht sinnvoll als Inspirationsquelle für Designaufgaben nutzen kann. Wenn wir das Wort »Bionik« im engsten Sinn definieren, nämlich auf kybernetischer oder neurophysiologischer Ebene, mag das richtig sein. Aber wir sind umgeben von Manifestationen der Natur in ziemlich primitiven Strukturen, die niemals richtig erforscht, genützt und von Designern verwendet wurden, von biologischen Mechanismen, die der Untersuchung harren und jedem zugänglich sind, der sich für einen Sonntagsspaziergang freimachen kann.

Samen, zum Beispiel. Wenn man einen einfachen Ahornsamen zwei Meter über dem Boden fallen läßt, schwebt er in einem sehr genauen Spiralmuster zur Erde. Diese Methode des Abwärts-Transports wurde bisher noch nie praktisch verwertet. Eine der interessantesten Anwendungen der charakteristischen Flugeigenschaften des Ahornsamens wurde von einem Design-Studenten entdeckt: eine neue Methode, Feuerlöschmittel über unzugänglichem Gelände abzuwerfen. Er konstruierte einen künstlichen Ahornsamen von etwa 20 cm Länge, die eigentliche Samenkapsel enthielt ein feuerlöschendes Pulver. Man könnte Tausende dieser Samen in Säcken von Flugzeugen abwerfen. Der Sack würde sich öffnen, wenn er vermöge seines Gewichts bis unterhalb der Zone des Aufwinds, den das Feuer erzeugt, gefallen wäre. Tausende von brennbaren Ahornsamen würden dann auf den heißesten Teil des Feuers zukreiseln und, wenn ihre Hülle verzehrt wäre, das feuerlöschende Pulver freigeben. Natürlich kann man so keine Waldbrände löschen, doch ist es auf diese Weise möglich, an Schluchten und andere Geländeformen heranzukommen, die sonst nicht zugänglich sind.

Durch wasserlösliche Ahornsamen, die Samenkörner oder Fischbrut enthalten, könnten die weit nördlich gelegenen Tundren von Alaska, Kanada, Lappland oder der Sowjetunion wieder bewaldet und die Seen dieser Gebiete wieder mit Fischen bevölkert werden. Ebenso kann man natürlich die künstlichen Ahornsamen mit Nährlösungen oder Düngemitteln füllen, auch als Temperaturschutz könnten sie dienen. Die Ausmaße spielen keine große Rolle. Ich konstruierte Ahornsamen, die mit einer Flügelspannweite von 1,20 m bestens funktionierten, aber auch Samen von 6 mm Länge sind noch brauchbar.

Basswoodsamen (Tilia americana, eine Lindenart) haben eigenartige Flugeigenschaften. Die »Flügel« erzwingen eine

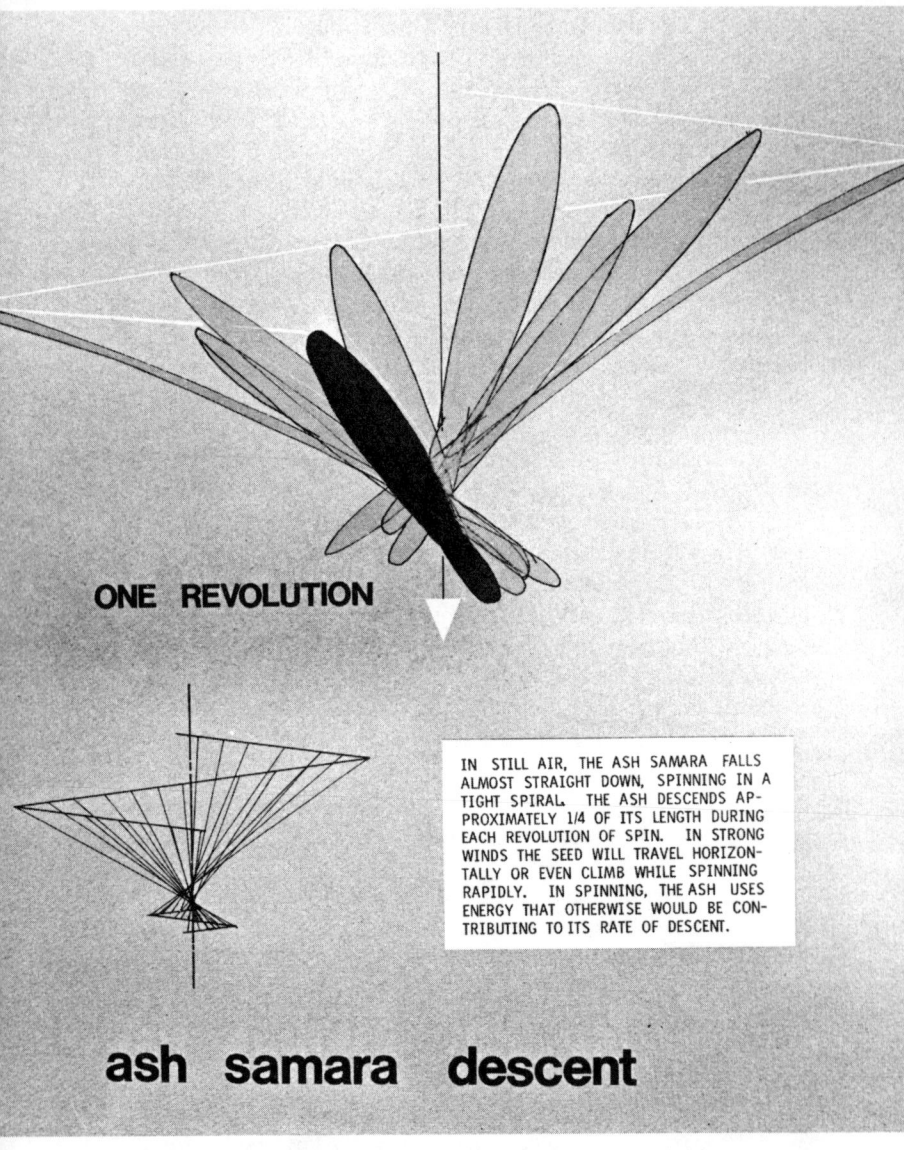

ONE REVOLUTION

IN STILL AIR, THE ASH SAMARA FALLS ALMOST STRAIGHT DOWN, SPINNING IN A TIGHT SPIRAL. THE ASH DESCENDS APPROXIMATELY 1/4 OF ITS LENGTH DURING EACH REVOLUTION OF SPIN. IN STRONG WINDS THE SEED WILL TRAVEL HORIZONTALLY OR EVEN CLIMB WHILE SPINNING RAPIDLY. IN SPINNING, THE ASH USES ENERGY THAT OTHERWISE WOULD BE CONTRIBUTING TO ITS RATE OF DESCENT.

ash samara descent

54–57. Vier Beispiele für die Untersuchung des ärodynamischen Verhaltens von Samen. Forschungsarbeit eines Doktoranden-Teams unter der Leitung des Autors. Im Team: Robert Toering, John K. Miller, Jolan Truan, Studenten an der Purdue Universität.

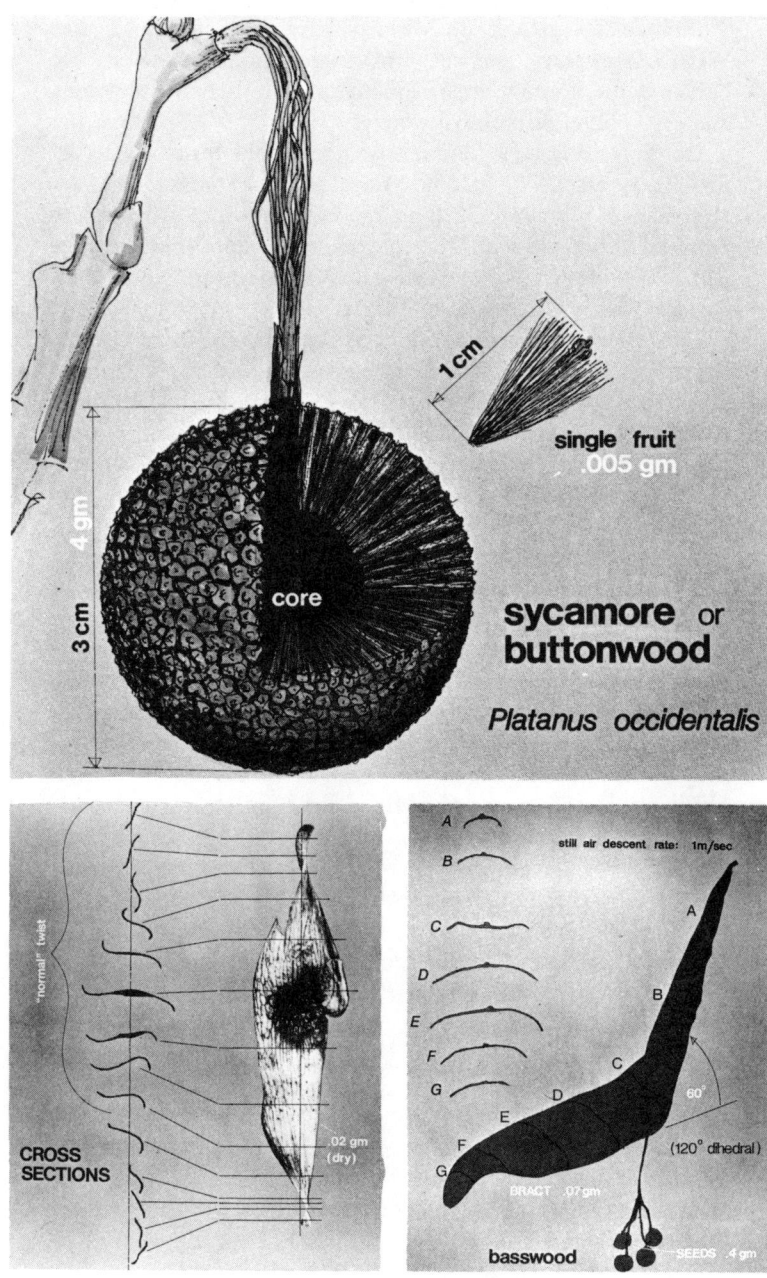

1 cm

single fruit
.005 gm

core

4 gm

3 cm

sycamore or
buttonwood

Platanus occidentalis

"normal" twist

CROSS
SECTIONS

.02 gm
(dry)

A
B
still air descent rate: 1m/sec
C
D
E
F
G

A
B
C
60°
D
E
(120° dihedral)
F
G
BRACT .07 gm

basswood   SEEDS .4 gm

wirbelnde Bewegung beim Abwärtsgleiten; sie lassen sich vom Wind tragen trotz dem verhältnismäßig großen Gewicht der beiden Samenkörner, die an einem gabelähnlichen Auswuchs aus dem Flügelteil herausragen.

Der Spiralflug dieser Samen ist noch nicht hinreichend erforscht. Auch das künstliche Kreiseln solcher Samen in anderen Medien – Wasser, Öl, Benzin, verdünnte Luft oder andere Schwerkraftsituationen – könnte neue Designvorschläge anregen. Wir wollen uns noch mit dem Verhalten eines weiteren Samens dieser Gruppe beschäftigen.

Der fallende Ailanthussamen (Ailanthus altissima, Götterbaum) wirbelt schnell um seine Längsachse, wobei er eine volle Umdrehung macht, während er etwa $1/4$ seiner Länge zurücklegt. Die physikalische Geometrie dieses Samens kann mit gefaltetem Papier gemäß der Abbildung nachgeahmt werden. Bei der ersten Nachbildung sind die Verdrehungen an beiden Enden gleich, was aber in der Natur nur sehr selten vorkommt. In diesem Fall sinkt der Same in windstiller Luft in einer um etwa $45°$ geneigten Linie abwärts. Wenn jedoch die Verdrehungen ungleich sind, wie in der zweiten Abbildung, ist die Fallinie eine Kombination von Spiralbewegung und Wirbeln um die eigene Achse. Das verdrehte Ende zieht Luft von der Umgebung der Spitze des Samens gegen seine Mitte hin. Dies erzeugt ein Gebiet höheren Drucks um und unterhalb des Samens, wodurch sein Sinken verlangsamt wird. Wenn die Verdrehungen gleich sind, stoßen sie beide die gleiche Luftmenge gegen die Mitte, so daß die Kräfte gleich sind; sind sie ungleich, so zieht das Ende mit der größeren Verdrehung mehr Luft an und erzeugt niedrigeren Druck in der Umgebung jenes Endes. Auf den Samen wirken dann also ungleiche Kräfte. Er weicht axial zur Gegend niedrigeren Druckes aus, fällt somit nicht in gerader Linie, sondern spiralig. Axialer Wirbel, Ausweichen und Spiralabstieg kombiniert ergeben ein sehr gemächliches und fast zufälliges Flugmuster.

Samen der wilden Zwiebel (Allium cernuum) und des Bocksbarts haben wieder völlig andere Flugmuster. Sie fallen wie winzige Fallschirme, nur viel langsamer. Weil sie – im Gegensatz zum Fallschirm – eine flache, scheibenförmige, aus zahllosen feinen, ineinander verflochtenen Härchen bestehende Oberseite besitzen, könnte ihre Fallgeschwindigkeit und -richtung für ganz andere Aufgaben als die der gebräuchlichen Fall-

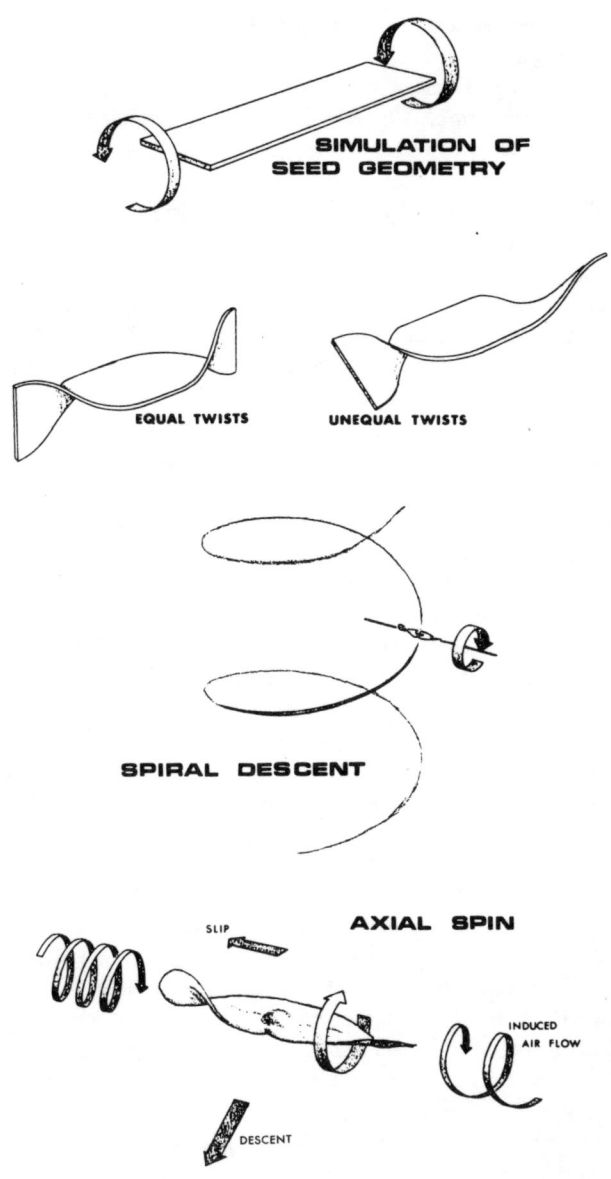

SIMULATION OF SEED GEOMETRY

EQUAL TWISTS

UNEQUAL TWISTS

SPIRAL DESCENT

AXIAL SPIN

SLIP

INDUCED AIR FLOW

DESCENT

58. Untersuchung der Flugeigenschaften des Ailanthussamens. Team wie bei den Abbildungen 54 bis 57.

schirme geeignet sein. Ihre flaumige Hülle würde auch Radar-entdeckung erschweren.

Verankerung, Greifen und Festhaken sind Eigenschaften wieder anderer Samen. Die Klette (Xanthium canadense) hängt sich an den Pelz eines Tieres oder auch an die Hose eines Menschen, wenn er im Herbst über die Felder geht. Das spezifische Verhaken wurde zum Velcro-Nylonverschlußstreifen weiter-entwickelt. Hier sind eine »weibliche« Oberfläche aus winzi-gen Schlingen und eine »männliche« aus winzigen Häkchen biaxial angeordnet. Wenn man sie aufeinander preßt, kann man sie nur in einer Richtung wieder auseinanderziehen. Das Prinzip wurde neuerdings auch bei den Manschetten von Blut-druckmeßgeräten angewendet. Amerikanische Astronauten trugen den männlichen Teil an den Schuhsohlen, während der weibliche Teil außen an der Raumkapsel befestigt war; auf diese Weise konnten sie im schwerelosen Raum gehen.

Zahnbürsten sind Brutstätten von Bakterien, die bei jedem Zähneputzen sorgfältig über die ganze Mundhöhle verteilt werden. Man hat deshalb auf der Basis des Velcro-Verschlusses eine neue Zahnbürste entwickelt. Der Verbraucher bekommt einen einfachen Griff mit einer weiblichen Oberfläche, dazu erwirbt er Hunderte von winzigen Zahnpulver-Kissen mit der männlichen Oberfläche. Am Morgen benetzt man eins der Kissen, legt es auf den Griff, bürstet und wirft es dann weg.

Explodierende Samen – infolge des Schotenbaus werden die Samenkörner bis zu 7 m weit weggeschleudert – sind ein weite-res vielversprechendes Forschungsgebiet. Vor allem das Studium des Samens einer kleinen Beere (Hubus arcticus), die nur in Lappland wächst, würde sich lohnen.

Die einfachsten Wachstumseigenschaften der gewöhnlich-sten Pflanzen können die Fantasie des Designers beflügeln. So ist die Fruchtentwicklung der grünen Erbse lehrreich. Wenn man die Erbse in Samen schießen läßt, hört in einem bestimm-ten Stadium eine Naht der Schote auf zu wachsen. Da der Rest der Schote weiter wächst, öffnet sie sich im Lauf einiger Tage, die Erbsen steigen langsam aus der Schote heraus.

Ein Hersteller von Suppositorien für Kinder ließ sich überre-den, dieses Konzept für seine Packungen zu verwenden. Bisher hatte er jedes Stück für sich in Silberfolie verpackt, ein Dutzend pro Schachtel. Wenn die Eltern sie auswickelten, hatten sie oft Dreiviertel der Glyzerinsubstanz unter den Fingernägeln und das Zäpfchen war selbstverständlich nicht mehr steril. Das Problem wurde durch eine absichtlich falsch gegossene Polyäthylenpackung gelöst. Man goß den Behälter so, daß das »Gedächtnis« des Plastikgehäuses sein »offener« Zustand war. Die keimfrei gemachten Zäpfchen wurden ohne weitere Hülle eingelegt, die Packung zugeklappt und ein Styrenverschluß über den Schlitz geschoben. Die kleine Polyäthylenpackung stand nun unter Spannung. Ihr absichtlicher Falschguß wirkte wie die Naht am Bauch der Erbsenschote. Wenn der Styrenverschluß zurückgeschoben wurde, öffnete sich die Packung langsam und die Suppositorien stiegen hoch. Zum Verschließen mußte man die Packung nur sanft zusammendrücken, wodurch die restlichen Zäpfchen wieder zurückgleiten, und den Styrenverschluß überschieben.

Noch gar nicht erwähnt wurden die Isolation, die Wärmespeicherung, der Kälteschutz und viele andere Eigenschaften der Samen.

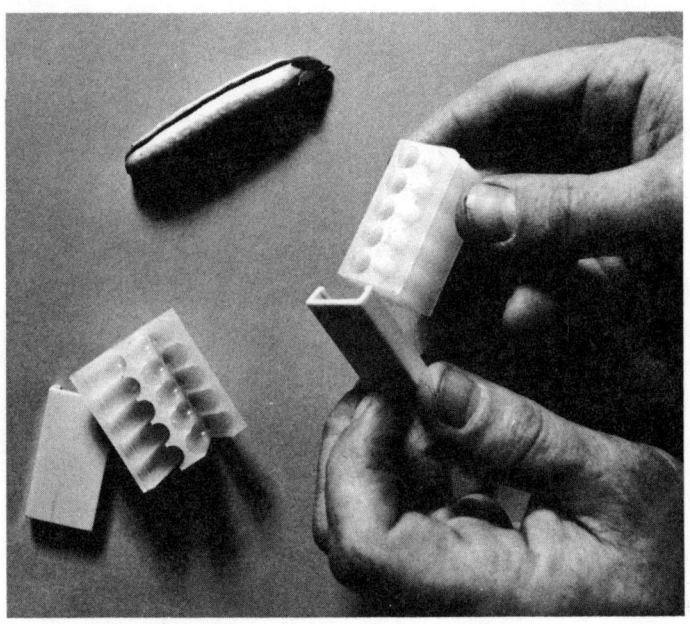

59. Diese Packung wurde bionisch aus einer Erbsenschote entwickelt. Design des Autors.

Auch die pflanzliche Architektur ist ein lohnendes Gebiet
für die Erforschung bionischer Gestaltungsmöglichkeiten:
etwa Wachstumsmodelle, Zellen, Wachstumsgeschwindigkeit
des Bambusschößlings, Architektonik einer Rose, verschiedene Stengelarten, sowie die Eigenschaften der Pilze, Algen und
Flechten. Bei den Flechten greife ich ein Beispiel heraus, für das
ich William J. J. Gordon verpflichtet bin.

Frisch getünchte Räume sehen einige Tage oder Wochen lang
schön aus, werden dann aber früher oder später unansehnlich.
Versuchen wir – mit Bill Gordon – das Problem zu isolieren.
Farbe ist ein Stoff, der gleich nach dem Auftragen auf die Wand

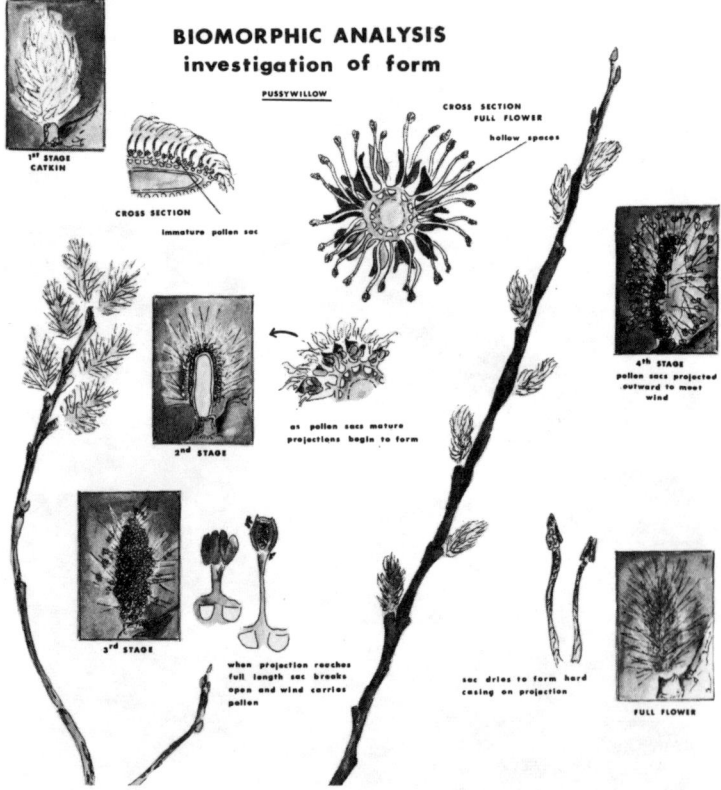

60. Beispiel für bionische Forschung im ersten Universitätsjahr.
Untersuchung der Form der Kätzchenweide; Anwendung der erarbei-
teten Prinzipien für den Entwurf eines Pflanzgeräts für extrem harte
Böden. Purdue Universität.

gut aussieht, mit der Zeit jedoch verfällt. Gibt es einen Ersatz, der beim ersten Auftragen auf die Wand unangenehm aussieht, aber sich selbst verbessert und erhält? Die Antwort liegt nahe. Flechten kommen in der Natur in einer Auswahl von 118 »köstlichen Schmuckfarben« vor. Wir könnten die Flechte unserer Farbwahl zusammen mit einer Nährlösung auf die Wand sprühen und warten. Die Wand sieht zuerst fleckig aus, doch mit dem Wachstum der Flechte entsteht eine gleichmäßige Farbe. Allerdings wird sich der Designer darüber Gedanken machen müssen, ob die Leute zottige Wände goutieren werden.

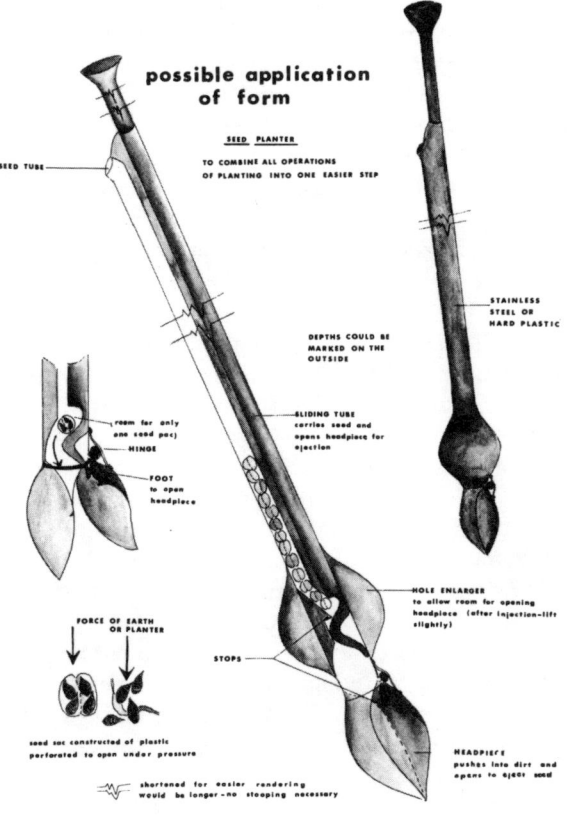

61.   Entwurf eines Pflanzgeräts.

Die Knospenform der Kätzchenweide hat einen Studenten angeregt, ein Pflanzgerät für die unterentwickelten Gegenden der Erde zu entwerfen, wo der Boden hart und arm ist. Das einfache Handgerät, das ein bionisches Grundprinzip nachahmt, wäre in Zentralindien, Shansi, Sinkiang und in der Mongolischen Volksrepublik nützlich.

Wir wenden uns nun einem ganz anderen Bereich zu und fragen, wie wir die Welt der Kristallographie für unsere Zwecke nützen können. Wenn wir einen zweidimensionalen Raum völlig mit Polygonen derselben Größe und Gestalt ausfüllen sollen, gibt es nur drei Möglichkeiten: gleichseitige Dreiecke, Quadrate oder Sechsecke. Wenn ein dreidimensionaler Raum in derselben Weise ausgefüllt werden soll, bietet uns die Kristallographie eine elegante Lösung: das Tetrakaidekaeder. Dieser Vierzehnflächner (tetra kai deka = 4 + 10) hat acht sechseckige und sechs quadratische Flächen; er ist »runder« als ein Würfel, aber »kubischer« als eine Kugel. Wir haben das unmittelbare Gefühl, daß er Druck von innen oder außen besser als ein Würfel aushalten kann, jedoch nicht so gut wie eine Kugel. Das stimmt, aber nur für den einzelnen Körper. Wenn wir einen Kugelhaufen, etwa aus Luftballons, einem gleichmäßigen Druck von allen Seiten unterwerfen, dann finden wir, daß sich zwischen den einzelnen Ballons kleine Druckareale bilden, die die Form von konvexen, sphärischen, dreieckigen Pyramiden haben. Wird der Druck weiter verstärkt, nehmen die Ballons ihre stabilste Gestalt an, sie werden zu Tetrakaidekaedern. In der Tat ist das Tetrakaidekaeder die schematische Form der menschlichen Fettzelle wie auch vieler anderer Zellen.

Wir gaben unseren Studenten eine Reihe von Tetrakaidekaedern als Anregung zu neuen Entwürfen. Viele ganz unerwartete Lösungen gingen ein. Aus riesigen Tetrakaidekaederzellen von 13 m Durchmesser könnte man ein submarines Gebäude für Menschen und Materialien bauen, etwa zur Ausbeutung submariner Bodenschätze. Jede Zelle hatte drei »Geschosse«; eine Gruppe von 30 bis 90 Zellen würde für eine subozeanische Station ausreichen.

Durch Verkleinerung des Zelldurchmessers auf 4 mm wurde ein neuer Kühlertyp für Autos entwickelt, der eine größere Oberfläche hat und mehr Wasser enthält.

Aus den großen Tetrakaidekaedern von 13 m Durchmesser könnte ein 11 Einheiten oder 143 m hoher Turm errichtet werden. 28 Einheiten derselben Größe könnten spiralförmig außen angefügt werden. Jede der dreigeschossigen Einheiten außen wäre ein Luxusappartement. Im Zentralturm könnten sich Treppen, Aufzüge, Leitungen für Wasser, Elektrizität usw. befinden; außerdem könnte eine vorgefertigte Zentralsäule Bäder, Küchen und andere Dienstleistungsräume liefern, jedes Geschoß der Zentralsäule für die nächste vorragende Spiraleinheit. In den drei Geschossen der äußeren Einheiten würden sich Wohn- und Schlafräume befinden, wobei das sechseckige Dach jeweils als Garten oder Hubschrauberlandeplatz dienen

62. Tetrakaidekaeder: Archimedische Körper, die einen dreidimensionalen Raum lückenlos ausfüllen.

könnte. Weitere Anlagen könnten an- oder aus»gestöpselt« werden; jedes Tetrakaidekaeder der äußeren Spirale könnte durch Hubschrauber abgehoben und an andere Zentralsäulen in jedem Teil der Erde angesetzt werden. Dieselbe Konstruktion könnte natürlich auch als sich verkleinernder oder vergrößernder Kornsilo etc. dienen.

Als das erste Modell dieser Struktur von seinem Fundament abgehoben wurde, befestigte ich eine Schnur an ihm und zog es durch Wasser. Es hat hervorragende Bewegungseigenschaften in Flüssigkeiten. Dies läßt an den Bau riesiger hohler Tetrakaidekaeder aus Eis denken (verstärkt durch Algen), die man voll Rohöl pumpen und, zu einer Spiral-Kette zusammengefügt, durch Unterseeboote über den Atlantik ziehen lassen könnte. Tanker würden so überflüssig.

Die technologisch eleganteste Verwendung jedoch liegt auf dem Gebiet der Raumfahrt. Angenommen, eine Grundgruppe von 48 Einheiten (jede dreigeschossig und von 13 m Durchmesser)*) in geschlossener ringförmiger Anordnung kreist im Abstand von 250 km um die Erde. Diese Grundgruppe kann 300 Arbeitskräfte aufnehmen. Wenn wir nun weitere Einheiten im Kreis um die Grundgruppe anfügen, ergibt sich, daß 300 Arbeiter 50 Einheiten in einer 24 Stunden-Arbeitsperiode ankoppeln können. Jetzt beherbergt die Station, die sich nun schnell genug um eine zentrale Atomsäule dreht, um etwas Schwerkraft zu entwickeln, 600 Personen. Nach weiteren zwei Arbeitstagen sind es 1200, 9600 nach 5 Tagen, 307 200 nach 10 Tagen und 9 830 400 nach 15 Tagen. Mit anderen Worten, die gesamte Bevölkerung Finnlands oder Österreichs könnte dann in dieser Station untergebracht werden. Und nun geben wir der ganzen Konstruktion einen Stoß, und wenn sie auf dem Mars, Alpha Centauri II oder Wolf 359 ankommt, können wir die Menschen *mitsamt ihren Wohnungen* umladen und eine Stadt mit derselben Geschwindigkeit errichten, in der die Einheiten »landen«.

Alle diese Experimente wurden in den Jahren 1954 – 59 angestellt. Heute sind andere Nutzungen kristallinischer Formen

---

*) Der Durchmesser von 13 m wurde als Weg des geringsten Widerstands gewählt. Platten in Sandwichbauweise werden bis zum äußersten ausgenutzt. Größere Konstruktionen sind möglich, aber nur mit scharfem Kostenanstieg.

möglich. William Katavolos aus New York hat vorgeschlagen, Städte »wachsen« zu lassen. Mit den neuen russischen Erkenntnissen in der Kirstallographie und unseren erweiterten Möglichkeiten, große Hohlkristalle zu züchten, kann man vielleicht bald eine ganze Stadt »säen« und sie abtransportieren, wenn sie ausgewachsen ist.

Das abgestumpfte Rhomboikosadodekaeder, das aus 80 gleichseitigen Dreiecken und 12 Fünfecken besteht, bietet sich ganz von selbst zur Errichtung von Kuppelstrukturen an. Diese Kuppeln haben eine gewisse Ähnlichkeit mit Buckminster Fullers geodätischen Kuppeln, doch sind sie einfacher zu errichten, da alle Kanten gerade und gleichlang und alle Winkel identisch sind.

Die Gliederung des Schlangenskeletts wurde bei einem beweglichen Kurvenlineal von Keuffel & Esser verwendet. Wieder muß betont werden, daß hier, wie in allen anderen Fällen, bionisches Design nie bloße Nachahmung durch Herstellung einer sichtbaren Analogie bedeutet. Richtig ist die Erforschung des zugrunde liegenden organischen Prinzips und seine darauffolgende Anwendung.

Muschel- und Seeschneckengehäuse, Regenerationserscheinungen, exoskelettale Strukturen, verschiedene Antriebssysteme bei Fischen, das freie Schweben fliegender Fische, das Schwimmverhalten der Schlangen: Anregungen, mit denen wir noch nicht einmal die Oberfläche einiger Gebiete ankratzen, die zur Entwicklung bionischer Designs führen könnten.

John Teal, Professor für Humanökologie an der Universität von Alaska, greift das Problem des Moschusochsen auf. Mit 48 Chromosomen ist der Moschusochse keine Rinderart, sondern mit Ziegen und Antilopen verwandt. Das Haar des Moschusochsen schützt besser vor Feuchtigkeit als Wolle und wärmt auch mehr. John Teal hat sich die ungewöhnliche Aufgabe gestellt, Moschusochsen zu zähmen und die Ergebnisse seiner Studien schließlich an Eskimostämme und die über den nordischen Tundragürtel verstreuten Lappen weiterzugeben. Die Zucht dieser Tiere, vor allem das Verspinnen und Verweben ihrer Haare, könnte den verdrängten und beraubten Völkern des Nordens zu einer völlig neuen Kultur verhelfen. Dr. Teals Arbeit ist auch deshalb so ungewöhnlich, weil der Mensch seit 6000 Jahren keine Moschusochsen mehr gezüchtet hat.

Spekulationen über die mögliche Züchtung von Mikroben

und Algen eröffnen gänzlich neue Ausblicke für gestalterische Planung und medizinische Anwendung.

Biologische, ethologische und ökologische Erkenntnisse aus jüngster Zeit sind besonders wichtig auf dem Gebiet des Umweltdesigns. In dem Maß, wie wir unsere Städte von Kansas City nach St. Louis, nach Chicago, nach Cleveland, nach Erie, nach Buffalo ineinanderfließen lassen, verursachen wir auch eine Zunahme der Bewohner von Gefängnissen und Slums, Vorstädten und Mietskasernen, psychiatrischen Kliniken und Bewahranstalten. Die subtilen Wechselwirkungen zwischen all diesen Randtypen, ebenso wie die Wechselwirkungen zwischen ihnen und der herrschenden Kultur müssen beobachtet, interpretiert und verstanden werden.

Erschreckend sind die Ergebnisse neuerer Untersuchungen von Tieren unter Streßbedingungen und bei übermäßiger Populationsdichte: *Degeneration von Herz und Leber; Gehirnblutungen; Bluthochdruck; Arteriosklerose mit Begleiteffekten wie Herzinfarkt und Gehirnschlag; Adrenalinentgleisung; Krebs und andere bösartige Wucherungen; Augenkrankheiten, wie Glaukom und Trachom; Apathie, Lethargie und soziale Gleichgültigkeit; Fehlgeburten; mangelnder Pflegewille der Mütter gegenüber den Jungen; extreme Promiskuität unter den eben erst Geschlechtsreifen; Zunahme der Homosexualität und Entstehung eines neuen sexuellen Sub-Typs, der seine Männlichkeit eindrucksvoll und farbig, aber oberflächlich zur Schau stellt, obwohl er in Wirklichkeit äußerst passiv oder sogar asexuell ist.* Dies klingt wie eine Liste von Erscheinungen, die manche Menschen als moralischen Verfall oder die Leiden einer verstädterten Bevölkerung bezeichnen, ist es aber nicht. Diese Symptome sind an so verschiedenen Tieren wie Minnesota-Präriehasen, Sika-Hirschen, norwegischen Ratten und verschiedenen Arten von Vögeln beobachtet worden. Der gemeinsame Nenner waren Streß-Syndrome, hervorgerufen durch Übervölkerung. Ähnliche Verhaltensmuster wurden unter den Insassen von Konzentrationslagern und Gefängnissen usf. beobachtet.

Von diesen Zusammenhängen hat die Umweltplanung bislang nicht im geringsten Notiz genommen.

Industrial-Design und Umweltplanung sind Gebiete, auf denen die Schulen ideologisch in vorderster Front stehen. Trotz dem Widerstreben einiger Anti-Intellektuellen unter den

Designern wird die Arbeit der Designer – das wirksamste Mittel, das die Menschheit je entwickelt hat, um sich und ihre Umwelt zu manipulieren – weitergehen. Die beruflichen Tagungen, auf denen endlos und fruchtlos versucht wird, Industrial-Design zu definieren, sollten sich ein Beispiel an den Naturwissenschaften nehmen. Elektrizität z. B. wurde nie definiert, sondern als Funktion beschrieben, die sich in Beziehungen ausdrückt, denen zwischen Voltzahl und Amperezahl etwa. Auch Industrial-Design und Umweltplanung können nur als Funktionen verstanden werden: sie drücken sich in Beziehungen aus, denen zwischen menschlicher Erfindungsgabe und menschlicher Not.

10 DESIGN UND UMWELT

Umweltverschmutzung, Übervölkerung, Hungersnot und die geplante Umwelt

Die Natur hat uns im Stich gelassen, Gott hat anscheinend den Hörer beiseite gelegt, und die Zeit geht zu Ende...

Arthur Koestler

Ökologisch verantwortungsbewußtes Design ist revolutionär. Alle Systeme – das privatkapitalistische, das staatssozialistische und Mischungen aus beiden – sind auf der Annahme aufgebaut, daß wir mehr kaufen, mehr konsumieren, mehr verschwenden, mehr wegwerfen und, als Folge davon, unser Rettungsfloß Erde zerstören müssen. Wenn Design ökologisch verantwortungsbewußt sein soll, darf es sich nicht um das Bruttosozialprodukt, so brutal es sich gebärden mag, kümmern. Wieder und wieder möchte ich betonen, daß der Designer an der Umweltverschmutzung mehr beteiligt ist als die meisten Menschen. Die Müllexplosion hat allmählich die Bevölkerungsexplosion überrundet, und, wie der Direktor des Wasserforschungszentrums des Staates Washington, Professor E. Roy Tinney, bemerkt, ist nicht das Wasser knapp, sondern es fehlen uns neue Ströme, die wir verschmutzen könnten. Die Stärke unserer Chemikalien hat derartig zugenommen, daß ein einziger 200 Pfund-Sack des deutschen Pestizids »Thiodan«, der Mitte Juli 1969 zufällig aus einem Schleppkahn in den Rhein fiel, 75 000 Pfund Fische in Deutschland, Holland und Belgien töten und eine neue Bestockung des Rheins mit Fischen für eine Zeit von voraussichtlich vier Jahren verhindern konnte. Das Auto wird jetzt für mehr als 60 Prozent der Luftverschmutzung in den Vereinigten Staaten verantwortlich gemacht, und für einen ständig steigenden Prozentsatz in den anderen westlichen Ländern.

Die Naturwissenschaftler beginnen sich allmählich darüber klar zu werden, daß Jetflugzeuge die obere Atmosphäre verschmutzen, da es in sehr großen Höhen keinen »Selbstreinigungseffekt« gibt; so kreisen die giftigen Ausscheidungen der Jetflugzeuge viele Male um die Erde, bevor sie infolge der Schwerkraft niedersinken. Dr. Alfred Hulstrunck (Atmospheric Research Center, State University of New York) kommentiert: »Wenn das Transportwesen sich weiterhin so ausdehnt wie jetzt, sieht die nächste Generation vielleicht nie die Sonne.« Sollte dies wirklich geschehen (und die Chancen, daß es 1990 soweit ist, stehen nicht schlecht), müßte das nicht unbedingt völlige Dunkelheit bedeuten. Statt dessen könnte der »Treibhauseffekt« überhandnehmen. Eine Decke aus Wasserdampf und Kohlendioxid, transparent für das Sonnenlicht, aber undurchlässig für die Abstrahlung der Erde, könnte die Temperaturen so weit erhöhen, daß die Eiskappen an den Polen abschmelzen. Dies würde die Meeresspiegel mindestens um 100 m erhöhen, 64 Prozent des bewohnbaren Landes würden überflutet. Aber wahrscheinlich würde die plötzliche Gewichtsverlagerung die Erde aus ihrem Gleichgewicht bringen.

Wir könnten mit diesen Beispielen schneller fortfahren, als der Leser sie hier aufnehmen kann. Und bis jetzt haben wir uns nur mit »neutralen« Zwischenfällen befaßt, das heißt mit Dingen, die nur eben so geschehen, nicht aber mit Folgen, oder vorhersehbaren Folgen boshafter Absicht. Wir müssen uns nicht eigens darüber verbreiten, daß boshafte Absicht verschmutzen und töten kann. Die 5000 Schafe, die durch das zufällige Entweichen eines Nervengases der Armee am 21. März 1968 in Skull Valley, Utah, getötet wurden, sind stumme Zeugen für die Gefahren der chemischen Kriegführung.

Aber was geschieht, wenn die Absichten des Menschen von Anfang an *gut* sind? Ägypten hoffte, durch den Bau des Assuanstaudamms den Übergang von einer 6000jährigen landwirtschaftlichen Vergangenheit zur Technologie des 20. Jahrhunderts schnell und leicht bewerkstelligen zu können. Der Damm sollte zahlreiche sozio-ökonomische Vorteile bringen. Die bebaubare Ackerfläche sollte um 25 Prozent vergrößert werden, die Energieerzeugung sich verdoppeln. Unglücklicherweise ist nicht alles so zufriedenstellend verlaufen. Der Nasser-Stausee hält den größten Teil des Schlamms zurück, von dem die Fruchtbarkeit des Nillandes abhängt. Das Leben im Meer vor der Nilmündung verarmt und erkrankt. Seit 1964, als die Flut zum ersten Mal reguliert wurde, erlitt die einheimische ägyptische Sardinenindustrie Verluste in Höhe von 35 Millionen Dollar; im Frühjahr 1969 hörte man, daß auch die Garneelenfischerei zurückgeht.

Aber wir haben nichts aus dieser Lektion gelernt. Während ich dies hier schreibe, sind Ingenieure damit beschäftigt, die größten Dammsysteme der Menschheitsgeschichte für zwei der längsten Flüsse der Welt zu entwerfen: den Mekong und den Amazonas. Das Hudsoninstitut schlägt für den Amazonas die Schaffung eines Inlandsees vor, der fast so groß ist wie Westeuropa! In Florida bauten Pioniere der amerikanischen Armee eine Reihe kleiner Dämme über die nördliche Grenze des nationalen Naturschutzgebietes der Everglades. Man tat dies, um Land für Viehweiden zu bewässern (bemerkenswerterweise bringt diese Verwendung des Landes den geringsten Nutzen) und die Lobby der Viehzüchter zufriedenzustellen. Ergebnis: die Everglades trocknen aus, das Wild wandert ab, der Boden versalzt, Teile Südfloridas werden wüstenähnlich. Um das Maß voll zu machen, besteht die Gefahr, daß am Südende der Everglades ein neuer Jetflughafen – mit seinem hohen Lärmpegel und seiner Luftverschmutzung – entsteht.

Wir wollen nicht gern wahrhaben, daß alle größeren Verheerungen der Erde auf uns selbst zurückgehen. Die ausgesogenen Länder Griechenlands, Spaniens, Indiens, die von Menschen verschuldeten Wüsten Australiens und Neuseelands, die baumlosen Ebenen Chinas und der Mongolei, die trostlosen Wüsten Nordafrikas, des Mittelmeerbeckens und Chiles – sie alle sind Beweise für die Tatsache, daß, *wo nur immer eine Wüste ist, der Mensch am Werk war*. Ritchie Calder dokumentiert das in »After the Seventh Day«. Es ist lehrreich, Karten der Vereinigten Staaten von 1596 bis heute miteinander zu vergleichen. Günstigerweise zeigen die frühesten Karten, herausgegeben von spanischen Missionaren, den Südwesten. Die Wüste, die jetzt Teile von neun Staaten einnimmt, existierte damals kaum. Aber als die Bäume wahllos gefällt wurden, als der Wasserabfluß sich beschleunigte, als an die 20 Millionen Büffel niedergemetzelt wurden, als der Humus jedes Frühjahr ausgeschwemmt wurde, da entstanden die bekannten Dust Bowls (Staubsturmgebiete) von 1830 und 1930, und die Wüste wuchs. Lediglich das Zeitmaß hat sich geändert. Alexander der

Große und andere Eroberer brauchten 1500 Jahre, um Arabien und Palästina, das Land, wo Milch und Honig floß, in Wüsten zu verwandeln. Für die amerikanische Wüste genügten 300 Jahre. Und amerikanisches Know-how hat erreicht – durch die Verwendung von Entblätterungsmitteln, Napalm, die Umleitung von Flüssen und Strömen –, den ökologischen Zyklus Südvietnams in fünf kurzen Jahren so gründlich zu verändern, daß die dauernde Verwüstung dieses Teils der Erde gewährleistet ist.

Natürlich ist der vom amerikanischen know-how angerichtete Schaden nicht nur in fremden Ländern und in unserer entfernten Vergangenheit augenfällig. Sogar der Weltraum bleibt nicht verschont: vor mehr als acht Jahren brachte ein Team amerikanischer Kriegs»wissenschaftler« in der Heaviside-Schicht der oberen Ionosphäre eine Ladung metallischer Partikel zur Explosion. Zweck des Unternehmens, das trotz lautstarker Proteste von Wissenschaftlern und wissenschaftlichen Vereinigungen in aller Welt vor sich ging, war »nur einfach zu sehen, was passieren würde«. Die Menschheit, Tiere, Nutzpflanzen können als Folge dieses Experiments nicht wieder gut zu machende genetische Schäden erlitten haben: *aber wir werden es nie erfahren, weil es offensichtlich keine Kontrollgruppe zum Vergleich gibt – die ganze Erde wurde in Mitleidenschaft gezogen.*

Im Dezember 1970 war Los Angeles die erste Stadt, in der die Gesamtfläche der Straßen und Parkplätze größer war als der Raum für die menschlichen Behausungen. Das Auto ist zweifellos eine in vieler Hinsicht unbefriedigende Konstruktion: eine geplante neue Lösung wäre unbedingt nötig. Diese kann nicht in partiellen Verbesserungen, wie dem Einbau von Abgasfiltern und dergleichen liegen, sondern *das Transportsystem als Ganzes* wie auch seine einzelnen Teile müssen von Grund auf neu durchdacht werden. Einige Richtlinien für die Zukunft bestehen bereits.

Seit 70 Jahren hat Wuppertal seine Einschienen-Schwebebahn. Das System ist schnell und sauber und greift physikalisch wie visuell nur geringfügig in seine Umwelt ein. Bestimmt könnten Einschienenbahnen die Verkehrsstauungen in vielen unserer unabsehbaren Stadtlandschaften beheben. Andererseits sagt man uns, daß das durchschnittliche Individuum in der westlichen Welt Wert auf ein persönliches Transportmittel legt.

Aber analysieren wir zuerst das ganze System. Entfernungen von mehr als 750 km sind am zweckmäßigsten mit dem Flugzeug zu überwinden. Für Entfernungen zwischen 75 und 750 km benützt man am besten die Eisenbahn, Busse, Einschienensysteme und andere, neuere Methoden, die von Design-Teams entwickelt werden müssen. Für Entfernungen von weniger als 75 km gibt es bereits zahlreiche Möglichkeiten, von denen viele nicht entsprechend wahrgenommen werden. Andere stehen im Stadium des Entwurfs. Eine teilweise Aufzählung nach steigender Komplexität scheint angebracht. Die einfachste Art, kurze Strecken zurückzulegen, ist immer noch das Gehen. Es ist lächerlich, daß viele Amerikaner mit dem Wagen zum nächsten Briefkasten fahren, aber jeden Abend im Schlafzimmer feierlich 10 Minuten auf ihrer Tretmühle zu 276 Dollar absolvieren. Rollschuhe wirken irgendwie lächerlich, trotzdem verwendet man sie in Lagerhallen und großen Fabriken. Nicht motorisierte Roller leisten den Reisenden, die auf dem internationalen Flughafen Kastrup bei Kopenhagen ankommen, gute Dienste.

Ein elektrisch angetriebener Aluminiumroller, 18 Pfund schwer, faltbar und dann nicht größer als eine Schuhschachtel, wurde vor mehreren Jahren von einem Studenten des Industrial Designs in Chicago entworfen und getestet. Dieses Modell, das in Innenstädten oder auf Collegegeländen ausgezeichnete Beweglichkeit ohne Luftverschmutzung und Verkehrsstokkungen gewährleisten würde, wurde nie kommerziell gebaut. Man führe auf einer 23 × 38 cm großen Plattform – ein Cadillac »El Dorado« mißt ungefähr 3 × 6,5 m! Unser Design-Student in Chicago arbeitete 7 Monate allein und gab im ganzen 425 Dollar für die Entwicklung seines Minirollers aus. Wenn man die 3,4 Milliarden, die General Motors jährlich für Forschung und Entwicklung aufwenden, zum Vergleich heranzieht, dazu die Arbeitserleichterungen und die verfügbaren Designer-Talente, wird klar, daß selbst dieser ausgezeichnete Roller durchaus noch nicht das letzte Wort in der Frage des Personentransports ist.

Fahrräder benützt man innerhalb des 75 km-Radius, den wir uns gesetzt haben, in Dänemark und in den Niederlanden. Viele sind faltbar, manche besonders leicht zu tragen. Es gibt

Fahrräder mit kleinen Benzinmotoren; kleine elektrische Hilfsmotoren könnten leicht entwickelt werden. Mopeds, Motorroller, Motorräder in ihrer gegenwärtigen Form können in dieser Diskussion unberücksichtigt bleiben, da sie Luftverschmutzer ersten Ranges sind. Zu guter Letzt, das Auto:

Aus Gründen des Prestiges, des sogenannten guten Geschmacks, des Status und vor allem der leichten Gewinne wegen, die durch eingebautes Veralten garantiert wurden, hat es im Automobildesign seit 1895 wenig intelligente Neuerungen gegeben. Die meisten äußerlichen Veränderungen erstrebten Geräumigkeit und glattes, schmissiges Aussehen. Doch brechen einige Außenseiter, wie der Bubble Simca, der für zwei hintereinander sitzende Personen gedachte Messerschmitt und auch noch der Morris Mini-Minor und der Mini-Cooper die Bahn für kleinere Fahrzeuge, die in den beiden letzten Fällen vier Erwachsenen und einem Kind Platz bieten und dazu eine unglaubliche Menge Gepäck aufnehmen.

Durch Verbindung von drei Systemen, die es alle bereits gibt, könnten wir vielleicht wenigstens eine Alternative zur Verkehrsmisere in den Innenstädten finden. Wenn wir 1. eine Flotte batteriebetriebener Minitaxis, etwa vom Typ des Messerschmitt, mit 2. einer Transportkreditkarte mit Rechnungstellung zu Ende jeden Monats und 3. einem Radiosender von der Größe einer Armbanduhr kombinieren, haben wir den Anfang eines vernünftigen Citytransportsystems. Der Benützer könnte mit seinem Sender ein Minitaxi zu seinem jeweiligen Standort bestellen (und damit das stärkste Argument gegen öffentliche Verkehrsmittel widerlegen, nämlich: langer Weg im Regen und Warten an der Bushaltestelle). Das Minitaxi würde ihn direkt zu seinem Ziel fahren. Auch bei Tausenden solcher Minitaxis würde in den Innenstädten der Platz frei, den jetzt Garagen, Parkplätze und Tankstellen einnehmen. Die Auspuffgase würden verschwinden; größere Teile der Straßen könnten bepflanzt, in Anlagen und Spazierwege verwandelt werden. Am Ende des Arbeitstages könnten die Minitaxis die Menschen zur Einschienenbahn bringen, mit der sie dann zu ihren Wohnungen gelangen.

Romantischen Seelen, die immer noch ihren eigenen Gang schalten und das sanfte Schnurren eines starken Sportwagens zu ihrer Verfügung haben wollen, würden sich in derselben Situation befinden wie heute die Reiter. In Garagen der Peripheriezone größerer Städte könnte man sich stunden- oder tageweise Wagen für Überlandfahrten mieten. In die eng bebauten Viertel dürften solche Fahrzeuge nicht gebracht werden. (Ich möchte betonen, daß diese Schilderung hochgradig spekulativ ist und keineswegs · *die* Lösung des innerstädtischen Transportsystems sein will. Sie versucht lediglich, eine von vielen vorhandenen Möglichkeiten zu zeigen; gleichzeitig illustriert sie, wie der Designer und das Design-Team bei jedem Schritt beteiligt sind.)

Designer bestimmen oft ganz oder zum Teil die Materialien und Arbeitsprozesse. Beispielsweise wurde die Wahl von Aluminium als besseres Material für Bierdosen zwar vom Verkaufsstab der Alcoa angeregt, aber die Designer machten mit! Was ist daran falsch? Erstens werden dadurch Millionen Tonnen kostbarer Rohstoffe vergeudet, *die nie ersetzt werden können.* Wichtiger noch, Aluminium ist ein Metall, das sich sehr langsam zersetzt. Mit den Bierdosen, die heute in den Abfall kommen, müssen wir beinahe tausend Jahre lang leben. In Kapitel fünf habe ich bereits schwedische Experimente erörtert, die zur Entwicklung einer Einwegflasche aus biologisch abbaubarem Kunststoff führten.

Bierflaschen und andere eingedoste Güter sind nicht die einzigen Übeltäter. Aluminiumfolien sind zwar dünner, aber in jedem Fetzchen ebenso widerstandsfähig gegen Rost, Korrosion und jede biologische Zersetzung wie Dosen. Gebrauchte Alufolie sammelt sich auf unseren Schutthalden an und verhindert das »Atmen« der darunterliegenden Erdschichten; sie können das Regenwasser nicht mehr aufsaugen, wodurch die Zirkulation unterirdischer Wasserläufe und das Grundwasser beeinträchtigt wird. Die Bodentemperaturen unter Schutthalden sind durchschnittlich um 3° F niedriger als in der Umgebung. Dadurch wird das Mikroklima innerhalb kleiner ökologischer Systeme ungünstig beeinflußt; das abfallbedeckte Gelände entwickelt eine Neigung, lebenswichtige Mineralstoffe zurückzuhalten und ihre Absorption durch das umliegende Nutzland zu verhindern. Einfallsreiche Designer sollten Alternativen zu diesem System finden. Die Akkordeon-Quetschflaschen, die 1955 für die Imco Container Corporation entworfen wurden, Egmont Arens' Zahnpastaflasche für Bristol-Myers (1957) und verschiedene europäische Systeme, Mayonnaise, Senf usf. in Tuben zu verkaufen, weisen bessere Wege. Da alle diese Dinge aus Plastik sind, können biologisch abbaubare Materialien gewählt werden.

Eine neue Version isolierender Platten für Wände besteht aus einer Kombination von Glasfasern, Asbestfasern und einer Mischung anderer Faserstoffe. Eine einzige Faser kann, wenn sie zufällig eingeatmet wird, Tod oder schwere Krankheit herbeiführen. Die Arbeiter sind durch Gesichtsmasken gut geschützt, aber auch der umgebende Raum muß rein gehalten werden. Man hat deshalb gigantische Gebläse installiert – Gebläse, die oft in die Straße münden. Während der letzten Jahre sind mehrere Personen an zufällig eingeatmeten Fasern gestorben. Wieder muß betont werden, daß mindestens ein kleiner Teil der Verantwortung dafür beim Designer liegt, der Produkte entworfen hat, die bei falscher Handhabung gefährlich sind oder die Umwelt verschmutzen.

Das sind nur einige willkürliche Beispiele; die Liste könnte ad infinitum verlängert werden.

Wenn wir uns nun dem Wohnungsbau zuwenden, ist die Sachlage ebenso ernst. Man führt uns oft die kalten, unpersönlichen und sterilen Appartementhäuser vor, die kurz nach dem Zweiten Weltkrieg an der Karl-Marx-Allee in Ostberlin gebaut wurden. Aber der Unterschied zwischen ihnen und den Massenbehausungen, die Versicherungsgesellschaften an der Peripherie Groß-New Yorks errichtet haben oder sogar den gelungensten »Gemeinschaftsplanungen« einiger skandinavischer Länder ist mehr graduell als wesentlich. Menschen und Familien sind »Komponenten« geworden, die man aufräumt wie Durchschläge in die gewaltigen Aktenordner, als die sich die heutigen Wohnungen präsentieren. Wenn sich der Schrei nach »städtischer Erneuerung« erhebt, sind die Ergebnisse häufig unmenschlicher als die Verhältnisse, die die Neugestaltung veranlaßten. In einem kürzlich »sanierten« Ghetto im Südosten von Chicago ist eine Reihe von 30 Appartementhäusern, von denen jedes 50 Wohnungen umfaßt, in einer einzigen sechs Kilometer langen Kette aufgefädelt, säuberlich zwischen einer 12spurigen Super-Autobahn und einer Anzahl großer Fabriken mit ihren fortgesetzt qualmenden Schornsteinen sowie einem riesigen städtischen Müllabladeplatz. Das alte Ghetto war schlecht, aber es vermittelte doch irgendwie ein Gemeinschaftsgefühl, und damit ist es nun vorbei.

Die Bewohner haben keinen Park, keine Grünflächen, nicht

einmal einzelne Bäume in Gehweite. Jede Familie ist allen anderen Familien entfremdet; nachts kauern sie in ihren zellenähnlichen Wohnungen, während sich unten jugendliche Straßenbanden Gefechte liefern. Jeden Tag gibt es Vergewaltigungen und Körperverletzungen, wöchentlich 3 bis 4 Morde oder Mordversuche. Das Ghetto wurde einfach senkrecht aufgestellt und in eine Reihe Wolkenkratzer verwandelt.

Es ist ein seltsames Paradox auf dem Gebiet des Designs, daß die für uns entworfenen Möbel und Geräte ständig mehr Platz brauchen, die Häuser oder Wohnungen aber, wie auch die einzelnen Zimmer, immer kleiner werden. Wenn eine Familie es sich finanziell leisten kann, die Megablocks zu verlassen, redet die Werbung ihr ein, ein »Eigenheim« zu kaufen. Diesen Häusern wiederum fehlt alle und jede Individualität; sie sind angeordnet, wie es für den Bauunternehmer, seinen Maschinenpark, die Installation und die Leitungen, die er zu legen hat, am bequemsten ist, nicht nach den Bedürfnissen der Bewohner. Wenn der zukünftige Käufer sich nicht für nachgemachtes Neu-England begeistern kann, bleibt ihm oft genug nur die Wahl, in ein anderes Viertel zu ziehen, wo 600 ebenso falsche französische Provinzhäuschen sich gegenseitig die Schultern reiben.

Die meisten Designer (nicht nur die für Hausbau und Gemeinschaftsplanung) scheinen Scheuklappen zu tragen, die sie nicht nur daran hindern, neue Ideen zu sehen, sondern auch, sich zu überlegen, *ob vielleicht ähnliche Probleme irgendwann irgendwo schon einmal intelligent gelöst worden sind.*

Wenn man vor einem Wohnungsdesigner den Namen Frank Lloyd Wright erwähnt, denkt er vielleicht an das Guggenheim-Museum oder das Imperial-Hotel in Tokio. Wahrscheinlich hat er noch nie gehört, daß Wright ein wichtiges Bindeglied zwischen Eigenheim und Appartementwohnung schuf.

Er entwarf 1938 die Sun Top Homes für Ardmore, Pennsylvanien. Nur eines von den vier ursprünglich geplanten wurde gebaut. Es ist eine kleeblattähnliche gegenseitige Durchdringung von vier individuellen Häusern. Jedes besteht aus einem eineinhalb Geschosse hohen Wohnraum und verteilt Hobbyraum, Schlafzimmer, Küche usw. über zwei Stockwerke. Jedes Viertel der Konstruktion ist so angelegt, daß man von den anderen drei Einheiten nichts merkt. Im Mittelpunkt des Komplexes befindet sich das Heizungs-, Klimaanlage- und Installa-

GENERAL EFFECT IS NEVER STULTIFIED OR STIFF

63. Ansicht von Frank Lloyd Wrights Kleeblatt-Haus, das 1942 in Pittsfield, Massachusetts, gebaut werden sollte. Mit Genehmigung der Frank Lloyd Wright Stiftung. Copyright © 1969 The Frank Lloyd Wright Foundation.

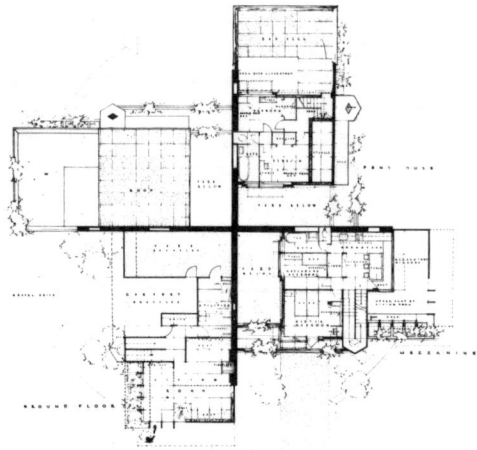

64. Plan des Kleeblatt-Hauses. Genehmigung und Copyright wie bei Abbildung 63.

tionszentrum, doch hat jede Einheit ihre eigene Heizung usw., wie auch ihren eigenen Küchen- und Freizeitgarten, der durch Bäume und Büsche von den anderen Einheiten und der Straße abgeschirmt ist. Das ganze Gebäude war sehr billig und wurde 1941 als erster Prototyp gebaut. 1942 entwickelte Wright seinen Plan weiter für die Defense Housing Agency. 100 Kleeblatthäuser für 400 Familien sollten in Pittsfield, Massachusetts, entstehen.

204

Der Prototyp in Ardmore wirkt heute, ein Drittel Jahrhundert später, wie ein stummer Zeuge der Kurzsichtigkeit der Bundesregierung.

Die Mischung aus wuchtigen Geschäftshäusern, leichter Industrie, Privatwohnungen, Appartement-ähnlichen Unterkünften, Krankenhäusern, Kindergärten, Schulen und Hochschulen, Sportplätzen, Erholungsgelände, Fahrradwegen, Zufahrtsstraßen, kleinen Wäldern, Parkplätzen, Läden und Verbindungen zu den öffentlichen Transportmitteln und Autobahnen, die Wright 1935 als Broadacre-City entwarf, ist immer noch ein Höhepunkt menschengerechter Planung. Wright hielt es für möglich, daß Broadacre-City – mit lokalen Variationen – schließlich den ganzen amerikanischen Kontinent überziehen könnte. Wiederum soll damit nicht behauptet werden, daß Broadacre oder Ardmore die einzig möglichen idealen Lösungen wären.

Alle menschlichen Maßstäbe sind verlorengegangen, nicht nur beim Wohnungsbau, sondern auch auf den meisten anderen Gebieten. Man sollte erwarten, daß ein System, das Selbstsucht und privates Gewinnstreben auf sein Panier geschrieben hat, wenigstens die Einkaufsgelegenheiten etwas sorgfältiger plant. Aber dem ist nicht so. Stroget, eine Fußgängerstraße mit Läden in der Innenstadt Kopenhagens, ist so angelegt, daß man gemächlich schlendern und nach Laune kaufen kann. Zwei Abschnitte, Frederiksberggade und Mygade, sind zusammen etwa 140 m lang und umfassen mehr als 180 Läden.

In einem zeitgenössischen amerikanischen Einkaufszentrum trennt diese selbe Entfernung von 140 m häufig nur die Eingänge von zwei Geschäften, etwa des Supermarkts und des Drugstore. Der Zwischenraum besteht aus langweiligen und uninteressanten Schaufenstern; weder Wind- noch Sonnenschutz noch Bäume oder Blumen sind vorgesehen.

Innerhalb der letzten zehn Jahre sind die Fabriken mehr und mehr aus den großen Städten abgewandert; billige Arbeitskräfte und große Steuererleichterungen haben sie veranlaßt, in sogenannte »Industrieparks«(!) zu ziehen. In diesen »Parklagen« stehen gewöhnlich mehrere Fabriken; um sie herum scharen sich Zulieferungsindustrien, Läden und schließlich Häuserzeilen – ohne Plan und Vernunft oder Berücksichtigung zukünftiger Entwicklungen. Verkehrsverbindungen, die die Vorstädte von gestern durchqueren, verketten diese Produktionszentren bald mit den alten Städten; eine neue Subkultur kleinerer Montageanlagen, Reparaturgeschäfte, Lagerhallen entwickelt sich in dem verhältnismäßig großen Grenzgebiet zwischen City und Vorstadt, Vorstadt und Industriezentrum. Die Stadt ist planlos auf das 20 – 30fache ihrer bisherigen Ausdehnung angewachsen.

Selbst wenn wir bei dieser Schändung unserer Umwelt psychische, soziale und physische Risiken hinnehmen wollen – es gibt unmittelbarere und wichtigere Gründe, damit Schluß zu machen. Die Statistik der Wettersatelliten im Weltraum und der meteorologischen Observatorien auf der Erde deuten einen Klimawechsel an. Größere Areale ständig verschmutzter Warmluft scheinen schlechtes Wetter direkt anzuziehen. Im Mittelwesten und an der Ostküste suchten während der letzten 10 Jahre katastrophale Schneefälle, Blizzards und Tornados vornehmlich große Industriestädte heim. Mit der Zeit können sich dauernde Klimaverschlechterungen ergeben. Das ist der Fluch der Maßlosigkeit. Julian Huxley schreibt: »Vergrößere ein Objekt einfach, ohne seine Form zu ändern, dann hast du, ohne es zu wollen, *alle* seine Eigenschaften verändert.«

Eine grundlegende Einsicht beim Design von Systemen ist, daß ein System aus Teilen besteht, und daß sich das System selbst ändert, wenn sich ein Teil ändert. Durch Untersuchung konkreter Systeme können wir einige Faktoren, die zur Deformation führen, lokalisieren. Nervenkrankenhäuser z. B. werden besonders sorgfältig entworfen. Architekten, Innenarchitekten und Mediziner arbeiten bei der Planung zusammen. Die Erholungs- und Aufenthaltsräume sind vielleicht grundsätzlich für Unterhaltung, Entspannung, zwanglose Gruppierung und Spiele gut geeignet. Sobald sie aber in Betrieb genommen werden, stellt das Personal die Sitzgelegenheiten um. Dadurch wird sein Sicherheitsbedürfnis befriedigt, das Kehren und Wischen erleichtert und das Herumführen von Erfrischungswagen vereinfacht. Unter den Patienten jedoch kann diese Umstellung eingebildete Barrieren aufrichten, sie löst möglicherweise bei einigen von ihnen autistische und katatonische Zustände aus. Wenn Stühle an den vier Seiten eines Pfeilers stehen, so daß jeder in eine andere Richtung schaut, können sich zwei nebeneinandersitzende Personen nur sehr schwer unterhalten; eine Konversation mit Dritten ist ausgeschlossen.

Das ist kein weit hergeholtes Beispiel, dergleichen geschieht

in Krankenhäusern täglich. Es veranschaulicht einen Kardinal-
fehler der Designer: sie sehen nicht von Zeit zu Zeit nach, wie
ihre Arbeit ausgeführt und vervollständigt wurde. Meines Wissens waren Patienten nie Repräsentanten einer Klientengruppe
in einem Design-Team. Ähnliches gilt für Insassen von
Gefängnissen, Soldaten (Aufenthaltsräume), Studenten
(Schlafhäuser) und andere Gruppen von Opfern, die wir in
Knechtschaft halten.

Veränderung hat es stets gegeben, aber die Dimensionen der
gegenwärtigen Veränderung entziehen sich immer noch unserem Verständnis. Die Umwälzungen der letzten 70 Jahre lassen
sich nur mit der gesamten bisherigen Entwicklung des Menschen vergleichen. Die Hälfte. *aller* vom Menschen während
der vergangenen 2000 Jahre verbrauchten Energie wurde während der letzten 100 Jahre verbraucht. Die Teilungslinie für
manche Metalle scheint um 1910 zu liegen; das heißt, der
Mensch zog während der ersten 6 Millionen Jahre seines Beste-
hens ungefähr ebensoviel Material aus den Bergwerken wie
während der letzten 60 Jahre. 25 Prozent aller Menschen, 90
Prozent aller Wissenschaftler und Forscher, die jemals lebten,
leben heute; die Summe aller technischen Informationen verdoppelt sich alle 10 Jahre; in der ganzen Welt werden 100 000
Zeitschriften in mehr als 60 Sprachen veröffentlicht, und diese
Zahl verdoppelt sich alle 15 Jahre. Vor 200 Jahren war die
durchschnittliche Bevölkerungsdichte in den Vereinigten
Staaten 1 pro Quadratmeile; in einem Kreis mit dem Durchmesser von 20 Meilen ergibt das 314 Personen, so daß die
Chancen für menschlichen Kontakt 1 : 313 standen. Die Kom-
munikationsmöglichkeiten waren beschränkt. Heute hat Chicago eine Bevölkerungsdichte von 10 000 pro Quadratmeile;
innerhalb unseres Kreises von 20 Meilen Durchmesser stehen
die Chancen für menschlichen Kontakt 1 : 3 Millionen.

Viele Veränderungen folgen jetzt ihren eigenen Gesetzen
und entziehen sich der Kontrolle. In Albert Romascos Buch
»The Poverty of Abundance« heißt es: »In Ceylon sanken infolge der Einführung von DDT in weniger als 10 Jahren die
Todesfälle um 57 Prozent, die Bevölkerung vermehrte sich um
83 Prozent, und das Pro-Kopf-Einkommen ging entsprechend
zurück.« Weiter: »Täglich werden fast 300 000 Kinder geboren,
zwei Drittel davon in Familien, die arm, unterernährt, unwis-
send und krank sind.«

Überlegen wir, was eine starke Bevölkerungsvermehrung *bewirkt:* sie zwingt uns neue Wege auf, weil die alten nicht mehr begangen werden können. Eine Kommission in Tokio, die für die Bedürfnisse dieser 20 Millionen-Stadt einen Plan für die nächsten 10 ½ Jahre aufstellen sollte, erkannte bald, daß *keine menschliche Erfahrung, keine in der Vergangenheit gebrauchte Technik auf die Probleme angewendet werden kann, die sich erheben, wenn man die Bevölkerungsdichten der Zukunft berücksichtigt.* In weniger als 15 Jahren werden mehrere indische Städte mehr als 36 Millionen Einwohner haben, in derselben Zeit werden die Vereinigten Staaten um 100 Millionen Menschen wachsen. In 35 Jahren wird es, wenn der gegenwärtige Trend anhält, annähernd 7 Milliarden Afrikaner, Asiaten und Lateinamerikaner geben, die dann 86 Prozent der Weltbevölkerung ausmachen werden.

Das Bevölkerungswachstum als gesellschaftsverändernde Kraft ist offensichtlich nicht mehr *quantitativ,* sondern *qualitativ* wirksam.

In all diese Veränderungen kann und muß sich der Designer als Glied des interdisziplinären, problemelösenden Teams einschalten. Er mag es aus vagen humanitären Gründen heraus freiwillig tun (für vielleicht weitere 10 Jahre). Ungeachtet dessen wird er es in nicht allzu ferner Zukunft aus dem einfachen Wunsch nach Überleben tun *müssen.*

Wenn man versucht, den Leuten in unserer westlichen Gesellschaft klarzumachen, daß innerhalb von 7 bis 10 Jahren viele Menschen in der Welt verhungern werden, hören sie einfach nicht hin. Sie wechseln das Gesprächsthema. Aber in Kalkutta, Bombay und New Delhi werden jetzt schon jeden Morgen von den Sanitätsabteilungen Tausende von Leichen abtransportiert.

Die Menschen vermehren sich schneller als die Möglichkeiten, sie zu ernähren. Pro Person gibt es auf der Welt heute weniger Nahrungsmittel als während der Depression vor 40 Jahren. Das Bevölkerungswachstum verhält sich zur Nahrungsproduktion wie 2 : 1 pro Jahr.

Nahrungsproduktion und die Erschließung neuer Nahrungsquellen waren bisher für die Profession der Designer überhaupt nicht interessant. Und doch sind die Designer, ob sie wollen oder nicht, als menschliche Wesen beteiligt. Raymond

Ewell (der Herausgeber von »Population Bulletin« sagte vor einigen Jahren:

»Wenn der gegenwärtige Trend anhält, wird der Hunger Anfang der siebziger Jahre in Indien, Pakistan und China ernste Proportionen annehmen, wenig später in Indonesien, Iran, der Türkei, Ägypten und gegen 1980 in den meisten übrigen Ländern Asiens, Afrikas und Lateinamerikas. Die schwere Hungersnot wird Hunderte von Millionen Menschen, vielleicht Milliarden, betreffen. Wenn dies, wie heute vermutet werden muß, eintritt, wird es die größte Katastrophe der Geschichte sein.«

All unsere »Sorge« über das Bevölkerungswachstum verschleiert nur notdürftig unsere Gewalttätigkeit und eine Art Realitätsflucht. Es gilt nicht mehr als »nett«, Rassist zu sein. Aber die Wörter, die wir vielfach gebrauchen, wenn von den Menschen in Entwicklungsländern, Slums und Ghettos die Rede ist, sind böse. *Ihre* Bevölkerung »explodiert«, sagen wir. *Sie* »vermehren sich wie die Fliegen«. Wir sprechen über »unkontrollierte Fruchtbarkeit« und daß wir *ihnen* »beibringen müssen, Geburtenkontrolle zu betreiben«. Diese Wörter spiegeln unser Empfinden wider. Und dieses Empfinden ist unsere Erbschaft von Rassismus, Vorurteil, Kolonialismus, kapitalistischem Überlegenheitsgefühl, und – wenn wir »Bevölkerungskontrollteams« zu ihnen schicken, um zu »helfen« – Neo-Kolonialismus.

Um 1800 gab es schätzungsweise 180 Millionen Einwohner in Europa. Gegen 1900 waren es 450 Millionen. Aber diese fantastisch angewachsene Population hatte einen viel höheren Lebensstandard, aß besser und lebte länger als ihre Urgroßeltern. Der Malthusianismus sagt: Die Nahrungsmenge kann *nie* mit dem Bevölkerungswachstum Schritt halten.

Noch vor 90 Jahren kämpfte in den Vereinigten Staaten eine riesige landwirtschaftliche Bevölkerung, fast 75 Prozent aller Menschen, verzweifelt darum, 85 Millionen vor dem Hunger zu bewahren. Heute leben nur noch 8 Prozent der Bevölkerung in der Landwirtschaft, wir haben mehr als 200 Millionen Menschen, und das größte landwirtschaftliche Problem ist, was mit den Megatonnen landwirtschaftlicher Überschüsse jährlich geschehen soll! Landwirtschaftliche Maschinen, Bewässerung, Kunstdünger, wissenschaftliche Fruchtwechselwirtschaft, Seuchenverhütung, Aufforstung, Zucht von Vieh und Saatgut

– diese Errungenschaften der Naturwissenschaft haben die mechanistischen Begriffe Malthus' Lügen gestraft.

Natürlich sollten die Familien nicht mehr Kinder haben, als sie anständig erziehen können. *Aber geburtenbeschränkende Maßnahmen erweisen sich nur dann als wirksam, wenn der Lebensstandard der Unterprivilegierten gestiegen ist.* Die Menschen beginnen sich erst dann für Familienplanung zu interessieren, wenn sie in Sicherheit leben. Eine große Anzahl von Kindern ist eine genetische Versicherung für Menschen, die mit dem Tod vieler ihrer Kinder rechnen müssen.

Jahrhunderte lang nahmen wir an, daß das, was wir Lässigkeit oder Schlaffheit, Mangel an Energie, geistige Stumpfheit, Kurzlebigkeit und Gleichgültigkeit zu nennen beliebten, rassische Charakteristika vieler unterentwickelter Völker seien. Heute wissen wir, daß es keine trägen Rassen gibt; diese Völker sind chronisch unterernährt bis zu dem Punkt, wo sie keine Energie und Hoffnung mehr aufbringen können. Hunger und geistige Zurückgebliebenheit gehen Hand in Hand:

»Das Gehirn wächst schneller als der übrige Körper, seine Zellen vermehren sich so schnell, daß bei einem vierjährigen Kind der Schädelumfang schon 90 Prozent seiner endgültigen Maße erreicht hat ... Diese Vermehrung beruht fast ausschließlich auf Proteinsynthese, die nicht stattfinden kann, wenn die wesentlichen Aminosäuren nicht in der Nahrung enthalten sind.« (»Bioscience«, April 1967)

Die wichtigsten Fortschritte in der Landwirtschaft erreicht man durch Design und Systemanalyse. Um diese Behauptung zu stützen, zitiere ich aus »Famine 1975?«, einem Report der *»Kaiser Aluminium News«*.*

Die Überschriften der Artikel lauten: »Land«, »Wasser«, »Düngemittel«, »Pestizide«, »Erhaltung und Fortschritt«, »Viehhaltung«, »Mechanisierung«, »Transport«, »Verkauf«, »Erziehung«. Jeder Artikel ist ein Impuls, der zu den übrigen paßt und sie verstärkt.

,,Nichts kann für sich allein gelöst werden ... Die Welthungerkrise ist ein System-Problem, und jedes Teilproblem kann bei hinreichender politischer, sozialer und wirtschaftlicher Einsatzbereitschaft einer Lösung nähergebracht werden.«

---

* »The World Food Crisis«, Kaiser Aluminium News, Bd. 26, Nr. 1 (April 1968)

In vielen Teilen Asiens, wo Wasser knapp ist, wären (herkömmliche Wirtschaftsweise vorausgesetzt) 100 Jahre nötig, pro Person ½ ha Ackerland hinzuzugewinnen. Mittlerweile hätte sich *die Bevölkerungszahl versechzehnfacht*. Wenn die Vermehrung des Ackerlandes mit dem Bevölkerungswachstum Schritt halten soll, müssen die jährlichen Pro-Kopf-Ausgaben für die Verbesserung der Wasserversorgung und die Urbarmachung von Neuland um das Vierfache des jetzigen Betrags vermehrt werden. Die einzige Alternative ist eine Ertragssteigerung des jetzigen Kulturlandes. Aber doppelte und dreifache Ernten können nur erzielt werden durch Kunstdünger, verbesserte Bewässerung und Schädlingsbekämpfung. Die Kosten für die Kultivierung von Neuland differieren stark, von 973 Dollar/Acre in Kenia zu 612 Dollar in den Vereinigten Staaten und 32 Dollar bei einem Musterprojekt in Guatemala. Wenn wir Durchschnittskosten von 375 Dollar annehmen, würden die 4 Milliarden Acre geeigneten Landes in den Tropen allein ein Kapital von 1,5 Trillionen Dollar erfordern.

Die »Land«-Studie kommt zu folgendem Schluß: »...da wir nicht genau wissen, welche Hilfsquellen uns zur Verfügung stehen, ist eine weltweite Bestandsaufnahme von Boden und Wasser, Arbeitskraft und verfügbarer Technologie vor allem anderen nötig.«

1963 begann Bucky Fuller mit einer World Resources Inventory (Bestandsaufnahme der Hilfsquellen der Welt) an der Universität von Carbondale in Süd-Illinois. Die Studiengruppe hat 6 von etwa 10 geplanten Berichten veröffentlicht. Nur ein Reststab von fünf Personen ist noch dabei, das Werk fertigzustellen, weil Designer, Studenten und Designschulen den Stoff als »langweilig«, »uninteressant« und »unwichtig« abgelehnt haben.

In der Studie über das Wasser finden wir, daß weniger als 11 Prozent des Kulturlandes auf der Erde bewässert werden. Grundwasser in einer Menge, die man auf 3000 mal so groß schätzt wie den Inhalt sämtlicher Flüsse der Erde, liegt bis zu 750 m Tiefe unter der Erdoberfläche. Unter der Wüste Sahara befinden sich in gewaltigen wasserführenden Schichten unter der Oberfläche 12 Billionen Kubikmeter Wasser – genug, um Millionen von Hektaren mindestens 400 Jahre lang zu bewässern. Die Designer sind aufgefordert, Methoden zu finden, diese Vorräte anzuzapfen, zu erbohren und zu verteilen. Die Entsalzung von Meerwasser wird schon jetzt in Israel praktiziert, doch sollte es möglich sein, die Kosten weiter zu senken.

Vorratshaltung und Veredlung von Nahrungsmitteln sind weitere Aufgaben für den engagierten Designer:

»Bis zu 80 Prozent der Nahrungsmittel gehen in den Hungergebieten nach der Ernte verloren, hauptsächlich infolge unzweckmäßiger Vorratshaltung und Veredlung. Mikroorganismen, Insekten und Nagetiere verursachen die größten Verluste. Ratten verbrauchen im Verhältnis zu ihrem Körpergewicht 16 mal soviel Nahrung wie Menschen; in Indien verzehren sie 30 Prozent aller Getreidevorräte, in manchen Ländern 60 Prozent. Ein Drittel der Getreideernte in Afrika geht durch Nagetiere verloren. Wegen unzureichender und veralteter Ausstattung, fehlender Kühleinrichtungen und ungeeigneter Transportmittel gehen bei den hungernden Nationen 50 Prozent der auf den Markt gebrachten Früchte und Gemüse zugrunde, da alle verderblichen Nahrungsmittel innerhalb von 24 Stunden nach der Ernte gegessen werden müssen.«

Im Abschnitt »Viehhaltung« bezieht sich weniges direkt auf die Arbeit des Designers. Doch ist Viehhaltung eine sehr umständliche und teure Art, Proteine zu erzeugen. Hier ist die Entwicklung und Produktion von »Einzell-Proteinen« wegweisend. Der Entwurf von Laboratoriumseinrichtungen für die versuchsweise Zucht von Proteinbakterien geht sehr wohl den Designer an. Die Vorteile sind überwältigend:

»Das volle Potential der Proteinbakterien ist leichter zu begreifen, wenn man sie mit einem ordnungsgemäß gefütterten Stier von 1000 Pfund Gewicht vergleicht. Der Stier speichert pro Tag ein Pfund Protein. In denselben 24 Stunden vermehrt sich eine halbe Tonne ausgewählter, auf Petroleum wachsender Mikroorganismen auf das 5fache an Größe und Gewicht, und die Hälfte davon ist nutzbares Protein. Mit anderen Worten, während der Stier 1 Pfund Protein erzeugt, produziert die Bakterie 2500 Pfund.« (Prof. Alfred Champagnat)

Die gegenwärtigen Kosten solchen Proteins liegen wegen unzureichender und schlecht entworfener Fertigungseinrichtungen bei 20 Cent/Pfund. Nun zum Geschmack:

»Die Reihe fleischähnlicher, aber fleischloser Nahrungsmittel umfaßt Schinken, Wurst, Frankfurter, Brathuhn, Steaks,

65. Kühlschrank für verderbliche Nahrungsmittel zur Verwendung
in unterentwickelten Ländern. Handbetrieb; möglicher Verkaufspreis
weniger als 6 Dollar. Entwurf von James Hennessey und Victor Papanek für die UNESCO.

Fleischkäse, Rinderhack. Sie haben keine Knochen, keine
Haut oder übermäßig viel Fett...überraschenderweise wurden die meisten sowohl im Geschmack als auch im Aussehen als sehr gut beurteilt.« (»Successful Farming«, Oktober
1967)

Mechanisierung ist unser nächstes Thema. Um gute Ernten
zu erzielen, ist für jeweils 1,25 ha Ackerland etwa 0,5 PS mechanische Energie nötig. In den Vereinigten Staaten und Europa
steht mehr als doppelt soviel zur Verfügung. Aber in den hungernden Ländern ist das anders: weniger als 0,3 PS in Latein-
amerika, unter 0,2 in Asien und nur 0,05 in Afrika. Der Kaiser-
Report schließt: »Die schwierigste Aufgabe wird es sein, die
10 000 Designer, die man braucht, zusammenzubringen und
auszubilden.«

In diesem Zusammenhang ist es erwähnenswert, daß von

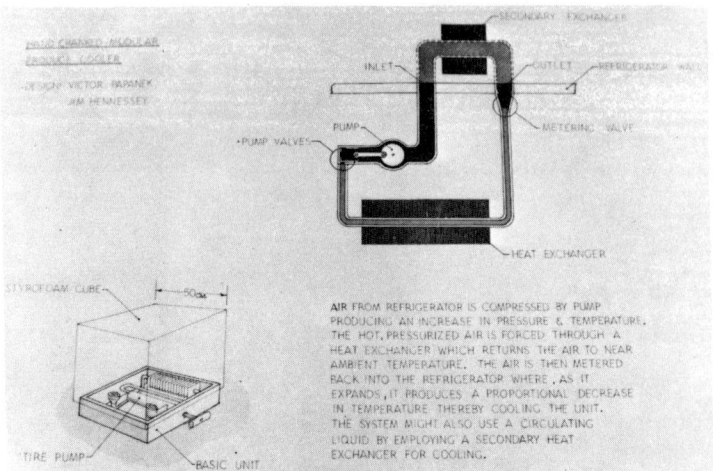

AIR FROM REFRIGERATOR IS COMPRESSED BY PUMP
PRODUCING AN INCREASE IN PRESSURE & TEMPERATURE.
THE HOT, PRESSURIZED AIR IS FORCED THROUGH A
HEAT EXCHANGER WHICH RETURNS THE AIR TO NEAR
AMBIENT TEMPERATURE. THE AIR IS THEN METERED
BACK INTO THE REFRIGERATOR WHERE, AS IT
EXPANDS, IT PRODUCES A PROPORTIONAL DECREASE
IN TEMPERATURE THEREBY COOLING THE UNIT.
THE SYSTEM MIGHT ALSO USE A CIRCULATING
LIQUID BY EMPLOYING A SECONDARY HEAT
EXCHANGER FOR COOLING.

66. Die Luft wird aus dem Kühlschrank in ein enges Rohr gepumpt, dabei komprimiert, die komprimierte Luft auf Normaltemperatur abgekühlt und zurück in den Kühlschrank geleitet, wo sie sich wieder ausdehnt und dadurch weiter abkühlt.

den 692 professionellen Mitgliedern der Industrial Designers Society of America (der *einzigen* beruflichen Designergruppe) nur 18 am Design landwirtschaftlicher Maschinen beteiligt sind. Von diesen produzieren 12 Minitraktoren und Luxusrasenmäher, mit denen die Reichen ihre Gärten maniküren. Nur 6 haben direkt mit landwirtschaftlichen Maschinen zu tun, aber auch sie befassen sich mehr mit der Gestaltung des Aussehens, Entwürfen von Firmenzeichen und anderen modischen Kleinigkeiten.

Das Transportwesen leistet dort am wenigsten, wo es am nötigsten gebraucht wird. In Indien liegen mehr als eine halbe Million Dörfer mehr als 7,5 km von einer Straße entfernt, und viele dieser Straßen sind bei schlechtem Wetter unpassierbar. Eine Alternative zu dem kostspieligen Bau eines Straßennetzes wäre die Entwicklung und Verteilung von Geländefahrzeugen, die aber nicht von Verbrennungsmotoren angetrieben werden dürften. (Die einzigen heute verfügbaren Gelände- und Allzweckfahrzeuge sind entweder dazu gedacht, Touristen und ihre Autos über den Ärmelkanal zu transportieren, oder sie werden von der Amerikanischen Armee benützt, um Menschen und Dörfer im Mekongdelta mit Napalmgranaten zu beschießen.)

Eines meiner Studenten-Teams ist gegenwärtig damit beschäftigt, den Prototyp eines preiswerten, batteriebetriebenen Schnee-Mobils zu entwickeln und zu bauen. Es ist speziell für die Bedürfnisse der Eskimos, Nordwestküsten-Indianer und Lappen bestimmt. Bevor wir mit der Planung begannen, erörterten wir das Projekt mit Vertretern der einschlägigen amerikanischen Industrie, die es als undurchführbar, töricht und überflüssig bezeichneten.

»Erziehung« ist der abschließende Teil des Kaiser-Reports. Die landwirtschaftliche Entwicklung eines Landes hängt direkt vom Niveauanstieg der Allgemeinbildung seiner Bevölkerung ab. In Entwicklungsländern gibt es Milliarden Analphabeten. Die Tatsache, daß es heute 20 Millionen Analphabeten *mehr* in diesen Ländern gibt als vor nur 5 Jahren, beweist die Unangemessenheit der Bildungsbemühungen. Mein eigenes billiges Transistorradio, das weiter vorn beschrieben und abgebildet wurde, ist ein Beispiel, wie ein kleines, etwas spielerisches Mittel zum Glied eines umfassenden Bildungssystems werden und dadurch über die ihm ursprünglich zugedachte Rolle hinauswachsen kann.

Auf keinem Lehrplan für zukünftige Designer steht das Fach: »Design für die Landwirtschaft«. Viel lieber befaßt man sich in konzertierter Aktion mit der Ausarbeitung fernab liegender Projekte. Im Frühjahr 1969 gestalteten sechs führende amerikanische Designschulen Wohn- und Arbeitsstätten für den Meeresgrund. Ein anderes Programm galt einem Vergnügungszentrum auf dem Mond. Die Publicity für diese Arbeiten war überwältigend. Sicherlich werden wir bald die Proteinschätze der Ozeane ausbeuten oder dort nach Erdöl und Bodenschätzen bohren müssen, auch Astronomie vom Mond aus kann bald aktuell werden. Aber die Notwendigkeiten des Tages haben unbedingten Vorrang. Freilich machen Projekte wie die beiden oben erwähnten mehr Spaß, sie erregen Aufsehen und das Establishment hat nichts dagegen, wenn die jungen Leute durch Science Fiction von der rauhen Wirklichkeit abgelenkt werden.

Der Sprung des Menschen zu den Sternen wie auch sein Leben unter dem Meer hängt weitgehend von den Umweltbedingungen ab, die wir hier und heute gestalten. Es ist etwas faul, wenn junge Menschen mit dem Leben auf einer Farm in den Südstaaten weniger vertraut sind als mit der Konstruktion eines Spielkasinos auf dem Mars. Und wir haben ihnen das Falsche beigebracht, wenn sie schließlich über den Wasserdruck in der Mindanao-Tiefe besser Bescheid wissen als über die Luftverschmutzung in Detroit.

11 DIE NEONTAFEL

Die Erziehung des Designers und der Aufbau integrierter Design-Teams

Den Jungen Lügen erzählen ist schlecht. Ihnen beweisen, daß Lügen wahr sind, ist schlecht. Die Jungen wissen, was du meinst. Die Jungen sind Menschen. Sag ihnen, die Schwierigkeiten sind unzählbar und zeig ihnen nicht nur, was sein wird, sondern, mit aller Deutlichkeit, diese Gegenwart.

Jewgenij Jewtuschenko

Erziehung für Designer beruht, wie jede andere Erziehung, auf dem Erlernen von Fertigkeiten und der Aneignung einer Philosophie. Mit beidem steht es in unseren Designschulen unglücklicherweise schlecht. Die Fertigkeiten, die wir lehren, gehören nur zu oft einem Zeitalter an, das eben zu Ende geht. Die Philosophie ist eine 1 : 1-Mischung aus jenem selbstbewußten Individualismus, der im Bohemedasein sein höchstes Ziel sieht und profit-orientiertem, brutalem Kommerzialismus. Die Methode, dies alles zu vermitteln, ist mindestens fünfzig Jahre alt.

1929 veröffentlichte der Albert-Langen-Verlag in München das Buch »Vom Material zur Architektur« von Laszlo Moholy-Nagy als Band 14 für das Bauhaus. Moholy-Nagy bemühte sich um neue Wege, junge Leute in die Wechselbeziehungen zwischen Technologie und Gestaltung, Gestaltung und Handwerk, Gestaltung und Kunst einzuführen. Die wichtigste Idee war, die Studenten direkt mit Werkzeugen, Maschinen und Materialien umgehen zu lassen. Aber die technische Entwicklung endete nicht mit der elektrischen Bandsäge, die 1919 in manchem Bauhaus-Keller stand. Erziehung auf diese Art Errungenschaften aufzubauen, heißt Datenverarbeitung, Computertechnologie, Fernsteuerungsmechanismen, Jetflugzeuge und Raumforschung zu ignorieren: in der Tat alles, was die Menschheit in diesem ihrem fruchtbarsten halben Jahrhundert erforscht und gebaut hat.

Als Moholy-Nagy das »New Bauhaus«, später Institut für Design, in Chicago gründete, wurde das Buch neu veröffentlicht (von Norton 1938) unter dem Titel »The New Vision«. Ein erweiterter und verschwenderisch illustrierter Neuaufguß derselben Sache erfolgte kurz nach Moholy-Nagys Tod (1947) unter dem Titel »Vision in Motion«. Und heute, beinah ein Vierteljahrhundert später, bildet dieser 1947er-Aufguß einer Übersetzung von 1938 eines Buches von 1929, das Gestaltungs-Experimente von 1919 beschreibt, immer noch das Lehrplanfundament fast aller europäischen und amerikanischen Designschulen. Dürfen wir uns darüber wundern, daß sich die Studenten langweilen? Daß sie der Ansicht sind, der Lehrbetrieb an den Universitäten hätte mit dem Leben nichts mehr zu tun? Ein Student, der im September 1971 eine Designschule oder -Universität bezieht, muß so erzogen werden, daß er in der Berufswelt von 1976 erfolgreich *anfangen* kann; den Gipfel seiner beruflichen Kompetenz wird er voraussichtlich im Jahr 1995 oder 2000 erreichen.

Lernen soll eine ekstatische Erfahrung sein, behauptet George B. Leonard in »Education and Ecstasy« (Erziehung durch Faszination, München 1971). Mindestens das Erlernen des Autofahrens ist ekstatisch, wie jeder Sechzehnjährige versichern wird. Autofahren erfordert eine fantastische Kombination von Muskelkoordination, physiologischen und psychologischen Fertigkeiten. Beobachten wir die Tausende von Menschen, die jeden Nachmittag gegen 5 Uhr den Los Angeles Freeway entlangfahren! Es ist eine *erlernte* Fertigkeit. Und wahrscheinlich ist es die höchst-strukturierte nicht-instinktive Tätigkeit, die diese Fahrer während ihres ganzen Lebens ausüben. Sie fahren glänzend; die Erklärung liegt in der Methode, wie sie fahren lernen. Denn lernen heißt sich ändern. Erziehung ist ein Prozeß, in dem die Umwelt den Lernenden und der Lernende die Umwelt ändert. Mit anderen Worten, sie stehen in *Wechselwirkung*. Der Fahrschüler und sein Wagen, das Straßensystem, andere Wagen, sein Lehrer sind in ein sich selbst regenerierendes System eingeschlossen, in dem jede leichte Vervollkommnung jeder geringfügigen Geschicklichkeit sofort belohnt und positiv verstärkt wird. Um auf George

B. Leonard (S. 39 in »Education and Ecstasy«) zurückzukommen:

»Keine Umwelt kann eine Person nachhaltig beeinflussen, wenn sie nicht kräftig zurückwirkt. Das heißt, die Umwelt muß reaktiv sein, sie muß im Lernenden einen für ihn bedeutsamen Rückkopplungsprozeß herbeiführen. Dieser muß den Lernenden treffen, *wo er ist,* und sich dann in angemessenen Schritten zur angemessenen Zeit gleichzeitig mit ihm ändern. Der Lernende lernt – das heißt, wird erzogen – durch seine Reaktionen auf Umweltreize.«

Unglücklicherweise machte man aus der Erziehung eine Methode, das zu propagieren, was gerade als »Wahrheit« anerkannt ist, den Status quo aufrechtzuerhalten und die moralischen Einstellungen, selbstzufriedenen Lebensstile und andere sakrosankte Werte der Alten zu konservieren.

Ein Zitat aus Nigel Calders Buch »The Environment Game«: »Wie wirst du mit einem zornigen Elefantenbullen fertig, wenn du nur einen geschärften Stein hast? Du weichst aus, schlüpfst hinter ihn und durchschneidest ihm die Sehnen an der Ferse. Wie lockst du eine Giraffe an, das furchtsamste aller Großtiere? Du überlistest sie mit ihrer Neugier für glänzende Dinge, indem du einen polierten Stein in ihrer Richtung blitzen läßt. Die Buschmänner verwendeten nach Laurens Van der Post Löwen als ›Jagdhunde‹, ließen sie Wild töten und ein wenig davon essen, bevor sie sie mit Feuer vertrieben. Franz Boas erzählt, wie Eskimos Rentiere beschleichen: zwei Mann gehen hintereinander, der eine bückt sich wie das Hinterende eines pantomimischen Pferdes, der andere hält den Bogen auf die Schultern, um ein Geweih zu imitieren, und grunzt wie ein Rentier. Der verachtete australische Eingeborene kann mit nur ein paar Holz- und Steingeräten leicht reisen und durch seine Kenntnis der Natur unbegrenzt in der großen Sandwüste leben. Wenn diese Echos unserer Vorgeschichte einmal in unsere aufgeklärten Köpfe eingedrungen sind, fangen die Saiten der Erregung, wo nicht des Neids, in uns zu schwingen an.«

Man hat uns beigebracht, den Ackerbau als Vorbedingung der Zivilisation zu betrachten. Soziales Leben, hieß es, könne sich erst entwickeln, wenn der Mensch von der täglichen Last des Fischens oder Jagens befreit sei. Neuerdings jedoch stellt man dieser Theorie die Ansicht gegenüber, daß die frühen zivilisierten Siedlungen mehr auf gut organisiertem Sammeln von Nahrung beruhten als auf Ackerbau. Die hoch strukturierten Sozietäten der amerikanischen Indianer und der Lachsesser Britisch Columbiens waren so gut mit Nahrung versehen, daß umfangreiche Siedlungen entstanden. Doch zurück zu Nigel Calder in »The Environment Game«:

»Der hauptsächliche Nachteil des Menschen als Jäger muß die Belastung durch seine Familie gewesen sein. Das menschliche Kind ist hilflos und wächst langsam heran, weshalb von Anfang an ein halbwegs seßhaftes, beschütztes häusliches Leben notwendig war. Frauen, die zu Hause die Kinder hüteten, während die Männer draußen jagten, konnten Künste wie Kochen, Kleidermachen und Töpferei entwickeln, mit neuen Nahrungsmitteln experimentieren und in ihren ›Gärten‹ die Grundtatsachen der pflanzlichen Vermehrung entdecken. Jacquetta Hawkes bemerkt, es sei verlockend anzunehmen, daß die frühesten neolithischen Gesellschaften der Frau den höchsten Status gegeben hätten, den sie je innehatte (Prehistory, UNESCO History of Mankind).«

In Wirklichkeit war es der Ackerbau, der den Menschen auf die verhängnisvolle schiefe Ebene der Spezialisierung stellte. Er, der bisher als Glied einer nicht-spezialisierten Jagdgruppe seine Umwelt durchstreift hatte, ließ sich zu geduldiger, Jahrtausende andauernder Bebauung des Bodens nieder. Anstatt aus einem Wechselspiel mit seiner Umwelt zu lernen, setzte er Äonen von Langeweile an dessen Stelle und glorifizierte Tradition zu Weisheit; es wurde eine Tugend, konservativ zu sein. Erst als sich in den Ackerbaugebieten menschliche Siedlungen bildeten, wurden Naturkatastrophen verhängnisvoll für die Sozialstruktur. Land wurde kostbar und Krieg ein Mittel der Staatskunst.

Wie Buckminster Fuller gesagt hat, ist jedes Lebewesen mehr spezialisiert als der Mensch. Die meisten Vögel können gut fliegen, aber schlecht laufen. Fische können gut schwimmen, aber nicht laufen und (gewöhnlich) nicht auf das Land kommen. Beide sind hochspezialisierte Lebensformen. Die menschliche Fähigkeit, aufzufassen, zu begreifen, Informationen zu nützen und noch nie dagewesene Aufgaben auszuführen, ist absolut einzigartig.

Millionen Jahre lang waren Umwelt, Unfälle und Raubtiere

die Lehrer des Menschen. Dann haben wir die »natürlichen Feinde« durch *Erzieher* ersetzt und versuchen von ihnen zu lernen. Den Menschen allzu brutal seiner natürlichen Erbschaft, der Nicht-Spezialisierung, zu entfremden, kann nur Brutalität zeitigen. Eben dies ist der größte Fehler der Schulen und Universitäten, daß sie den jungen Menschen in die sich immer mehr verengende Spezialisierung der Fachwissenschaften drängen. Die heutige revolutionäre Studentenbewegung ist eine intuitive Reaktion darauf.

Die moderne Technologie (Computer, Automation, Massenproduktion, Massenkommunikation, Verkehr bei hoher Geschwindigkeit) gibt der Menschheit eine Chance, zum Lernen in Wechselwirkung, zur gespannten Wachheit des frühen Jägers zurückzukehren. Hydrokultur, intensive Fischzucht, Proteinfabrikation und Wolkenkratzerfarmen werden im gleichen Sinn wirken. Die Erziehung kann noch einmal für eine Gesellschaft von Alleskönnern, mit anderen Worten: Designer-Planern, entscheidend werden. Wir betonten im ersten Kapitel, daß Designer vor allen anderen auf nicht-spezialisierter Basis arbeiten müssen; so ist es kein Wunder, daß die intuitiven Studentenrevolutionen gegen die Status-quo-Erziehung so oft von unseren Designschulen ausgehen. Denn der Designer formt die Umwelt, in der wir alle leben, die Werkzeuge, die wir alle benützen. Und die ungenießbaren Manifestationen schlechten Designs in unserer Gesellschaft können dem Design-Studenten nicht lange verborgen bleiben.

Die Hauptschwierigkeit der Designschulen scheint die zu sein, daß sie zu viel Design lehren und nicht genug Information über die soziale und politische Umwelt vermitteln, in der Design geschieht. Es ist unmöglich, etwas im luftleeren Raum zu lehren, am wenigsten ein System, das so fest mit den Grundbedürfnissen des Menschen verflochten ist, wie Design.

Diese Dichotomie zwischen der wirklichen Welt und der Welt der Schule hat man auf verschiedenen Wegen zu überbrücken versucht.

Seltsamerweise gibt es Schulen für Industrial Design in jeder Größe, Art und Geschmacksrichtung, in den Vereinigten Staaten allein 62. Die meisten sind so klein, daß das Programm vom Direktor aufgestellt wird. Unvermeidlich hat sich in jeder dieser Schulen ein gewisser Persönlichkeitskult entwickelt; das ist nicht immer gut, ermuntert aber zur Vielseitigkeit.

Unter der Smogglocke Chicagos gedeiht eine Schule, die sich mehr und mehr auf bessere Kommunikation zwischen dem Design-Student und einem Computer spezialisiert. Wie weit dieses Experiment zu einer besseren Kommunikation zwischen Designer und Benützer führt, bleibt abzuwarten. Die Renommierzeichnungen einiger kalifornischer Schulen, flott und sexy, eignen sich vielleicht für ein re-make im Jahre 2001. Und dann die vielen anderen Schulen, wo eifrige junge Männer und Frauen Balsaholz- und Gipsmodelle für so wichtige Gegenstände des täglichen Gebrauchs bauen, wie transistorisierte Rückenkratzer, elektrische Haarbürsten und elektronische Zweizweck-Klimaboxen, eine Hälfte feuchtet das Brot an, die andere hält Kekse und Cracker knusprig.

Daß medizinische Instrumente steril gehalten werden müssen, bedarf keiner Erwähnung. Aber daß medizinische Instrumente auch steril *aussehen* müssen, und daß Uhren, Toaster und Küchenwaagen die Gefühlswerte eines chirurgischen Sterilisationsapparats ausstrahlen sollten – dies glaubt man leider nicht nur an ein paar deutschen Schulen.

Die Studenten könnten ja einmal auf die Idee kommen, daß wir – weil es uns gelungen ist (auf nationaler Ebene), etwa 60 Millionen Indianer zu ermorden, zu vergewaltigen, zu quälen und auszurotten, weil die Nationen der Welt (auf internationaler Ebene) *allein während der letzten 54 Jahre* ungefähr 150 Millionen Menschen ermordet, verbrannt, atomisiert und verstümmelt haben, weil weitere 600 Millionen Männer, Frauen und Kinder, $1/6$ der Menschheit, innerhalb der nächsten 10 Jahre verhungern oder an leicht heilbaren Krankheiten sterben werden – *wir* (die Designer unserer Umwelt, unserer Werkzeuge und Produkte) irgendwie nicht auf dem Posten gewesen sind.

Aber die »verantwortlichen« Erwiderungen der Designer auf solche Vorwürfe bestehen, unter anderem, in einem Toilettensitz aus 14-karätigem Gold zu 3000 Dollar, einem Wand-zu-Wand-Badezimmerteppich aus Affenfell für 12 800 Dollar, und – zu guter Letzt – für den Sparsamen in der lebensgroßen aufblasbaren Plastikfrau zu 9,95, Luxusmodell zu 16,95 Dollar.

Ketzerische Peitschenhiebe in einer mit Stipendien überreichlich gesegneten Gesellschaft? Unsere Geistesgiganten, denken sie nicht über das Unausdenkbare nach? Produzieren wir nicht das feinste künstliche Gras? Und unsere Fiberglasfelsen, hohl, wegen der leichteren Beweglichkeit – erregen sie nicht den Neid der Freien Welt?

Wo steht also Design in der westlichen Welt heute? Wir wissen, daß die Zwillingsbegriffe »gestaltete Ästhetik« und »gestaltetes Veralten« in engster Beziehung zueinander stehen, und diese Verbindung wird sowohl in der Grundlagenforschung als auch im Fabrikationsprozeß sichtbar. Objekte werden gestaltet, hergestellt und gekauft in einer Vielzahl von Stilen. Ein barocker Kühlschrank oder ein Wolkenkratzer im frühamerikanischen Stil erscheint nur wenigen Verbrauchern oder auch Designern anachronistisch und läppisch. Auch innerhalb der Grenzen von »modern« und »zeitgenössisch« gibt es viele verschiedene stilistische Versuche. Die eindeutige Richtung der Vergangenheit hat einer regellosen, zufallsbestimmten Zersplitterung Platz gemacht.

Eine Ursache dieser Zersplitterung liegt in unseren ökonomischen Prozessen. Konsumgüter jeder Art, einschließlich Häuser, Wohnblocks und Motels, müssen fortwährend neu aussehen. Wir kaufen oder mieten nur, was modern ist oder wenigstens modern aussieht. Die Industrie, Hand in Hand mit der Werbung, lehrt uns, diese oberflächlichen Modernisierungen zu suchen, zu erkennen und schließlich zu fordern. Wirkliche Modernisierungen würden Neugestaltung oder Neubau bedeuten, was sich in unserem gegenwärtigen System der hohen Kosten wegen verbietet. Aber Oberflächen anders zu bemalen und Innenteile anders anzuordnen ist für ein von der Reklame verdummtes Laienpublikum genauso interessant und viel billiger.

So bleiben die lebenswichtigen Teile etwa eines Toasters durch Jahre hindurch unverändert, während Oberflächengestaltung, äußerer Zierat, Kontrollmechanismus sowie Farbe und Struktur der Haut jährlich geändert werden. Das ist auch dann so, wenn der Mechanismus keineswegs perfekt ist oder sogar größere Schwächen und Fehler hat (wie bei Autos, Motorbooten, Klimaanlagen, Kühlschränken oder Waschmaschinen). Automation tendiert ebenfalls dahin, regelmäßige Neu-Bewertungen der wirklichen Design-Probleme wegen ihrer Kostspieligkeit zu verbieten. Der Regionalplaner wurde zum Landschaftsgestalter, der Architekt zum Dekorateur und der

Designer zum Stilisten oder Kosmetiker. Mechanismus und Struktur werden dem zuständigen Fachingenieur überlassen. Dem Produkt fehlt jede zweckmäßige Einheitlichkeit.

Manchmal gelingt es auch dem Stilisten, eine assoziative Saite zum Klingen zu bringen; der Konsument hält dann an einem Produkt fest, anstatt es gegen die neueste Version auszutauschen (zum Beispiel der Mustang von 1961 oder der Porsche von 1954). Um auch diesen gelegentlichen Widerstand des Konsumenten zu brechen, haben wir Materialien erfunden, die häßlich altern. Strohdächer, hölzerne Möbel, Kupferkessel, Lederschürzen, Keramikschalen – alle diese Dinge altern mit Anmut. Sie bekommen kleine Kratzer und Kerben, bleichen aus und nehmen eine leichte Patina an; schließlich zerfallen sie wieder in ihre organischen Komponenten. Heute lehrt man uns, daß Altern eigentlich etwas Schlechtes ist. Wir tragen, benützen, freuen uns an Dingen nur, solange sie wie eben gekauft aussehen. Wenn sich der Plastikeimer unter dem Einfluß des Sonnenlichts verformt, wenn die Tischplatte aus falschem Walnußholz unter einer brennenden Zigarette schmilzt, werfen wir das anstößige Objekt, wie man es uns beigebracht hat, hinaus.

Die Trennung zwischen dem Mechanismus – der unverändert bleibt, weil man neue Ausgaben fürchtet – und der Hautoberfläche hat zu weiterer Spezialisierung und zu einer nur auf die äußere Erscheinung achtenden Ästhetik geführt. Die »Haut«-Designer (die Stilisten von Detroit) verachten die »Eingeweide«-Designer (die Ingenieure). Form und Funktion klaffen auseinander. Aber weder ein Lebewesen noch ein Kunstprodukt kann lange überleben, wenn Innen und Außen nicht übereinstimmen. Schließlich hält man das Studium grundlegender Design-Probleme für unzweckmäßig, weil enorme Anstrengungen nötig wären, um mit der rapide fortschreitenden Technologie Schritt zu halten. Das Wissen und die Sorgfalt, die das Produkt selbst verlangt, werden abgelenkt.

Eine solidere Design-Theorie sieht das Produkt (oder Werkzeug, Transportmittel, Gebäude) als lineares Verbindungsglied zwischen Mensch und Umwelt. In Wirklichkeit müssen wir den Menschen, seine Mittel, seine Umwelt, seine Weisen zu denken, zu planen, sich und seine Umgebung zu manipulieren, als nicht-lineares, gleichzeitiges, integriertes, umfassendes Ganzes betrachten.

Diesen Ansatz nennen wir *integriertes Design*. Es befaßt sich mit den spezifischen Dimensionen des Menschen, die ihm gestatten, Nichtspezialist, Alleskönner, zu bleiben. Solche Dimensionen existieren bereits, aber wenn wir die menschliche Umwelt zur psychophysischen Ganzheit menschlichen Wesens in Beziehung setzen wollen, müssen wir neue, modifizierte, wachsende Dimensionen auf mehreren neuen Ebenen entwickeln. Unser Ziel wäre, Funktion und Struktur aller Werkzeuge, Produkte, Behausungen und Siedlungen in Hinblick auf eine integrierte lebendige Umwelt neu zu planen und umzugestalten, eine Umwelt, die entsprechend den Bedürfnissen des Menschen wachsen, sich ändern, Mutationen erfahren, sich anpassen und regenerieren kann.

Alle Funktionen des Menschen – atmen, sich im Gleichgewicht halten, gehen, wahrnehmen, verbrauchen, Symbole schaffen, Gemeinschaft stiften – sind durchaus aufeinander bezogen und voneinander abhängig.

Integriertes Design wird sich mit *Einheit* beschäftigen. Diese schließt ein: Regions- und Städteplanung, Architektur (Innen- und Außen-), Industrial Design (einschließlich Systemanalyse, Transport und bionische Forschung), Produktdesign (einschließlich Kleidung), Verpackung und die vielen grafischen und filmischen Tricks, die man unter dem Oberbegriff »visuelle Gestaltung« subsumieren kann. Zwischen den einzelnen Gebieten bestehen zur Zeit Trennungslinien, aber der Wahnsinn dieser Einteilungen liegt klar zutage. Was ist, zum Beispiel, Architektur? Doch sicherlich mehr, als Bogen bauen können. Bautechnik, Bauspekulation, Abschluß von Verträgen, Innenausstattung, staatlich geförderter Sozialwohnungsbau, Landschaftspflege, regionale Planung, ländliche und städtische Soziologie, Skulptur, Industrial Design – das alles muß ein Architekt heute beherrschen. Kann man da noch von Architektur als einem gesonderten Fach sprechen?

Die »formale« Grammatik der Bautypen wurde während der letzten 50 Jahre fraglos stark erweitert. Nervi und Catalani zeigten uns neue Wege, mit vorgespannten und verstärkten Betonschalen zu arbeiten. Jim Fitzgibbon und Bucky Fuller gaben uns Synergetik, Geodäsie, das Dymaxion-Haus und die Kuppel. Von Bruce Goff und Herb Greene stammen vollständig neue Ideen über bodenständiges Bauen in den Vereinigten Staaten. Bill Katavolos und ich spielten mit Theorien, *Gebäude buchstäblich organisch wachsen zu lassen.* Aber nichts davon hat das Fach Architektur, was immer es sein mag, wirklich bereichert. Wir können zwar die Windstärken, denen Herb Greenes Präriehäuser standhalten müssen, genau berechnen und das Verhältnis von Kosten zu Gewicht bei einer Bucky Fuller-Kuppel bestimmen, aber wir haben uns bisher wenig oder nicht um die Frage gekümmert, in was für einer Art Behausung ein menschlicher Organismus optimal lebt, arbeitet, wirkt. Über die fundamentalsten Aspekte der Architektur weiß man viel zu wenig.

Eine Art Brown'scher Bewegung ist im Gange, durch alle die verschiedenen Design-Gebiete hindurch, und das ist, wie ich glaube, eine intuitive Reaktion auf die dynamischen Veränderungen der Zeit, ähnlich der intuitiven Unzufriedenheit und Rastlosigkeit der Studenten. Vielleicht wäre es vernünftiger zu sagen, daß innerhalb des integrierten Designs viele verschiedene Komplexitätsebenen bestehen. Diese könnten sich mit den Beziehungen zwischen menschlichen und strukturellen Faktoren in einem Material, oder einer Gruppe von Materialien, die zum Bau von Behausungen verwendet werden, befassen, oder mit den Wechselwirkungen zwischen einem Transportmittel, dem Straßennetz und der Landschaft.

Integriertes Design ist nicht eine Anzahl von Fertigkeiten, Techniken und mechanischen Prozessen, sondern sollte als eine Sequenz biologischer Funktionen betrachtet werden, die mehr gleichzeitig als hintereinander ablaufen. Man kann sich diese gleichzeitigen »Ereignisse« als anfängliche Befruchtung, Wachstum und Entwicklung, Vermehrung oder Nachahmung und Bewertung vorstellen, welch letztere zu Neu-Befruchtung oder Regeneration führen kann, wodurch der Rückkopplungskreis geschlossen wäre.

Integriertes Design (ein generell vereinheitlichtes Design-System) verlangt, daß wir durch sorgfältige Analyse feststellen, auf welche Komplexitätsebene das Problem gehört. Haben wir es z. B. mit einem Werkzeug zu tun, das neu gestaltet werden soll, oder mit einer Fabrikationsmethode, bei der dieses Werkzeug bis dahin gebraucht wurde, oder sollten wir das Produkt selbst im Hinblick auf seinen endgültigen Zweck neu überdenken?

Eine weitere Fragestellung, die mit der vorhergehenden unlösbar verknüpft ist, betrifft die historische Perspektive des

67. Modelle für Hifi-Lautsprecher auf der Grundlage des Dodekaeders. »Ideale« Tonkegel folgen den Ebenen, die auf die Kanten des
Dodekaeders aufgesetzt sind. Der Entwurf verwendet 12 Lautsprecher
zu je 93 Cent; zwei Lautsprecher-Ensembles entsprechen einer Stereo-
Anlage, die zehnmal soviel kostet. Entwurf des Autors.

Falls. Alles, was wir gestalten, ist eine Erweiterung des
menschlichen Wesens, meist in Richtung auf größere Spezialisierung hin. Ein Hi-Fi-System kann mit assoziativen Werten
überladen sein und eine Menge Status symbolisieren, aber
grundsätzlich ist es eine Erweiterung des menschlichen Ohrs.

Wie wir in unserem sechsseitigen Funktionskomplex (Kapitel eins) gesehen haben, muß Design immer einem menschlichen Bedürfnis entsprechen. Die Geschichte der Bedürfnisse, deren Befriedigung der Mensch mehr oder weniger dringend wünschte, und die Art, wie man ihnen gerecht wurde, sind wichtig für das Verständnis und die Inangriffnahme neuer Produkte und Systeme, die denselben Bedürfnissen abhelfen sollen. Mit fortschreitender Kultur werden die Bedürfnisse neu überprüft und arrangiert. Wenn also die menschlichen, historischen Koordinaten einer Idee bekannt sind, kann man durch Anwendung gewisser Grundsätze herausfinden, mit welcher besonderen Phase der Idee man es zu tun hat.

Eine andere Überlegung betrifft die Humanfaktoren. Wenn wir annehmen, Design sei stets eine Erweiterung des Menschen (gut oder schlecht), dann wird die Relevanz menschlicher Werte deutlich. Jedes Design ist aus dieser Perspektive eine organische Substitution oder ein Implantat, wie ein transplantiertes Herz oder eine Handprothese; als solche muß es erkennbar und brauchbar sein nicht nur für die sogenannten »fünf Sinne«, sondern auch für die inneren Sinne, sowohl psychologisch als kinästhetisch. Weiterhin müssen wir die Künstlichkeit dieser Scheidung zwischen äußeren Wahrnehmungen und inneren Reaktionen beim Menschen beachten, da sie einheitliche Studien der Humanfaktoren schwer beeinträchtigt.

Jedes Problem muß in seinem sozialen Zusammenhang gesehen werden. Wir haben die Vorstellung erörtert, unser industrielles System und die Automation (beide im Sinn dieses Buches äußerste Erweiterungen des Menschen) würden das Ergebnis haben, daß alles, was wir für notwendig halten, allen Menschen mühelos, jederzeit, überall zur Verfügung stünde. Aber in dem Maß, wie sich unsere Lebensgewohnheiten (und das, was wir jetzt unsere Bedürfnisse nennen) ändern, stellt sich heraus, daß die höchsten Konsumwerte nicht mehr »Verfügbarkeit« und »Mühelosigkeit« sind. Auf längere Sicht gesehen sind unsere Versuche, unterschiedslos jede Handarbeit zu mechanisieren und dann zu automatisieren, wahrscheinlich falsch. Es ist unser chronischer Fehler, Mittel und Zweck zu trennen; so mechanisierten wir, was Handarbeit hätte bleiben sollen, und automatisierten, was besser durch ein ganz anderes System ersetzt worden wäre. Ein gutes Beispiel für auf diese Weise vergeudete Energie ist die automatische Gangschaltung.

Der tatsächliche Energieaufwand des Fahrers beim Schalten ist unvergleichbar geringer als die zur Fabrikation der Automatik aufgewendete Energie, ganz zu schweigen von der Energie, die erforderlich ist, die Fabrik und das Auto mit den zusätzlichen Rohmaterialien und Arbeitsstunden zu versehen.

Andere soziale Überlegungen gelten sozialen Gruppen, Klassen und Gesellschaften. Viele Gegenstände sind daraufhin zu untersuchen, wie weit sie Klassensysteme und sozialen Status zementieren. Da die Methoden sozialer Klassifikation, Schichtung und Identität mehr und mehr zusammenbrechen, besteht ein aufnahmefähiger Markt gerade für solche Produkte, die sozialen Ehrgeiz und Statusstreben ausdrücken.

Kassettentonbandgeräte gibt es in nahezu 40 Modellen, beinahe identisch in Größe und Gewicht, mit fast identischen »Eingeweiden«, aber in Preislagen von 22.95 bis 149.50 Dollar. Die Stilisten-Designer tragen ihr Teil dazu bei, die bestehenden Unterschiede zwischen verschiedenen Einkommensschichten aufrechtzuerhalten. Wenn man alles heute vorhandene Wissen über Kassettentonbandgeräte zusammenfaßte und nur *einen* optimalen Typ herstellte, könnte man die Kosten bis zu einem Einzelpreis von etwa 9 Dollar senken und eine ganze Anzahl wichtiger Neuerungen einführen: Zeitschriften könnten »publiziert«, Briefe »geschrieben«, Bildung vermittelt werden – alles auf Tonbändern, die für jedermann erschwinglich wären.

Ein Gegenbeispiel sind die schwedischen *trätofflor*, Slipper aus Leder und Holz. Diese Fußbekleidung kann zu Hause und

68. *Trätofflor,* wie sie in Ängelholm, Schweden, hergestellt werden. Ein schönes Beispiel für vernünftiges, volkstümliches Design.

zur Freizeitkleidung auf der Straße getragen werden. In Schweden kostet das Paar ca. 4 Dollar. Das Oberteil besteht aus Rindsleder, das Unterteil aus Holz, die Sohle aus Gummi. Die Schuhe sind orthopädisch empfehlenswert und bequem. Sie haben eine Lebensdauer von wenigstens 4 Jahren, können bei jedem Wetter getragen werden und sind bei allen Sozial- und Einkommensklassen beliebt.

Der philosophische und moralische Bankrott der Universitäten und Designschulen geht zum Teil auf den ständig stärker werdenden Trend zurück, die Studenten zu engen, »vertikalen« Spezialisten auszubilden, während in Wirklichkeit vielseitige, »horizontale« Generalisten oder Synthetiker gebraucht werden. Fast alles im Universitätsmilieu von heute läuft einer Erziehung zu genereller Synthese zuwider. Die vorausgesetzten Lehrgänge, die unterstützenden Lehrgänge, die »Pflicht-Wahlfächer«, die Domänen der Dekane und Professoren, deren eigene Interessen unterschwellig mitspielen, all das macht Ausbildung für eine breitere Zukunft fast unmöglich. George B. Leonard und ich stimmen, wie es scheint, in dem Gefühl überein, daß das meiste, was heute unter »Ausbildung« läuft, in Wirklichkeit ein »Verbrechen gegen die Menschlichkeit« ist, wie es im Nürnberger Prozeß 1945 definiert wurde. Die meisten Erzieher könnten deswegen in mindestens 6 der 10 Punkte mit Gefängnis bestraft werden: wegen Experimentierens mit Menschen – ohne ihr Einverständnis, ohne ihr Recht, das Experiment zu beenden oder die Bedingungen zu ändern –, wegen Quälerei usw. Es muß den jungen Leuten von heute hoch angerechnet werden, daß sie den Braten gerochen haben und Änderungen verlangen.

Ideal wäre es, wenn sich Gruppen junger Leute verschiedenen Alters zusammentäten, um sich mit Design zu beschäftigen. Das würde bedeuten, miteinander zu lernen und zu studieren, zu belehren und sich belehren zu lassen, zu experimentieren, zu forschen und zu diskutieren, und mit Leuten aus Fachgebieten zusammenzuarbeiten, die im allgemeinen nicht unter der Rubrik »Design« geführt werden.

Aber überlegen wir lieber, was jetzt gleich und in unmittelbarer Zukunft getan werden kann.

Als ich an der Purdue Universität einen 5-Jahreslehrplan für Studienanfänger in Industrial- und Umweltdesign zusammenstellte, sorgte ich dafür, daß das Studienprogramm jedes Studenten möglichst frei und breit war. Wir versuchten, die falschen Trennungslinien zwischen den verschiedenen Spezialgebieten, wie visuelles Design, Innengestaltung, Industrial Design usw. abzuschaffen. Teil dieser Bemühungen waren Übungen in den Kommunikations- und Ausdrucksmitteln des 20. Jahrhunderts, wie Computerwissenschaften, Fotografie, Kinetik, Kybernetik, Elektronik und Filmen. Zusätzlich zur Erforschung verbaler, visueller und technologischer Methoden der Informationsübermittlung wurden die Studenten aufgefordert, sich in anderen Fächern umzusehen, die für integriertes, umfassendes Design von Wichtigkeit sind. So befaßten sie sich eingehend mit Soziologie, Anthropologie, Psychologie (Wahrnehmung, Humanfaktoren, Ergonomik) und allen Verhaltenswissenschaften. Weil sowohl menschliche Individuen als auch soziale Gruppen biologische Funktionseinheiten sind, mußten die sogenannten Wissenschaften vom Leben die Grundlage des Studiums von Systemen, Formen, Strukturen und Prozessen bilden. Daher wurde das Studium der Chemie, Physik, Statik und Dynamik mehr als ergänzt durch Arbeit in strukturaler Biologie, Ökologie und Ethologie. Dies führte zu Lehrgängen in theoretischer und angewandter Bionik und Biomechanik (vgl. Kapitel neun). Schließlich hatten die Studienanfänger beinahe ein Drittel aller zur Verfügung stehenden Zeit frei für Wahlfächer.

Es ist ungünstig, daß fast alle Schulen oder Departements für Design in den Vereinigten Staaten eine Zwischenprüfung in demselben Fach verlangen, in dem der Student seine Abschlußprüfung ablegen will. Wir gingen einen anderen Weg, weil wir fest davon überzeugt sind, daß die echten Bedürfnisse nach Design durch interdisziplinäre Teams bewältigt werden müssen. Wir verlangten daher von den älteren Semestern kein mehrjähriges Vorstudium in Industrial Design, Architektur oder einem anderen Design-Fach, sondern holten uns lieber junge Leute aus den Verhaltenswissenschaften.

Ich gehe von der in heutigen Erziehungskreisen als revolutionär betrachteten Annahme aus, daß meine Studenten zu mir kommen, weil sie Design studieren wollen. Aus diesem Grund müssen wir die populäre Meinung zurückweisen, die Rolle des Professors sei wesentlich autoritativ und disziplinär, und der Lehrer solle ein Aushilfspolizist sein. Die Studenten haben die Freiheit, nach ihrem Belieben zu kommen und zu gehen, ihre

Anwesenheit wird nie notiert. Zensuren – eine mechanische Methode zur Bestimmung der relativen Tüchtigkeit des einzelnen Studenten innerhalb der Gruppe – wenden wir nie in diesem Sinn an. Studenten, deren Fähigkeiten eindeutig überlegen sind, werden aufgefordert, ganze Semester oder auch Schuljahre zu überspringen.

Wer es schwierig findet, im Design sinnvoll zu arbeiten, bekommt den Rat, es mit anderen Fächern oder einer anderen Schule zu versuchen. Diese Befreiung des Professors von disziplinären Aufgaben nimmt der amerikanischen Erziehung einen ihrer schädlichsten und destruktivsten Nebeneffekte: Wettbewerb und Aggression. Es ist klar, weshalb diese beiden Triebe in unserem Erziehungssystem ermutigt werden: ohne sie würde unsere auf Profit aufgebaute Wirtschaft zu Fall kommen. Jeder Student sollte die Note 1 für die Arbeit des Semesters verlangen können, *bevor* das Semester beginnt. Der Verzicht auf Zensuren erfüllt einen doppelten Zweck: erstens macht er den Bankrott des Wettbewerbdenkens an den Universitäten klar; zweitens befreit er den Studenten vom Examensdruck, der manchmal zum Selbstmord führt. *Statt dessen ist der Student aktiv an seinen Fortschritten beteiligt, er wird von seiner Umwelt verändert und verändert umgekehrt sie.*

Der heutige Student, in der Ära des Fernsehens und der elektronischen Information geboren, bringt viele Fertigkeiten schon auf die Schule mit. Auf manchen Gebieten besitzt er notwendigerweise neuere, genauere oder wichtigere Informationen als seine Lehrer. Eine Klasse aus 10 Studenten und einem Lehrer ist deshalb eigentlich eine Gruppe von 11 Lehrern oder 11 Forschern, deren verschiedene Erfahrungen sich gegenseitig ergänzen. Wir ermutigen die Studenten, sich untereinander zu belehren. Wenn wir glücklicherweise einen Studenten hatten, der in der Elektronikindustrie gearbeitet hatte, oder einen, der hervorragend zeichnete, baten wir ihn, den betreffenden Unterricht zu übernehmen. Es ist inzwischen ganz deutlich geworden, daß es Hauptaufgabe der Schule ist, von den Studenten zu lernen und verändert zu werden. Ho Ching-chi schrieb in der Einleitung zu seinem Werk »The White-Haired Girl«: »Das Volk ist unser Lehrer, es hat uns gesagt, was für eine Arbeit getan werden muß. Es ist unser verläßlichster Richter, unser autorisierter Kritiker.« (Peking 1954)

Studenten der Oberklassen müssen das Recht haben, darüber

abzustimmen, wer lehren soll. In meiner Schule helfen sie uns, den ständig wechselnden Lehrplan zu schreiben, und häufig regen sie gänzlich neue Lehrgänge an, die ihrer Meinung nach nötig sind. Um Erfahrungen mit verschiedenen Arbeitsbedingungen zu machen, arbeiten die Studenten nicht nur an individuellen Projekten, sondern häufig auch in Zweierteams; oft bilden wir größere Teams aus Studenten und Professoren verschiedener Fächer. Die zu lösenden Probleme variieren zeitlich von 2 Stunden-Übungen bis zu Aufgaben, die Tage und Monate dauern. Ein größeres Team arbeitet vielleicht an einem schwierigen Fall ein ganzes Jahr. Da jeder Student, um den Sinn integrierten, umfassenden Designs zu begreifen, jedes gegebene Problem gründlich auf seinen sozialen und humanitären Gehalt hin analysieren muß, hat er das Recht, die Mitarbeit an einer bestimmten Aufgabe zu verweigern, um dafür eine andere, selbstgewählte, zu lösen. Die Studenten können auch Einwände gegen Themen erheben, die von der ganzen Klasse behandelt werden sollen. Solche Meinungsverschiedenheiten werden in freier und offener Diskussion ausgetragen; von Zeit zu Zeit werden Problemstellungen als Ergebnis dieser Diskussionen geändert oder abgesetzt.

Ich lege den Studenten auch nahe, zu reisen und in verschiedenen Berufen zu arbeiten – nicht nur in solchen, die mit Design zu tun haben. Sie sollen in Büros, in der Industrie, in Fabriken oder in der Landwirtschaft tätig sein. Ein derartiges Praktikum ist in den Sommerferien Pflicht.

Wie erwähnt, ist die Erfahrung, als Glied eines interdisziplinären Teams zu arbeiten, sehr wesentlich. Dies zu lehren ist wahrscheinlich die schwierigste Aufgabe. Man hat an die jungen Designer immer wieder das Bild vom einsamen, ringenden Genie, vom individuellen Kämpfer, verkauft. Die Wirklichkeit ist anders. Die meisten praktizierenden Designer sind heute Teil eines Teams, ob sie nun wollen oder nicht. Vielleicht klammern sie sich verzweifelt an die beruhigende Selbsttäuschung, daß sie allein arbeiten, aber tatsächlich tun sie das nicht. Ein typisches kommerzielles Unternehmen besteht heute aus dem oberen Managerstab, Experten für Markt- und Motivforschung, Werbungsfachleuten, Produktionsingenieuren und häufig noch Verbraucherpsychologen. Von diesen Personen sind einige bevollmächtigt, Entscheidungen zu treffen, andere arbeiten als Berater, wieder andere können in großem

Umfang Vorschläge machen. Der Designer ist vielfach nur eine Art Wurmfortsatz der Verkaufs- und Werbungsbrigade.

Auch integriertes Design braucht Spezialisten – Spezialisten aus Fächern, die sich nicht am privaten Gewinn orientieren, sondern den Menschen und seine Umwelt in den Mittelpunkt stellen. Ein solches Team könnte aus dem Designer, einem Anthropologen, einem Soziologen und mehreren Ingenieuren der einschlägigen Fachrichtungen bestehen. Ein Biologe, oder mindestens jemand, der etwas von Bionik und Biomechanik versteht, sowie medizinische und psychologische Berater würden das Team vervollständigen. Schließlich müssen auch die Menschen, für die das Team arbeitet, im Team selbst vertreten sein.

Das hier beschriebene Team ist nicht in jedem Fall ideal; in speziellen Fällen kann die Teilnahme ganz anderer Wissenschaftler angezeigt sein. Abgesehen von seiner sozial fortschrittlichen Orientierung (verglichen mit dem vorher erwähnten kommerziellen Team), enthält ein solches Team keine Manager als Beschlußfasser und Berater, die im Designer grundsätzlich eine bessere Art Laufburschen sehen. Es ist eine freie Gruppe gleichberechtigter Fachleute, deren einzige Aufgabe das Planen ist. Sie soll nicht nur Probleme *lösen*, sondern auch nach Problemen, die eine Lösung erheischen, suchen, sie isolieren und identifizieren.

Auf diesem letzten Gebiet, der Erkennung, Isolierung und Identifizierung von Problemen versagen die Schulen durchweg in beklagenswerter Weise. Oft vermitteln sie dem Studenten hier überhaupt keine Übung. In den meisten Lernsituationen verlangt man von den Studenten die Aufstellung von Projekten. Man legt ihnen einen Sonderfall vor und erwartet, daß sie nach bestimmter Zeit eine Antwort ausgearbeitet haben. Es kann sich um einen Keramikteetopf, einen Stuhl oder einen Cityplan für das Chicagoer Ghetto handeln – immer wieder werden sie mit einem Sonderfall konfrontiert, und gerade *so* geht's im Leben nicht. Auch wenn alle angedeuteten Aufgaben sozial relevant wären, bliebe doch die Lernerfahrung des Studenten über »Allgemeinfälle« gleich Null. Der menschliche Geist schreitet, wie auch die menschlichen Probleme, beständig vom Allgemeinen zum Speziellen fort und kehrt dann verbreitert wieder zum Allgemeinen zurück. Das Pendel schwingt unaufhörlich zwischen Generalisierung und Spezialisierung hin und her.

69. Stuhl für leichte Fertigung durch Heimindustrie in den Südlichen
Appalachen. Entwurf des Autors.

Man kann bestimmen, ob ein Problem ein Sonder- oder ein
Allgemeinfall ist. Wichtig ist die funktionale Verarbeitung der
Idee durch den Studenten, Designer, das Team oder die Klasse,
sowie ihr Verständnis dieser Verarbeitung und ihre Verbindung
mit anderen ähnlichen Vorgängen. Einige Beispiele werden genügen. Ein Problem wird als »Sonderfall« bezeichnet, z. B.:
Gestalte einen Stuhl! Der Student wird dann, von diesem Sonderfall ausgehend, zum Allgemeinfall »Stuhl« fortschreiten. Er
wird verschiedene Gestaltungsmöglichkeiten erwägen und von
diesen aus eine Anzahl sogenannter »sets« entwickeln, d. h.
verschiedene Richtungen, in denen das Problem gelöst werden
kann. Einige dieser »sets«, die der Student im Allgemeinfall
entdecken kann, sind: ein wegwerfbarer Stuhl, ein Stuhl für
Leute mit Rückenverletzungen, ein Stuhl für Kinder in Primär-

70. Kerzenhalter für Heimindustrie in den Südlichen Appalachen. Dort werden auch die Kerzen hergestellt. Entwurf des Autors.

schulen, eine Sitzgelegenheit für ein Boot, ein Stuhl für eine bestimmte Tätigkeit, z. B. Spiel in einem Streichquartett, ein »Spaßstuhl«, der bestimmte Gruppen anspricht, usw. Der Student wählt nun seinen bestimmten »set« aus dem Allgemeinfall aus und arbeitet auf seine Sonderfall-Lösung hin. Dies zeigt schematisch Diagramm A.

Die Aufstellung eines »Allgemeinfall«-Problems könnte sein: Entwirf etwas, womit unterentwickelten Ländern geholfen werden kann! Der Student muß nun aus verschiedenen Quellen und Wissenschaften Informationen einholen. Durch sie kommt er vielleicht schließlich zu dem Sonderfall-Konzept: Fahrrad-ähnlich betriebene Energiequelle. Aber bei der Entwicklung dieses Konzepts stößt er unvermeidlich auf viele Abzweigungen und Nebeneffekte, die ihn zu neuen Allgemeinfall-Lösungen und Anwendungen führen. (Gerade dieser Problemtyp wird in der Schule fast nie behandelt.) Dieser Prozeß wird von Diagramm B veranschaulicht. Es ist klar, daß bei jedem Gestaltungsproblem für ein Team das Strömungsdiagramm dem Diagramm B entspricht. Viele Studenten sammeln Allgemeinfall-Information zu einem Paket, das unter dem

Stichwort »Sonderfall« gemeinschaftlich geteilt wird. Von da aus ergeben sich, fächerförmig, weitere Allgemeinfall-Lösungen.

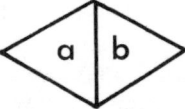

71. DIAGRAMM A: Ein Design-»Ereignis«; Sonderfall zu Allgemeinfall zu Sonderfall.

72. DIAGRAMM B: Ein Design-»Ereignis«; Allgemeinfall zu Sonderfall zu Allgemeinfall. (Teamproblem).

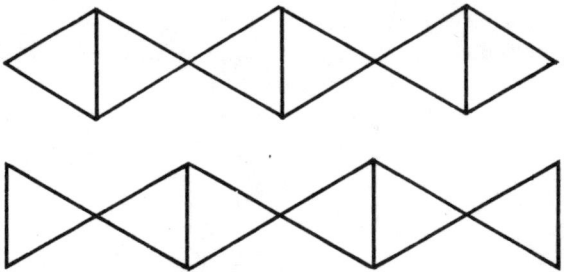

73. DIAGRAMM C: Eine Reihe von Design-»Ereignissen«, die ihrem Wesen nach zyklisch sind.

Zweckmäßigerweise machen wir uns klar, daß Diagramm A und B als Einzelglieder fortlaufender zyklischer Ketten gedacht werden können, wie in Diagramm C. In Diagramm D wird gezeigt, wie beide »Ereignisse« ineinandergreifen.

Eine Reihe denkbarer Design-»Ereignisse« (A und B) ergeben ein allseitiges, 2dimensionales Netz gleichseitiger Dreiecke, wie in Diagramm E. Wenn wir die schematische Funktion dieses Diagramms untersuchen, finden wir, daß der Designer oder Student mit einem Allgemeinfall-Input bei 1 beginnen kann. Er kommt bei 2 zum Sonderfall und hofft bei 3 eine Lösung zu finden. Doch ist 2 ein Kreuzungspunkt für mindestens 6 verschiedene Disziplinen, und er gelangt vielleicht zu den Allgemein-

oder Sonderfallpunkten 4, 5, 6, 7, 8 oder n. Diagramm E ist also die schematische Darstellung einer Reihe ineinandergreifender »Ereignisse«, von denen jedes durch eine Strömungstabelle repräsentiert werden kann, wobei auf jeder Strömungstabelle der »set« der jeweils beteiligten Wissenschaft erscheint.

Nun wollen wir die Strömung eines realen Design-Problems durch unser Schema verfolgen (Diagramm F). Bei 1 (Dreieck a) betritt der Designer das Feld mit dem Sonderfall-Problem: entwirft einen Stuhl. Dreieck a stellt die normale Phase des Datensammelns dar; diese bringt ihn nach 2, der generalisierenden Sammlung seiner Ideen. Hier handelt er noch unabhängig als Designer. Sich selbst überlassen, würde er in 3 mit einem preisgünstigen Schreibtischstuhl für Sekretärinnen herauskommen. Immer noch sich selbst überlassen, könnte er nun, immer noch bei 3, mit seinem nächsten Fall, einem anderen Stuhl, Gerät oder dgl., beginnen. (Die ungestörte Tätigkeit eines typischen Designer-Spezialisten von heute kann tatsächlich als zyklische Achse a, b, c, d, e, etc. gelesen werden.) Aber unser Freund ist kein Spezialist, sondern Mitglied eines inter-

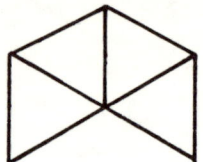

74.   DIAGRAMM D: Das Ineinandergreifen von Design-»Ereignissen« (ein Zyklus).

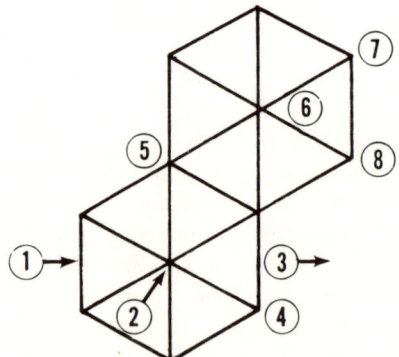

75.   DIAGRAMM E: Das flächenfüllende Netz verschiedener Design-»Erzeugnisse«.

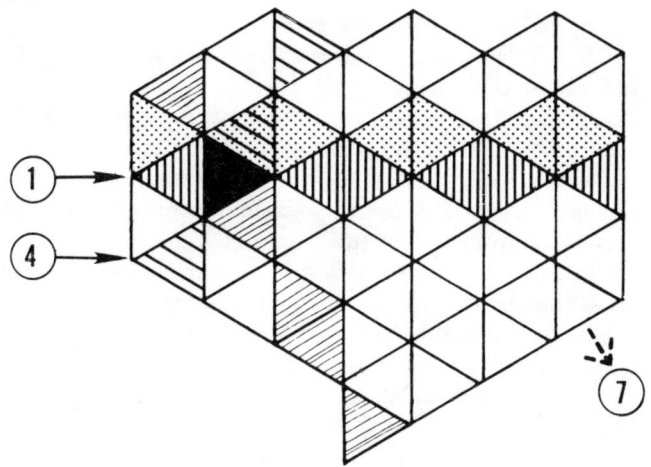

76. DIAGRAMM F: Schematische Darstellung des Verhaltens eines interdisziplinären Teams. Nur ein kleiner Ausschnitt des hexagonalen Netzes ist dargestellt.

Design-Problem: Eine Sitzeinheit für Sekretärinnen ist zu entwerfen.

 Zyklischer Weg des Designers, wenn er von den Vertretern der anderen Wissenschaften nicht abgelenkt wird (Dreiecke a, b, c, d, e etc.)

 Zyklischer Weg des Arztes: die Behandlung von Berufskrankheiten (Dreiecke u, v, w, x, y, z)

 Zyklischer Weg des Soziologen: Arbeitsgewohnheiten und Haltungen der Sekretärinnen im Büro (Dreiecke p, q, r, s)

 Zyklischer Weg der Klientengruppe (Dreiecke g, h, i, j, k): In diesem Fall handelt es sich um Sekretärinnen bei der Arbeit.

 Überschneidung der unterschiedlichen Wege der Einzeldisziplinen.

 Zyklische Wege anderer Gruppen, die mit diesem speziellen Problem nichts zu tun haben.

1: Eingangspunkt des Designers.

4: Konfrontation des Designers mit dem Soziologen (dicht bei dessen Eintrittspunkt) und Absprache mit dem Vertreter einer anderen Disziplin, etwa dem Ingenieur.

7: Einer von vielen möglichen, nicht voraussagbaren Zielpunkten des Teams.

239

disziplinären Teams. Wenn er 2 erreicht, steht er nicht nur bei den Allgemeinfall-Daten, sondern auch am Schnittpunkt vieler anderer Gedankenlinien. Hier steuert vielleicht der Arzt Information über Sitzhaltungen bei (normalerweise würde sich die zyklische Achse des Arztes gegen Dreieck w wie auch gegen x, y, z fortsetzen – die Behandlung von Berufskrankheiten). In 2 treffen auch die Beiträge des Soziologen (Achse: p, q, r, s) und einiger Sekretärinnen als Repräsentanten der Klientengruppe ein (Achse: g, h, i, j). Unser Designer kommt vielleicht durch die Zusammenarbeit mit den anderen Mitgliedern des Teams bei 7 heraus (Dreieck m), was die Gestaltung eines kommunikativen Systems symbolisieren könnte, das Sekretärinnen gestattet, zu Hause zu arbeiten.

Wie schon früher erörtert, ist es zum Verständnis aller Verzweigungen integrierten, umfassenden Designs notwendig, alle Parameter, die für den Designprozeß wichtig sind, klar zu erfassen. Da so viele Faktoren und Variable beteiligt sind – mehr als man im Gedächtnis behalten kann – halte ich die *Externalisation* mittels einer Strömungstabelle für die einfachste Lösung. Eine Strömungskarte, wie meine Studenten und ich sie benützen, ist gewöhnlich eine große Rolle braunen Packpapiers, die an eine Wand geheftet wird. Auf ihr sind alle die verschiedenen Aspekte verzeichnet, die für die Analyse des Entwurfs Gewicht haben.

Wir konstruierten kürzlich eine derartige Tabelle während der ersten Designstadien eines Spielplatzes für eine Slumgegend. Einige Faktoren, die auf der Tabelle erschienen, waren: psychologische und physiologische Bedürfnisse nach Zusammensein und Spiel mit anderen Kindern verschiedenen Alters. Gruppenbildung. Notwendiges Aufsichtspersonal. Art der zu entwerfenden und zu bauenden Spielgeräte. Erforderlicher Geldbetrag. Mögliche Geldgeber. Material für Spielgeräte; Eigenschaften dieses Materials a. bei extremer Beanspruchung, b. bei Frost, Eis, Schnee, Stürmen und schweren Regenfällen, c. bei Gebrauch über eine Periode von 5–15 Jahren, d. Gefahr des Schneidens, Splitterns, Verdrehens oder Brechens während der Benützung durch ein Kind, e. toxische Eigenschaften verschiedener Materialien und Farbstoffe, f. perzeptuelle und psychologische Reaktionen der Kinder verschiedener Altersstufen auf Farben, g. relative Leichtigkeit der Pflege, Unterhaltung, Reparatur und des Ersatzes für die Geräte. Wir berücksichtigten auch Fragen über die Lage des Spielplatzes innerhalb der Nachbarschaft mit etwa folgenden Determinanten: Lage der Eingänge hinsichtlich der Hauptverkehrsadern; Zahl der von den Kindern zu überquerenden Straßen; Beleuchtung des Spielplatzes bei Nacht; Lage hinsichtlich von Heimen und anderen Nachbarschaftszentren wie Kinderkrippen, Kindergärten, Horte.

Wir verzeichneten ferner mögliche Hilfseinrichtungen wie Toiletten, Trinkbrunnen, Swimmingpool, Planschbecken, Telefonzellen, Erste Hilfe-Ausrüstung, Regenschutz, Bänke für Ältere, Gartengestaltung (Rasen, Büsche, Bäume, Blumen). Wir vermerkten Möglichkeiten anderweitiger Nutzung des Platzes, etwa für Freiluftkonzerte, Filmvorführungen, Straßentheater für ältere Leute, Geschichtenerzählen und offene Singstunden für Kinder, Tanzabende oder Sportveranstaltungen für Teenager. Auch klimatische Überlegungen wurden nötig. Konnte man Teile des Spielplatzes überfluten, um Schlittschuhlauf im Winter zu ermöglichen? Konnten einige der von Bulldozern zu schaffenden Hügel für Schlitten- oder Skisport genutzt werden? Wie müßte die Dränage bei Wolkenbrüchen vor sich gehen, oder bei Beendigung des Dauerfrostes im Frühling? Das sind nur einige wenige Fragen, die wir uns auf unserer Strömungstabelle stellten.

Die Strömungstabelle funktioniert ganz einfach. Wir schrieben alle Parameter, die uns einfielen, auf, und setzten jeden unter die Klassifikation, die uns die sinnvollste für ihn zu sein schien. Unter »Tätigkeiten« schrieben wir z. B.: klettern, springen, laufen, rutschen, sich unterhalten und vieles mehr. Nachdem alles aufgeschrieben war, begannen wir *Beziehungen* zu registrieren, wo wir vorher keine gesehen hatten. Zum Beispiel vermerkten wir unter »Material« Segeltuch. Seine Eigenschaften sind, wenn es gestreckt und wie eine Membran gestützt wird, Spannkraft und elastische Weichheit. Dies konnten wir in direkte Beziehung bringen zu »springen«; ein trampolinähnliches Spielgerät bot sich an. Eine der wichtigsten Aufgaben einer Strömungstabelle ist, daß sie ermöglicht, neue Beziehungen oder Verkettungen direkt von der Wand abzulesen, und daß Lösungen – oder Wege zu ihnen – auftauchen, ohne daß man sie bewußt gesucht hat. Ein anderer Punkt ist, daß eine Strömungstabelle per definitionem *niemals vollendet* sein kann. Neue Konzepte und ganze Kategorien können fast unbegrenzt angefügt werden, und dadurch ergeben sich beständig neue Beziehungen und Verflechtungen.

An diesem Punkt ist die Hälfte der Strömungstabelle (Dreieck a in Diagramm A) fertig. Die zweite Hälfte (Dreieck b) repräsentiert die Durchführung. Das heißt, wer tut was, wann, wie und mit wem. Auch jetzt können Änderungen und Anfügungen laufend dargestellt werden. Das Design-Team läßt die Tabelle an der Wand bis *nach* Fertigstellung der Designaufgabe.

Wir können nun den Arbeitsablauf einer Designaufgabe wie folgt darstellen:

1. Das Design-Team, bestehend aus Vertretern der einschlägigen Disziplinen sowie der Klientengruppe, tritt zusammen.
2. Eine vorläufige Strömungstabelle (Dreieck a, teilweise) wird aufgestellt.
3. Phase der Forschung und Datensammlung.
4. Die erste Hälfte der Strömungstabelle wird fertiggestellt (Dreieck a).
5. Die zweite Hälfte der Strömungstabelle wird fertiggestellt: Dreieck b – was tun?
6. Einzelne Designer, Zweierteams oder Gruppen liefern Entwürfe und entwickeln Ideen.
7. Diese Entwürfe werden im Hinblick auf die in der Strömungstabelle aufgestellten Ziele kritisiert; Entwürfe und Strömungstabelle werden im Licht dieser Design-Erfahrungen berichtigt.
8. Modelle, Prototypen, Testmodelle, Arbeitsmodelle werden gebaut und
9. durch die betreffende Benutzergruppe getestet.
10. Die Ergebnisse dieser Tests werden in die Strömungstabelle »zurückgefüttert« (fed back).
11. Erneute Planung, erneute Tests, Fertigstellung der Designaufgabe.
12. Die Strömungstabelle wird zusammen mit allen Berichten, grafischen Erklärungen, statistischen Daten und Arbeitszeichnungen aufbewahrt. Sie bildet den Ausgangspunkt für nachfolgende Kritik des gestalteten Objekts in der Praxis, dann kommt sie ins Archiv. Später kann sie bei ähnlichen Designaufgaben als Leitfaden dienen.

Es versteht sich von selbst, daß der Designprozeß in Wirklichkeit nie so glatt und programmgemäß abläuft; vor allem ergeben sich laufend neue Daten. Trotzdem dürfte diese Beschreibung eine Vorstellung von der Strömungstabelle und ihrer Verwendung im Design geben.

Als ich im Sommer 1969 an einer von der Scandinavian Student Design Organization (sdo) veranstalteten Designkonferenz in Kopenhagen teilnahm, war es meine Aufgabe, den »Allgemeinfall«-Teil einer Strömungstabelle zu zeichnen, die sich mit der sozialen und moralischen Verantwortlichkeit des Designers und seiner Stellung in einer profitorientierten Gesellschaft beschäftigte. Das ist nun wahrhaftig keine Kleinigkeit, eigentlich ist dieses ganze Buch nichts anderes als ein Versuch, darüber Klarheit zu schaffen. Dennoch reproduziere ich die Strömungstabelle hier. Ein paar Erklärungen sind angebracht: Da sich das Treffen mit den Schwierigkeiten behinderter Menschen befaßte, wollen die Rubriken A und B zeigen, daß alle Menschen zumindest während eines Teils ihres Lebens irgendwie behindert sind. Ein kleiner Eintrag in Rubrik A wurde isoliert: »Blindheit«. Auch Menschen, die nur leichte Gläser tragen, sind etwas behindert. Von mehr als 200 optischen Störungen wurden 7 aufgezählt. Rubrik C registriert (bestenfalls teilweise und unvollständig) die wirklichen Bedürfnisse der Menschen. Rubrik D, »Was die Menschen *wirklich* wollen«, ist leer aus Gründen, die später erscheinen werden. Rubrik E zählt auf, was die Leute *angeblich* brauchen und wünschen, das heißt, die Ersatzleistungen unserer Gesellschaft für wirkliche Bedürfnisse. Rubrik F zeigt die Prozesse, die zur Erreichung dieser falschen Ziele dienen, und Rubrik G führt einige repressive Maßnahmen auf, wie sie unsere Gesellschaft trifft, um das Erreichen *echter* Ziele zu verhindern. Rubrik H, überschrieben »Wie man das ändern kann«, registriert das revolutionäre und evolutionäre Wirken von Erziehung, Kreativität, sozialer Planung und Forschung. Sie sucht durch Verbindungen zu zeigen, daß all diese Prozesse »Gestaltung«, »Design« sind. Unter Rubrik I wurde eine Reihe von Gedanken niedergelegt in der Hoffnung, daß noch andere hinzukommen. Interessanterweise schenkt uns die Verbindung von Sozialplanung, Revolution, Kreativität, Erziehung, Evolution und Forschung unter Rubrik H mit diesen Zufallsgedanken unter Rubrik I die erste bedeutsame Einsicht in Rubrik D (»Was sich die Leute wünschen«). Rubrik K schließlich zeigt die Struktur eines Design-Teams und einige spezielle Fachrichtungen, die vertreten sein müssen.

Ganz rechts weist ein großer Pfeil auf sechs Tätigkeiten hin. Diese sind es, die die rechte Hälfte der Strömungstabelle bilden werden: Dinge, die getan werden müssen, die operative Phase. *Jedes sozial relevante, integrierte, umfassende Design muß operativ sein – das heißt echten Bedürfnissen entsprechen.*

Die Tabelle ist alles andere als vollständig, sowohl was die Zahl der Eintragungen als auch der aufgezeigten Beziehungen und Zwischenverbindungen anlangt. Der Leser soll mit der Tabelle spielen, sie ergänzen und auf sich selbst beziehen. Die rechte Hälfte blieb absichtlich frei; wenn sie vervollständigt wird, bildet sie einen sozialen und politischen Plan für morgen – für Gesellschaft und Design –, der weit über die Reichweite dieses Buches hinausgreift.

Man kann einwenden, das Thema der Tabelle sei zu umfassend. Aber Strömungstabellen sind wesentlich »Allgemeinfall«-Feststellungen. Ein eng begrenztes Thema wäre für das allgemeine Verständnis technisch zu schwierig gewesen.

Einer der gefährlichsten Aspekte »höherer Bildung« im Design ist die dauernd wiederholte Behauptung, der Zweck der Schule sei es, dem Studenten zu ermöglichen, einen Beruf zu ergreifen und, wenn dies geschehen sei, fürs ganze Leben an ihm festzuhalten. Dadurch wird die Designausbildung zur eingleisigen Berufsschule. Die meisten jungen Leute haben heute diese zynische Methode, ein bankrottes System zu verewigen, durchschaut. Die meisten haben heute andere Sorgen, als zur Schule zu gehen, um einige Tricks zu lernen, und dann damit eine Menge Geld zu verdienen. Sie *wissen*, daß sie Geld verdienen werden, und sie interessieren sich allein dafür, *wie* das geschehen wird. Anders gesagt, es kommt ihnen weniger auf ihren eigenen »Lebensstandard« an als auf die Qualität des Lebens aller. Wenn einige sich ums Geldverdienen kümmern, dann reflektieren sie nur die projizierten Ängste und Unsicherheiten ihrer Eltern, Lehrer und der Gesellschaft im ganzen. Man soll jungen Leuten nicht beibringen, das wichtigste sei, einen Beruf zu finden. Wichtig ist, *welcher* Beruf es ist. Und es ist für einen jungen Designer viel besser, abends ein paar sozial gültige Dinge zu gestalten und tagsüber ein paar Monate lang Teller zu waschen, als seine Fähigkeiten und Talente einem falschen System zur Verfügung zu stellen, das die Menschenwürde zerstört.

Manche meiner Studenten fanden nicht ohne weiteres eine Erstanstellung, die keine Kompromisse von ihnen verlangte. Einige haben gutbezahlte, Status verleihende Arbeitsgelegenheiten in der Industrie abgelehnt, um für weniger Bezahlung Beschäftigung in Kliniken, Krankenhäusern oder unterentwickelten Gegenden zu suchen und zu finden. Es war nicht ganz einfach für sie, aber es wird mit jedem Jahr leichter. Studenten, die heute anfangen, Design zu studieren, werden wenig oder keine Schwierigkeiten haben, Arbeit zu finden, die der Mühe wert ist, wenn sie um 1975 ihr Studium beenden. In einer Welt, die an Unsinn erstickt und gleichzeitig nichts unternimmt, um wirkliche Not zu beheben, herrscht auch in Zukunft kein Mangel an wichtigen Aufgaben. Design ist kein Job, sondern eine Möglichkeit, die Welt zu betrachten und zu verändern.

Eine andere gefährliche Redensart, die viele Schulen und die Industrie im Munde führen, ist, daß es »anhaltend Status bringt«, Designer zu sein. Design ist ein modischer Beruf. Auch diese Lüge muß platzen.

Im Sommer 1968 arbeitete ein interdisziplinäres Team von Design-Studenten (unter der Leitung von Yrjö Sotamaa, Zoltan Popovic, Barbro Kulvik-Siltavuori und Jorma Vennola) mit mir auf einer kleinen Insel zusammen und entwarf, gestaltete und baute einen faltbaren, transportablen Raum für spastisch gelähmte Kinder. Eingeschlossen waren Spielsachen, Übungsgeräte und vieles andere. Wir trafen uns in Helsinki, nachdem die 8 Studenten des Teams schon mit den Kindern gespielt und sich mit ihnen unterhalten hatten. Sie hatten auch mit den Eltern gesprochen und Kliniken, Spielplätze und Heime besucht. Dabei hatten sie erfahren, daß es wenige oder keine Geräte speziell für spastisch gelähmte Kinder gab, und daß einige Spielsachen, mit denen die Kinder lernen sollten, bestimmte Motoren zu bedienen, unmenschlich und barbarisch waren. (Die Kinder müssen üben, Daumen und Zeigefinger zum Greifen zu benützen; von Natur aus möchten sie statt dessen die anderen drei Finger dazu nehmen. Man hat ihnen daher bis jetzt diese drei Finger zusammengebunden, so daß sie gezwungen waren, Daumen und Zeigefinger allein zu gebrauchen. Wir gestalteten Spielsachen, die die Kinder belohnten, wenn sie mit Daumen und Zeigefinger bedient wurden. So konnte die mittelalterliche Praxis der Zwänge aufgegeben werden.) Die Studenten fanden auch, daß die Krankenhäuser trübselig und langweilig wirkten.

77. Ein faltbarer transportabler Raum, in den die verschiedensten Spiel- und Übungsgeräte für spastisch gelähmte Kinder eingeschlossen sind; auf Suomenlinna in Finnland gebaut.

Wir entwarfen eine Strömungstabelle und traten mit zwei schwedischen Experten der Kinderpsychologie und Neurophysiologie als Team zusammen. In 12 Stunden entwickelten wir einen Würfel von 2 m Seitenlänge, der in der Mitte auseinandergenommen werden konnte. So können beide Teile leicht von Klinik zu Klinik gefahren und durch Türen getragen werden. Wenn der Würfel im Saal oder im Freien aufgestellt ist, bietet er einen Spielplatz von 2 m Höhe, die Geräte beanspruchen einen Raum von 16 qm. Er ist leuchtend farbig; die Kinder können rutschen, klettern, krabbeln und sich mit vielen Spielsachen beschäftigen. Er ist leicht zu bauen und billig. Wir stellten den Prototyp in 30 Stunden Teamarbeit her und testeten ihn mit Kindern. Wir nannten ihn »CP-1«, um anzudeuten, daß er nur der erste einer ganzen Serie ähnlicher Würfel war, von denen jeder durch Tests und Erfahrungen mit Kindern verbes-

78. Die Übungs- und Spielumwelt wurde von einem interdisziplinären Team von Studenten unter der Leitung von Zoltan Popovic, Yrjö
Sotamaa und Victor Papanek entworfen.

sert werden sollte. Eine ausführlichere Erörterung mit Fotos
findet sich in »Insustrial Design«, November 1968.

Im Januar 1969 arbeiteten Studenten der Staatlichen Schule
für Design in Oslo zwei Wochen mit mir am Entwurf eines
Spielplatzes im Hinterhof einer Gruppe alter Mietshäuser der
Innenstadt. In den 6 Blocks wohnten fast 70 Kinder, die nur in
den gefährlichen Straßen spielen konnten, da die 3 Hinterhöfe
für Abfalltonnen, hohe Metallzäune und Wäscheleinen beansprucht wurden. Die Studenten interviewten zuerst die
Bewohner der verschiedenen Häuser.

Die Interviews ergaben viele neue Daten für unsere Strömungstabelle. Ältere Leute erklärten, sie hätten keinerlei
Interesse daran, neue Menschen kennenzulernen, luden aber
unsere Studenten dringend in ihre Wohnungen ein und bewir-
teten sie mit Tee und Kuchen, während sie ihnen das sagten.

Wir schlossen daraus mit einiger Berechtigung, daß sich diese Leute über ihre eigenen Gefühle und Motive nicht im klaren waren und daß man sie in das Sozialleben einbeziehen mußte. Einige würden vielleicht sogar das Spiel beaufsichtigen helfen. Die Jüngeren waren sehr von dem Plan eingenommen; viele erboten sich, Geld zu geben; einige gestanden beschämt, sie seien zu arm, um finanziell zu helfen. Wir erkannten, daß es gerade die Ärmeren waren, die zu intensiverer Mitarbeit in der Gruppe veranlaßt werden konnten, wenn man sie davon überzeugte, daß Mitarbeit genauso wertvoll sei wie Geld.

Die Eltern versprachen ihre Unterstützung. Die jüngste Person, die wir interviewten, war ein vierjähriger Junge, der sofort aus dem Fenster schaute, ob der Spielplatz schon da sei. Wir nehmen an, daß er seine Mutter und die Nachbarn tagelang mit seinen Fragen plagte und so unsere stärkste Propagandawaffe wurde. Nachdem in unsere Tabelle weitere Daten eingetragen worden waren, wie die Ergebnisse der Interviews, mittlere jährliche Sonnenscheindauer, neuere Methoden der Abfallspeicherung usw., gingen wir ans Werk.

Die Studenten waren entsetzt, daß Ratten auf dem Hinterhof lebten und die Kinder mit ihnen spielten. Wir sahen, daß unsere Planung über den Spielplatz hinausgehen und auch öffentliche Gesundheitsfürsorge und Hygiene umfassen müßte. Wegen der sozialen Relevanz des Projekts wurden Studenten der Architekturschule, der Schule für Landschaftsgärtnerei und der Osloer Universität aufmerksam und boten ihre Mitarbeit an, obwohl diese Schulen sonst wenig Kontakt mit der Staatlichen Schule für Design haben.

Ich muß zugeben, daß viele Studenten zunächst nur von der Neuheit des Problems angezogen wurden. Später merkten sie, daß es viel schwieriger ist, an sozialen Projekten dieser Art mitzuarbeiten, als nur eben einen neuen Teetopf oder ein neues Salzfäßchen zu entwerfen. Viele verloren den Mut, manche schieden aus. Schließlich entstand ein dreidimensionales Modell des zukünftigen Spielplatzes.

Nächster Schritt wäre gewesen, die Bewohner der Blocks einzuladen, das Modell zu besichtigen. Man hätte sie dann zur Mitarbeit bei der Ausführung des Plans bewegen können. Die Studenten hatten auch Bänke und ruhige Ecken für die Älteren vorgesehen; ein Innenhofteil sollte als Waschzone mit ein oder zwei Waschmaschinen eingerichtet werden, so daß die Mütter ihre Wäsche waschen, Kaffee trinken, schwätzen und gleichzeitig die Kinder beaufsichtigen könnten. Aber auch mit der Fertigstellung des Spielplatzes wäre die Arbeit noch nicht zu Ende gewesen.

Die Studenten fühlten sich durch die Verantwortung, die sie übernahmen, als sie sich mit den Leuten einließen, ihnen zugleich auf eine dauerhaftere Art verpflichtet. Auf ihre Initiative hin gab es nun an den langen Sommerabenden Freiluftfilmvorführungen, Laientheater, Dichterlesungen, offene Singstunden im Hinterhof. Durch all diese Aktivitäten kamen die Studenten zu einem näheren und »tätigeren« Verständnis der Probleme dieser Leute; diese wiederum beteiligten sich aktiver an der Gestaltung ihrer Zukunft und erwarben dadurch Stolz und Identität. Ein weiteres Ergebnis könnte sein, daß der evidente Erfolg andere Gemeinschaften zu ähnlichen Unternehmungen anregte.

An der Purdue Universität befaßten wir uns mit den Schwierigkeiten doppelseitig gelähmter, an allen vier Gliedmaßen gelähmter, spastisch gelähmter und gehirngeschädigter Kinder. Wir gestalteten und bauten für sie eine Reihe von Fahrzeugen mit eingeplanten Motivationsfaktoren, die ihnen Übungsmöglichkeiten bieten. Die Fahrzeuge sind so eingerichtet, daß sie mit einem oder mehreren Gliedmaßen betrieben werden können; die gelähmten Glieder werden dabei geübt. Je mehr sich das Kind anstrengt, desto schneller fährt es. So gehen Freude und Übung Hand in Hand. Die Fahrzeuge wurden mit behinderten Kindern getestet und den örtlichen Kliniken übergeben.

Ein weiteres Beispiel für erfolgreiches Design im Interesse benachteiligter Menschen:

Der amerikanische Süden und Mittelwesten sind kreuz und quer mit Eisenbahnlinien überzogen, deren Depots meist in den Innenstädten liegen. Meine Studenten und ich gestalteten drei Züge, jeden für einen anderen Zweck. Sie sollten mit Fachpersonal besetzt und in kleinen Städten drei oder vier Monate lang stationiert werden. Einer der aus drei Wagen bestehenden Züge dient als berufliches Umschulungszentrum; in einem anderen informieren Ärzte über Geburtenkontrolle; eine fahrbare Augenklinik schreibt Brillenrezepte aus. Die Wagen können bei Katastrophenfällen oder Epidemien als Sanitätswagen eingesetzt werden.

Weil Navahos, Hopis, Zunis, Mescalero-Apachen und andere

79. Ein Fahrzeug für das Training von Kindern mit schwach entwickelten Armen und Schultern. Entwurf: Charles Schreiner, Student
an der Purdue Universität.

Indianer glauben, sie müßten aus moralischen und religiösen
Gründen ihre Behausungen zum größten Teil selber bauen, und
weil sie jedes Jahr vom Winterlager zum sommerlichen Weide-
land und zurück wandern, und schließlich, weil sie es für uner-
laubt halten, Ungeziefer zu töten, arbeiteten wir eine Behausung für ihre so speziellen Wünsche aus. Einer unserer
fortgeschrittenen Studenten entwarf in engem Anschluß an das
Raumgefühl der Navahos eine Minimalbehausung, die genau
zum indianischen Lebensstil paßte. Die Hütte wird in Einzel-
teilen gewebt (die Navahos sind geschickte Weber), und während des Webens wird die Wolle ungezieferfest gemacht. Die
fertigen Teile werden mit getrocknetem einheimischem Gras
ausgestopft, das gegen Hitze und Kälte isoliert. Mehrere solche
Teile können mit Reißverschlüssen verbunden werden; je nach
Anzahl bilden sie einen Raum von fast jeder gewünschten

80. Ein Fahrzeug für spastisch gelähmte Kinder, das nur ein Minimum an Anstrengung erfordert. Es kann über Pedale und mit den Armen bedient werden. In jedem Fall werden auch die untätigen Gliedmaßen mitgeübt. Entwurf: Charles Lanius, Student an der Purdue Universität.

Größe. Die auseinandergenommenen Teile können leicht auf Pferden transportiert werden. Diese Behausung ist den territorialen, kulturellen und religiösen Vorstellungen der Indianer weit besser angepaßt als die konfektionierten Hütten des Ministeriums für Gesundheit, Erziehung und Wohlfahrt.

Schließlich sollten wir uns auch noch fragen, was der Student selbst durch die Arbeit an solchen Projekten gewinnt. Er hat geforscht, im Team gearbeitet, Nöte gelindert, mit einer Strömungstabelle operiert, Routine und Einsicht gewonnen. Darüber hinaus haben sich Bildungsschritte und Lernerfahrungen in ihm vollzogen, die auf den verschiedenartigsten Wechselwirkungen und gegenseitigen Beeinflussungen beruhen. Es dürfte angebracht sein, sie hier aufzuzählen:

1. Der Student hat ein Problem lokalisiert, identifiziert und isoliert. Dabei stand er mit Mitgliedern eines interdiszipli-

nären Teams in Wechselwirkung und lernte eine Klientengruppe genau kennen, deren Existenz und Bedürfnisse ihm bisher unbekannt waren.

2. Er hat durch seine Arbeit den Klienten klargemacht, daß intelligent angewandtes Design ihnen helfen kann. Er hat ihre Bedürfnisse wenigstens teilweise befriedigt.

3. Indem er mit der Gruppe arbeitete und ihr half, hat er sichtbar gemacht

a) die Gruppenbedürfnisse,

b) das mangelnde Wissen auf seiten der Gesellschaft über die Bedürfnisse der Gruppe, oder die Existenz der Gruppe überhaupt,

c) die zynische Gleichgültigkeit der regierenden Machtstruktur und der Industrie gegenüber den meisten echten Bedürfnissen der Menschen,

d) die Unfähigkeit traditionellen Designs, mit echten Sozialproblemen fertigzuwerden,

e) die Existenz von Methoden und Wissenszweigen, durch die diese Probleme gelöst werden können,

f) den offensichtlichen Mangel an Schulung und Training in diesem wichtigsten Designgebiet.

4. Er hat sich auf eine befriedigende Arbeit eingelassen; er wird sich niemals mehr für jene Art Design interessieren können, die auf »guten Geschmack« abzielt. Er wird sich in Zukunft immer etwas schämen, wenn er einen schicken kleinen Toaster gestaltet.

Er wird sich in Zukunft immer etwas schämen, wenn er einen schicken kleinen Toaster gestaltet...

12 DESIGN, UM ZU ÜBERLEBEN – ÜBERLEBEN DURCH DESIGN

Was können wir tun?

Manche Menschen sehen die Dinge, wie sie sind, und sagen: Warum?
Ich träume von Dingen, die es nie gab, und sage: Warum nicht?

Robert F. Kennedy

Ich wiederhole: Design gehört unabdingbar zu jeder menschlichen Aktivität. Das Planen und Abstimmen einer Handlung auf ein erwünschtes, vorhersehbares Ziel hin konstituiert den Designprozeß. Jeder Versuch, Design zu isolieren, es zu einem Ding-an-sich zu machen, beeinträchtigt den Wert der Gestaltung als der primären, fundamentalen Matrix des Lebens.

Integriertes Design ist umfassend: es berücksichtigt alle Faktoren und Anpassungsvorgänge, die bei einer Entscheidung Gewicht haben. Integriertes, umfassendes Design ist antizipatorisch: es achtet darauf, Entwicklungslinien als ganze zu erkennen und versucht, diese aus gewonnenen Daten zu extrapolieren, in die von ihr entworfenen Szenarien der Zukunft dagegen zu intrapolieren. Integriertes, umfassendes, antizipatorisches Design ist der Akt des Planens und Prägens in allen Wissenszweigen, ein Akt, der sich grundsätzlich an Begrenzungsflächen vollzieht. In der Metallurgie sind es die Grenzflächen zwischen den eingelagerten Kristallen, die unter Druck in Aktion geraten; eben diese Unvollkommenheit macht es möglich, Metalle mechanisch zu formen. Die Geologen sagen uns, daß die großen Veränderungen der Erdrinde dort stattfinden, wo Kräfte an Grenzflächen aufeinanderprallen. Hier trifft die Brandung auf die Küste, bewegen sich Verwerfungen in entgegengesetzter Richtung. Diamantschleifer schneiden den Stein entlang feiner Bruchlinien, der Meißel des Bildhauers folgt dem Korn des Marmors und der Naturforscher studiert den Waldrand, der die Wiese begrenzt. Das Hauptinteresse des Architekten gilt der Verbindungsfuge zwischen Gebäude und Boden; der Industriedesigner beachtet besonders den glatten Übergang von der Schneide zum Handgriff und noch mehr die zweite Grenzfläche, den »Sitz« des Werkzeugs in der Hand. Wir fechten unsere Kriege aus wegen symbolischer Grenzen, die wir auf unseren Landkarten einzeichnen, und machen die erschütterndsten Erfahrungen unseres Lebens beim Überqueren der Grenzlinien von Geburt und Tod; wir glorifizieren den Sexualakt, die intimste Begegnung zweier Grenzflächen.

Im Grenzgebiet zwischen verschiedenen Techniken werden die meisten Erfindungen gemacht; wenn zwei Wissenschaften miteinander in Kontakt gebracht werden, kann eine neue Wissenschaft entstehen, wie wir in dem Kapitel über Bionik gesehen haben. Der Historiker Frederick J. Teggart sagt: »Die großen Fortschritte der Menschheit sind nicht der bloßen Aneignung oder Anhäufung von Ideen zu danken, sondern der Entstehung eines Typs geistiger Aktivität, der durch das Aufeinanderprallen verschiedener Gedankensysteme ins Leben gerufen wird.« Beschleunigung, Wechsel und die Beschleunigung des Wechsels selbst entstehen aus dem Zusammentreffen von Strukturen oder Systemen an ihren Rändern. Junge Leute spüren das heute intuitiv; ihre Vorliebe für »Konfrontationen« ist eine symbolische Externalisation dieser Tatsache.

Seinem innersten Wesen nach lebt das Design-Team von solchen Konfrontationen. Es trachtet danach, viele verschiedene Wissenschaften für die Probleme, die der Lösung bedürfen, zu interessieren, wie auch Probleme zu finden, die neu durchdacht werden müssen. Seine Aufgabe ist, Forschungsarbeit zu leisten, um unsere echten Bedürfnisse festzustellen, und dann Umgebungen und Werkzeuge sowie unsere Einstellung zu ihnen umzuprägen.

Es ist zur Zeit Mode, sich über den Anbruch des Computer-Zeitalters Sorgen zu machen. Und obwohl die voraussichtliche vermehrte Verwendung von Computern die Menschen in zwei feindliche Lager teilt, übersieht man oft, daß die Gesichtspunkte beider Parteien im Grunde negativ sind. Die erste Gruppe betrachtet den Computer als Bedrohung der organisierten Arbeit, des puritanischen Arbeitsethos und der 40-Stundenwoche und hält das für sehr bedenklich; die zweite macht sich zwar klar, daß der Computer letzten Endes zur Abschaffung schwerer körperlicher Arbeit wie auch stumpfsinniger geistiger Routine beitragen wird, sieht aber trotzdem die Zukunft negativ. Für sie ist die Drohung das Übermaß an Freizeit für die Massen.

Aber, wie ein alter Satz sagt, die Natur duldet kein Vakuum. Wenn die Computer einen größeren Anteil jener Beschäftigungen übernehmen, die wir bisher für intellektuell hielten, die aber in Wirklichkeit reine Monotonie sind, tauchen mit Sicherheit neue Beschäftigungsmöglichkeiten auf. Genau hier, an der Grenze zwischen automatisierter »Arbeit« und menschlicher »Muße«, ist der Ort des Design-Teams.

Wenn landwirtschaftliche und industrielle Arbeit immer mehr automatisiert wird und fast alle routinemäßige Aufsicht, Kontrolle und Auswertung durch Computer erfolgt, ist die Arbeit des Design-Teams (Forschung, Planung, schöpferische Erneuerung) *die einzige sinnvolle und zugleich lebenswichtige Tätigkeit, die dem Menschen zu leisten bleibt.* Unweigerlich wird der Designer dann mithelfen müssen, Ziele für die Gesamtheit der Gesellschaft aufzurichten.

Sozialhistoriker führen die Lage des Menschen im 20. Jahrhundert auf die Entdeckungen von fünf Männern zurück: Kopernikus, Malthus, Darwin, Marx und Freud.

Aber während der letzten fünf oder zehn Jahre entzündeten sich an den Reibungsflächen zwischen Soziologie und Biologie, Psychologie und Anthropologie, Archäologie und Medizin zahlreiche neue Einsichten in die menschliche Situation. Zehn Bücher, die alle während der letzten Jahre erschienen sind, definierten die Beziehungen der Menschen untereinander und zu ihrer Umwelt in neuer und überraschender Weise: Robert Ardrey, »Adam und sein Revier«; Nigel Calder, »Vor uns das Paradies?«; Edward T. Hall, »The Hidden Dimension«, Arthur Koestler, »Das Gespenst in der Maschine«; George B. Leonard, »Erziehung durch Faszination«; Konrad Lorenz, »Das sogenannte Böse«; Desmond Morris, »Der nackte Affe«; Hans Palmstierna, »Plundring, Svält, Förgiftning«; Gordon Rattray Taylor, »Die biologische Zeitbombe«; Fredric Wertham, »A Sign for Kain« und R. Buckminster Fuller; »A Manual for Spaceship Earth«. Das Ineinandergreifen verschiedener Disziplinen kann man am besten durch eine Geschichte illustrie- die Bucky Fuller gern erzählt:

»Vor einigen Jahren wurden wissenschaftlichen Gesellschaften zwei wichtige Arbeiten vorgelegt, über ein anthropologisches und über ein biologisches Thema. Beide Forscher hatten vollständig unabhängig voneinander gearbeitet. Zufällig sah ich beide Schriften. Die biologische gab einen Überblick über alle ausgestorbenen biologischen Spezies. Die anthropologische gab einen Überblick über alle ausgestorbenen menschlichen Stämme. Beide Forscher suchten eine Ursache für das Aussterben. Beide fanden unabhängig voneinander dieselbe Ursache: Aussterben ist eine Folge von Überspezialisierung. Wer sich mehr und mehr spezialisiert, züchtet Spezialisierung, und das bedeutet einen Verlust an allgemeiner Anpassungsfähigkeit.

Hier haben wir also die Warnung, daß Spezialisierung ein Weg ist, der zum Aussterben führt, und unsere ganze Gesellschaft ist daraufhin organisiert...«

Der Mensch ist ein dezidierter Nicht-Spezialist, ein homo universalis. Es sind seine Erweiterungen – Werkzeuge und Umgebungen – die ihm zur Spezialisierung verhelfen. Aber wenn diese Werkzeuge und Umgebungen schlecht gestaltet sind, erzielen wir oft einen geschlossenen Rückkopplungskreis: Werkzeuge und Umgebungen beeinflussen Menschen und Menschengruppen auf eine Weise, daß sie zu permanenten Spezialisten werden. Das Potential jedes Geräts, Werkzeugs oder jeder Umgebung kann studiert werden, bevor es gebaut oder fabriziert wird. Die Computer gestatten uns heute, mathematische Modelle von Prozessen, Wechselwirkungen oder Systemen zu bauen und sie vorher zu testen. Die Fortschritte der Sozialwissenschaften geben uns genauere Aufschlüsse darüber, was sozial wertvoll ist.

Seit Jahrtausenden erörtern Philosophen, Künstler und Designer unser »Schönheitsbedürfnis« und die ästhetischen Werte der Dinge, mit denen wir uns umgeben. Wohin aber hat uns diese Bevorzugung der Schönheit geführt? *Die Welt ist häßlich, und dabei funktioniert sie noch nicht einmal gut!* In einer Welt, die durch allgemeine Not fast auf die Knie gezwungen ist, ist es ein Verbrechen gegen die Menschlichkeit, Dinge »hübsch« zu machen. Aber – wie wir in unserem Funktionskomplex in Kapitel eins gesehen haben – der Mensch braucht Strukturen und Geräte, die über die bloße Zweckmäßigkeit hinaus schön sind.

Freude, Gleichgewicht und jene wohltuende Harmonie der

Proportionen, die wir in die Außenwelt projizieren, sind psychologische Notwendigkeiten für uns. Und nicht nur ein so hochentwickeltes Geschöpf wie der Mensch verlangt diese ästhetische und assoziative Bereicherung, sondern auch viel niedrigere Spezies. Prof. David Krech von der Universität Berkeley hielt zwei Gruppen von Ratten. Gruppe I wurde in einer armseligen Umgebung aufgezogen, die Ähnlichkeit mit den Lebensbedingungen in amerikanischen Slums hatte. Die Käfige waren überfüllt, es gab keine sanitären Einrichtungen, das Essen war einförmig und spärlich. Es herrschte beständig Dämmerung. Schrille, unstrukturierte Laute von viel zu hohem Phonpegel schreckten die Tiere während des Wachens und Schlafens. Die zweite Rattengruppe wuchs in einer »bereicherten« Umwelt auf. Hier hatte man Farben und Materialien mit großer Sorgfalt ausgewählt. Es gab reichlich Essen und genug Raum für familiäre Gruppierungen. Angenehme Musik ertönte, wechselnde Beleuchtung und Farben schmückten die Umgebung noch weiter.

Das Ergebnis des Versuchs zeigte, daß die Ratten der Gruppe II eine größere Lernkapazität hatten, sich schneller entwickelten, flexibler und anpassungsfähiger waren und ein besseres Gedächtnis besaßen. Sie behielten ihre größeren geistigen Fähigkeiten bis ins hohe Alter. Sogar ihre Kinder, die unter normalen Laboratoriumsbedingungen aufwuchsen, erlangten ein merkliches Übergewicht über den Nachwuchs der »unterprivilegierten« Ratten, der auch nach üblichem Standard aufgezogen wurde. Die Sektion ergab, daß Größe und Gewicht des Gehirns der privilegierten Ratten höher und ihre Gehirnrinden stärker gefurcht waren.

Bei einer Wiederholung des Versuchs wurden die Unterschiede der Umgebung beibehalten, aber beiden Gruppen quantitativ und qualitativ gleiches Futter gegeben. Die Ergebnisse waren fast dieselben wie beim ersten Versuch. In beiden Fällen entwickelten die privilegierten Ratten hohe Konzentrationen eines wichtigen Enzyms, das für das Wachstum des Gehirngewebes verantwortlich ist. Der Versuch bewies schlüssig, daß allein die Umgebung die Chemie des Rattenhirns ändern kann.

Solche Versuche können an Menschen selbstverständlich nicht durchgeführt werden, aber Ghettos, Slums, die meisten Kinderheime, Kindergärten, Horte und vor allem viele Schulen entsprechen der Umgebung der unterprivilegierten Ratten. Die meisten Eltern, die Schulen lediglich als permanente Kinderbewahranstalten betrachten, fragen sich nie, *ob die Lehrer ihren Kindern vielleicht potentielles Gehirngewebe rauben!* Tatsächlich leben 90 Prozent der Erdbevölkerung unter Bedingungen, die denen der unterprivilegierten Ratten gleichen. Während der letzten 25 Jahre haben die vom Menschen geschaffenen Umgebungen allmählich die Eigenschaften natürlicher Biotope angenommen: das Ineinandergreifen, das Reagieren auf Nutzung, die Selbst-Regeneration. Die gesamte Menschheit wird in diese neue Ökologie hineingetrieben, ohne sich viel Gedanken darüber zu machen, wie ein biologischer Mechanismus darauf reagieren wird, aus seiner Heimat herausgerissen und gewaltsam in eine andere verpflanzt zu werden.

Es gibt Apologeten der gegenwärtigen Schulen und der Slums – oft sind es dieselben Leute. Sie behaupten, das Leben sei grimmig und ernst, ein beständiger Kampf, in dem die Starken siegen. Die Jungen würden nur zur Härte erzogen, um in einer harten Welt leichter überleben zu können. Allerdings ist es uns gelungen, unterstützt von 2000 Jahren jüdisch-christlichen Moralisierens und Predigens, das Leben grimmig und ernst zu machen. Aber mit mehr Freizeit und der Aussicht auf Wohlstand für alle wird das Leben sicher andere Qualitäten annehmen: Heiterkeit, Klarheit, Einmaligkeit, Selbstverwirklichung, Kommunikation, Mitgefühl, unbedingte Liebe und transzendentale Ekstase. Die Vorstellung, daß die Starken dauernd über die Schwachen triumphieren, beruht zum Teil auf einer Perversion des Darwinismus, der vom aufsteigenden Kapitalismus gegen Ende des letzten Jahrhunderts in England und Amerika bewußt falsch interpretiert wurde. Zum anderen Teil geht sie auf die bis vor kurzem gültige historische Tatsache zurück, daß nicht für alle genug zum Leben da sei. Doch heute ist Tatsache, daß mehr als genug für alle da ist, wenn nur richtig geplant, verteilt und verbraucht wird. Aber es steckt noch ein weiterer Denkfehler im Konzept von der Schule als Abhärte-Einrichtung für die Gefahren des Lebens.

Nach M. W. Sullivan, den George Leonard in »Education and Ecstasy« zitiert, lebten während des Zweiten Weltkriegs Angehörige der Marinetruppen der Vereinigten Staaten im Südpazifik unter ganz unerträglichen Bedingungen. Klima, Vegetation und Ungeziefer machten das Dasein zur Qual, hinzu kamen noch die Gefahren des Krieges und das Krankheitsrisiko. Eine Untersuchung ergab, daß Männer aus unterprivilegierten Umgebungen – mit anderen Worten jene, die fürs Leben abgehärtet worden waren – als erste zusammenbrachen. Die Soldaten, die aus wohlhabenderem und bequemerem Milieu stammten, widerstanden den Strapazen des Klimas und der feindlichen Aktionen weit besser. Dieselbe Erfahrung hat Bruno Bettelheim für die Insassen von Vernichtungslagern der SS dokumentiert; sie wurde während des Koreakrieges durch gefangene amerikanische Soldaten bestätigt (Eugene Kincaid, »In Every War But One«, 1959).

In einer sich dramatisch ändernden Weltgemeinschaft, die sich – zitternd – vor jeder Änderung fürchtet und ihre jungen Leute zu immer engerer Spezialisierung erzieht, ist der integrierte, umfassende, antizipatorische Designer ein leidenschaftlicher Synthetiker. Hoffnung liegt in der Tatsache, daß eine zu groß und zu komplex gewordene Gesellschaft, die sich vielfach selbst nicht mehr versteht und auf neue Ereignisse nicht mehr reagieren kann, oft die Veränderungen gar nicht zur Kenntnis nimmt, die in ihr selbst vorgehen. Mehr als die Hälfte aller jetzt lebenden Menschen ist jünger als 25 Jahre, 1986 werden mehr als ein Drittel jünger als 15 Jahre sein. Schon heute hat China mehr Kinder unter 10 Jahren als die Gesamtbevölkerung der Vereinigten Staaten und Rußland zusammen. Diese Fakten haben Aufsehen erregt, aber man hat keine praktischen Folgerungen aus ihnen gezogen. Heute gibt es in den Vereinigten Staaten mehr Collegestudenten als Farmer. Aber die überaus großzügigen Hilfsgelder, die den Farmern zu einer Zeit zugesprochen wurden, als 98 Prozent der Bevölkerung in der Landwirtschaft arbeiteten, statt der heutigen 7 Prozent, werden immer noch gezahlt. Die Studenten werden von der Polizei mit Tränengas und Gummiknüppeln bearbeitet. Buckminster Fuller bemerkt: »Jedes Kind wird heutzutage in eine Gegenwart mit weniger Falschinformation hineingeboren.« Daß ein so beträchtlicher Teil unserer Bevölkerung höhere Schulen und Universitäten besucht, wird notwendigerweise alle unsere Systeme beeinflussen.

Allerdings wird von den Machtstrukturen sowohl inner- als außerhalb der Schulen viel unternommen, die jungen Leute davon abzuhalten, ihre Macht zu erkennen oder auszunützen. Ein

Mittel dazu ist Krieg. »*Alle 20 Jahre ungefähr verschrotten wir eine Generation auf grausame und kostspielige Weise, und sehr bald wird es der Preis und nicht das Verschrotten sein, was uns beunruhigt*« (Michael Innes). Und in den Universitäten lehren wir enge, spezialisierte berufliche Routine, mit dem Nachdruck auf »Brotverdienen«, während wir ein Lippenbekenntnis zur »Erziehung des ganzen Menschen« ablegen – um die Routine zu ergänzen und die Studenten zu sachverständigen Konsumenten zu machen.

Fast alle sind wir der Propaganda des Profitsystems in einem Ausmaß zum Opfer gefallen, daß wir nicht mehr aufrichtig denken können. Als im Sommer 1969 die schwedische Regierung 10 Prozent der Aktien der schwedischen pharmazeutischen Industrie erwarb, drückte ein führendes Blatt in Stockholm auf den Alarmknopf, indem es sagte, wenn Schwedens Arzneimittelindustrie verstaatlicht würde, wehe, dann würde nur mehr das produziert, was nötig sei (!). So lächerlich das ist, es trifft das Wesentliche. In industriellen Kreisen von heute befaßt sich die Forschung nicht mit der Produktion für neuentdeckte Bedürfnisse, sondern mit Überlegungen, wie man die Leute dazu überreden könnte, sich zu wünschen, was produziert wird. *Wenn die Industrie aller Länder nur produzieren würde, was gebraucht wird, sähe die Zukunft rosig aus!*

Angehörige des Berufsstandes der Industriedesigner unterstützen jedoch weiterhin das Profitsystem oder leiten es sogar. David Chapman ist der Bestizer und Direktor einer der größten Design-Firmen in den Vereinigten Staaten. Er ist Vorstandsmitglied der Gesellschaft für Industrial Design in Amerika und Ehrenmitglied der Royal Society of Arts in England und des Internationalen Instituts für Künste und Wissenschaften in Lindau, Deutschland. Anbei eine Probe dessen, was er für die echten Bedürfnisse des Marktes hält.

»Ein weiteres sehr bedeutendes Gebiet ist der Geschenke-Markt. 1966 erhielten 90 Millionen Menschen 107 Millionen Geschenke, Weihnachtsgeschenke nicht eingerechnet. Über 40 Prozent des Tischzubehörs sind Geschenke, auch wenn niemand diese Gegenstände als Geschenk verpackt oder gestaltet. Man stellt sie her in der hartnäckigen Vermutung, daß sie *funktionieren* sollen. Nun ja, vielleicht – aber wer *braucht* einen Mixer?«
[Von Chapman hervorgehoben.]

Mr. Chapman spricht auch von den Nahrungsbedürfnissen der Amerikaner. Die Küche sei, erklärt er, »so tot wie ein Mammut«, wir essen alle Tiefkühlmenus. Jedoch, vertraulich: »Mami kann eine Prise Origano oder einen Schuß Sherry hineintun, aus weiblichen, psychologischen Gründen.«

»Die Designer müssen noch eine Menge über die Wirkung sozialer Faktoren auf Produkte und Märkte lernen«, fährt er fort, »75 Millionen Amerikaner sind über 45, von ihnen 25 Millionen über 65. *Sie haben Zahnersatz, Magenbeschwerden und dergleichen. Das ist ein ganz neuer Markt,* und sie können massenhaft Geld ausgeben für die Sachen, die sie gern haben möchten.« [Von mir hervorgehoben.] Nachdem er so die Probleme der Ernährung, der älteren Generation, der Kranken und Bedürftigen (!) erkundet hat, schließt er triumphierend: »Der Listenpreis eines neuen Wagens z. B. war kürzlich 2500 Dollar, aber mit Extras kostet er 4200. Wer *braucht* Weißwandreifen? Sie halten nicht länger, sie sehen nur schicker aus. Vielleicht haben wir noch nicht ganz erfaßt, was für ein Tierchen das ist, mit dem wir's zu tun haben. Es ist ein Geschöpf, das nur immer verwöhnt werden will.«

Wenn Mr. Chapman »Tierchen« und »Geschöpf« sagt, meint er dich und mich: Konsumenten, Klienten, seine Leser. (Zitate aus »Design Seminar«, Bericht des Amerikanischen Eisen- und Stahl-Instituts, S. 4 f.)

Historische Anmerkung: Wegen vieler empörter Briefe, Telefonanrufe und sogar eines Telegramms, die ich früher erhielt und worin ich beschuldigt wurde, Mr. Chapman samt den obigen Zitaten erfunden zu haben, möchte ich hiermit betonen, daß David Chapman wirklich existiert und wirklich Mitglied und Ehrenmitglied der genannten Gesellschaften ist. Außerdem waren die Anmerkungen Mr. Chapmans keineswegs sarkastisch gemeint, er sorgte sogar dafür, daß sie in einer Broschüre (»Design Seminar«) gedruckt wurden und ließ sein Büro Hunderte von Exemplaren an andere Designer und Studenten verteilen.

Eine erfreuliche Tatsache ist, daß viele Design-Studenten heute nicht mehr willens sind, den Brei zu schlucken, den die Schulen so freigebig austeilen. Dieses altmodische Design hat seine Rolle allmählich ausgespielt. Ich will hier einige der neuartigen Produkte aufzählen, die innerhalb der nächsten 10 Jahre zu erwarten sind – mit der Einschränkung, nur Produkte zu nennen, die der westlichen Welt dienen: Einschienenbahnen; ultra-kompakte Elektrowagen; batteriebetriebene Personenfahrzeuge, die leicht in der Hand getragen werden können; in Massen produzierte Vielzweckbauten; automatisierter Verkehr; computergesteuerte medizinische Diagnostikgeräte; Fernsehtelefone; Schwebefahrzeuge; Computerbefragungsmöglichkeiten von der Wohnung aus; Erziehung und Unterricht durch Fernsehen und Lehrmaschinen; Fabrikationsmethoden, die die Umwelt nicht verschmutzen; umfangreiche Verwendung biologisch abbaubarer Materialien.

Vollkommen überholt wären mit diesen neuen Produkten: Straßen, Autofabriken, Schulen, Universitäten, Wohnungen, Fabriken, Krankenhäuser, Zeitungen, Zeitschriften- und Buchverleger, Schienensysteme usw. Es ist leicht zu begreifen, daß die Industrie die Neuerungen fürchtet, die ihre Anlagen und Produkte, *wie wir sie jetzt kennen*, überflüssig machen.

Mit dem Wachstum der Industrie an Umfang, Komplexität und Kapital wächst auch ihr Widerstand gegen Neuerungen. Es wird immer kostspieliger, das System zu ändern, zu ersetzen oder Teile auszutauschen, immer schwieriger, zu planen und einzurichten. Man kann daher nicht erwarten, daß die Industrie, oder die zahmen, voreingenommenen Designer, die für sie arbeiten, selbst Änderungen anordnen oder einleiten; die Anregung muß vom Design-Team ausgehen.

Voraussetzung für die Bewältigung einer so ungeheuren Aufgabe ist eine solide wissenschaftliche Grundlage. Viele Fragen, die meisten internationalen Charakters, müssen beantwortet werden. Alles sind schwerwiegende Fragen: *Gibt es ein ideales Sozialsystem?* Hier wären soziale Organisationen aller Zeiten, Länder und Kulturstufen zu untersuchen. *Welches sind die besten Bedingungen für die menschliche Gesellschaft?* Nötig ist eine Erforschung von Verhaltensmustern, primitiven und entwickelten Religionen, moralischer Codes usw. *Welches sind die Parameter des ökologischen und ethologischen Systems der Erde?* Meteorologie, Klimatologie, Geologie, Ozeanografie, Biologie und Kybernetik hätten hier das Wort. *Wo liegen die Grenzen unserer Rohstoffe und sonstigen Hilfsmittel?* Untersuchungen, wie die des World Resources Inventory Center an der Universität von Süd-Illinois müssen in ständigen Kontakt mit den sich verändernden technischen Möglichkeiten und neuen Erfindungen gebracht werden. *Wo liegen die Grenzen des Menschen? Welches sind die grundlegenden Haushaltsregeln für menschliches Leben auf der Erde?* (Oder, wie Bucky Fuller es ausdrückt: Bedienungsvorschrift für das Raumschiff Erde!) Und zuletzt: *Was wissen wir noch nicht?*

Bis jetzt gibt es wenig Antworten auf diese Fragen. Aber ein Anfang ist gemacht: das Internationale Geophysikalische Jahr, die Internationalen Jahre der Ruhigen Sonne und des Oberen Gesteinsmantels sind Versuche, Daten auf internationaler Basis zu sammeln. UNESCO, UNICEF, die Weltgesundheitsorganisation, die Internationale Arbeitsorganisation, das Wissenschaftliche Komitee für Wasserforschung, der Internationale Rat wissenschaftlicher Vereinigungen sind nur einige von den Organisationen, die Daten in großem Umfang sammeln und speichern. Zweifellos sollte möglichst bald ein Internationaler Rat für Antizipatorisches, Umfassendes Design gegründet werden. Er könnte zum Teil von der UNESCO finanziert werden und mit ihr zusammenarbeiten.

Aber Forschung ist nur ein Drittel der Arbeit, die getan werden muß, wenn man die Nöte der Welt in den Griff bekommen will.

Das zweite ist die sofortige Sammlung gegenwärtig vergeudeter Design-Bemühungen und ihre Hinleitung auf vorrangige praktische Design-Bedürfnisse. Ein Mittel, dies zu erreichen, ist das bereits erwähnte *kymmenykset*. Außerdem müßten sich die Designer weigern, Arbeiten auszuführen, die biologisch oder sozial destruktiv sind – ob nun direkt oder indirekt.

Dies wäre bereits ein gewaltiger Fortschritt. Wir haben gesehen, daß die heute hungernden Milliarden ein erträgliches Auskommen fänden, wenn alle Verluste, die durch unsachgemäßes Aufbewahren der Nahrungsmittel oder durch Ungezieferfraß entstehen, vermieden werden könnten. Dasselbe könnte im Design geschehen. Wenn allein die jetzt in fast *allen* Designbüros und -schulen vorherrschende soziale und moralische Unverantwortlichkeit ausgeschaltet würde, könnten die Nöte der benachteiligten Hälfte der Menschheit gelindert werden.

Schließlich müssen – drittens – völlig neue Richtlinien für die Ausbildung junger Designer gefunden werden. Wir haben diesem Punkt bereits ein ganzes Kapitel gewidmet. Hier noch einige Bemerkungen: Das ungehinderte Wachstum der Schulen und Universitäten hat ein Klima erzeugt, das für Neuerung und

Erziehung ungünstig ist. An der Universität, an der ich lehrte, gab es 27 000 Studenten, an anderen gibt es dreimal so viel. Die Studenten fühlen sich wie Räder in einer Maschine, wie bloße Nummern. Hier kann keine echte Lernsituation aufkommen. Es gibt auch Privatschulen, die sich mit 500–3000 Studenten »klein« nennen. Diese Institutionen setzen Exklusivität und die Atmosphäre eines ländlichen Klubs an die Stelle des Gigantismus der staatlichen Hochschulen. Dann gibt es noch die Schulen für Spezialisten, die sich nur mit Spezialproblemen der Künste und des Kunsthandwerks abgeben und damit die Isolierung des Künstlers und die Bildung kleiner Cliquen begünstigen. Eine vierte Möglichkeit ist die allen zugängliche Universität, wo die Lehrgänge via Korrespondenz, Radio und Fernsehen erledigt werden. Dadurch ist jede Wechselwirkung zwischen Studenten oder zwischen Studenten und Lehrern unmöglich geworden. Wahrscheinlich können alle vier Typen mit irgendwelchen Gründen und Bedürfnissen unserer Gesellschaft gerechtfertigt werden. Aber die jungen Leute sind gezwungen, sich zwischen Größe und Exklusivität zu entscheiden.

Doch mancherorts gibt es schon Alternativen. Das Esalen-Institut in Big Sur, Californien, führt ein peripatetisches Seminar in den Verhaltenswissenschaften, Psychotherapie und Selbsterkenntnis durch. Filialen von Esalen entstanden in San José, Stanford, und San Francisco. In mehr als 250 Städten gibt es ähnliche Institute. Das Wachstum der Bewegung für menschliches Potential (Human Potential Movement) ist eins der erstaunlichsten Phänomene der letzten Jahre. Wenigstens eine Schule, die Schule für Design (California Institute of the Arts), baut die Verhaltenswissenschaften in ihren regulären Lehrplan ein.

Frank Lloyd Wright versuchte in Taliesin und Taliesin West ein Milieu zu schaffen, das dem Studium der Architektur und Planung förderlich ist. Dieses Experiment lebte ungefähr 30 Jahre, doch stand es unglücklicherweise zu sehr im Schatten von Wrights eigener mächtiger Persönlichkeit. Mit dieser einzigen Ausnahme wurde noch nie versucht, Studium, Forschung und Praxis von Design und Planung als sozial und moralisch verantwortliche Tätigkeiten zu lehren.

Es scheint wichtig, daß ein derartiges experimentelles Design-Milieu sofort irgendwo eingerichtet wird. Ich stelle mir dabei weniger eine Schule vor, als eine Arbeitsumgebung, eine

Werkstatt. Die jungen Leute würden durch Arbeit an wirklichen Design-Problemen lernen, nicht durch künstlich konstruierte Übungen. Eine solche Werkstatt müßte klein sein; sie könnte höchstens 30 Studenten gleichzeitig aufnehmen. Ein wenn auch weniger wichtiger Teil ihrer Funktion wäre, als Prototyp für ähnliche Werkstätten zu dienen, die ein ineinandergreifendes Netz über die ganze Erde hin bilden sollten. Die Studenten hätten dann die Wahl zwischen einer Schule mit 30 000 Studenten oder 1000 Schulen mit je 30 Studenten. Die Besucher dieser ersten Schule sollten freiwillig aus allen Teilen der Erde kommen. Sie könnten ein Jahr lang oder länger bleiben und würden gleichzeitig in Theorie und Praxis des integrierten Designs eingeführt. Sie sollten verschiedener Herkunft sein, verschiedenen Alters, mit Studium und Arbeitserfahrungen auf vielen verschiedenen Gebieten. Immer würden sie als interdisziplinäres Design-Team arbeiten. Die Aufgaben wären sozial relevant und immer real, immer auf in der Gesellschaft tatsächlich vorhandene Bedürfnisse gerichtet. Das heißt, ihre gesamte Tätigkeit wäre antizipatorisch. Die erarbeiteten Lösungen würden interessierten Einzelpersonen, Gruppen, Regierungen oder internationalen Organisationen zur Verfügung gestellt. Alles durch die Lösung dieser realen Probleme verdiente Geld würde in Form von Werkzeugen, maschinellen Einrichtungen, Bauten und Land direkt zu der Arbeitsgruppe zurücklaufen.

Ich habe an früherer Stelle das Erlernen des Autofahrens beschrieben. Diese Geschicklichkeit wird unter günstigen Bedingungen gelehrt: das Verhältnis von Lehrer- zu Schülerzahl ist 1 : 1; sie wird weiter gefördert durch das Gerät (der Wagen) und die Umgebung (Straße, Verkehrssituation). Vergleichbare Lernsituationen sind Ski- und Schwimmschulen. Auch hier liegt der Nachdruck auf einem günstigen Lehrer-Schülerzahl-Verhältnis, einer sich gegenseitig beeinflussenden und bestärkenden Gruppe und der Rückwirkung der Umgebung. Der »Lehrer« besitzt und praktiziert dieselben Fertigkeiten, die der Student erlernt. Er ist kein weit entfernter, im Elfenbeinturm seiner eigenen Forschung residierender Professor oder ein »Assistent«, der von seinen eigenen Studien so beansprucht ist, daß er kaum Zeit für seine Studenten übrig hat.

Zweifellos müssen Lehrer, vor allem in Design, dauernd mit der Praxis in Verbindung stehen. Aber nur ein System wie das hier vorgeschlagene wird die falsche Trennung zwischen Praxis und Lehre eliminieren.

Alle Mitglieder des Teams sollten gemeinsam leben und arbeiten. Ihre Existenz würde durch das »Teilhaben am Gemeinbesitz« erleichtert: das heißt, sie würden mehr verbrauchen, aber weniger besitzen. Eine repräsentative Gruppe von 30 heutigen Universitätsstudenten möge als Beispiel dienen: sie besitzen durchschnittlich 26 Autos, 31 Radios, 15 Hifi-Anlagen. Eine derartige Kapitalanlage in vergänglichen Konsumgütern würde sich selbst verbieten. Zweckmäßig wäre der »Start« der Schule in ausrangierten Gebäuden, einer Farm oder dergleichen; die späteren Baulichkeiten lägen in der Verantwortung des Teams. Provisorische Kuppeln, Information-Input-Würfel à la Ken Isaacs, schließlich der Bau dauerhafterer Arbeits-, Schlaf- und Gesellschaftsräume könnte den Team-Mitgliedern wertvolle Erfahrungen über eine Lebens- und Arbeitsstätte vermitteln, die sich dauernd verändert, dauernd in Frage stellt, dauernd durch ihre eigenen Anregungen und Anstrengungen umstrukturiert wird.

Der »Lehrplan« wäre eine lose verwobene Mischung aus diesen Aktivitäten und den für schöpferische Problemlösung benötigten Fertigkeiten. Es gäbe keine Trennung zwischen »Arbeits«- und Freizeitbeschäftigungen. Spezialisten aus anderen Fächern wären gern gesehene Gäste. Sie würden für Tage oder Wochen, ja Jahre in die Arbeits- und Lebenserfahrungen des Teams hineingezogen. Wegen der experimentellen Struktur der verschiedenen Räumlichkeiten wäre eine ländliche Umgebung für die Schule vorzuziehen; doch sollten größere Städte erreichbar sein, damit Studienaufenthalte und Beobachtungen über städtisches Leben möglich wären. Was und wie studiert wird, ergäbe sich organisch aus den Bedürfnissen der Gesellschaft. Es gäbe keinen statischen »Studienplan«.

Innerhalb zweier oder dreier Jahre würden sich gewiß einige Angehörige des Teams selbständig machen, die Köpfe voller Ideen, wie eine derartige Werkstatt besser einzurichten wäre. Dies ist unvermeidbar und würde Dynamik in das Konzept bringen. Ich bin überzeugt, daß nach der Gründung eines solchen Zentrums bald ähnliche Zentren sich abspalten würden. Sie könnten sich mit regionalen Problemen beschäftigen und die ersten Glieder im Netzwerk bilden. In jedem Zentrum würden die jungen Leute aufgefordert, zu reisen. Die Reisen könnten Aufenthalt und Teilnahme an der Arbeit in anderen Zentren einschließen. Zwei Dinge werden hiermit vorgeschlagen: die Einrichtung einer Lern- und Arbeitsstätte für dreißig junge Menschen, und, bestenfalls, ein neuer Lebensstil für die Völker der Welt.

Im vorhergehenden Kapitel habe ich ein Diagramm für die Arbeitsmethode des integrierten Design-Teams gebracht. Allmählich wird klar, daß ich dieses ganze Buch nach demselben Diagramm geschrieben habe (siehe unten). Es ist das Ergebnis des Inputs vieler Strömungstabellen; wenn die glatte, lineare Abfolge zu wünschen übrig ließ, ist das darauf zurückzuführen. Die gestellte Aufgabe war, dem Leser eine Anzahl von Puzzlespiel-Teilen vorzulegen; ich fordere ihn auf, sie zu einem Muster zusammenzufügen, das für ihn relevant ist. Die Gleichzeitigkeit der Ereignisse kann nicht anders dargestellt werden.

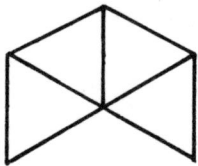

81. Diagramm eines Zyklus ineinandergreifender Design-»Ereignisse«.

Von Büchern wie diesem erwartet man, daß sie mit einem blendenden Blick in die Zukunft schließen, und eigentlich wäre dies jetzt der Ort, von ausgedehnten Städten auf dem Meeresgrund zu reden, von Kolonien auf dem Mars und Maschinen, die uns mit einer endlosen Fülle elektronischer Wunder überschütten. Aber das wäre Wahnsinn.

Wenn Design seine ökologische und soziale Verantwortung ernst nimmt, muß es revolutionär und radikal sein. Design muß im wahrsten Sinn des Wortes zurück »zu den Wurzeln« und sich das natürliche »Prinzip des geringsten Widerstands« zu eigen machen, das heißt, mit den geringsten Mitteln die stärksten Wirkungen erzielen. Dies bedeutet: weniger verbrauchen, die Dinge länger benützen, den Kreislauf des Materials berücksichtigen – und wahrscheinlich auch, kein Papier für Bücher wie dieses verschwenden.

Zu den Erkenntnissen der Designer, zu dem breiten, nicht-spezialisierten, wechselseitig aktiven Überblick eines Design-Teams (Erbschaft des Menschen der Frühzeit, des Jägers), muß das Verantwortungsbewußtsein treten. In vieler Hinsicht muß der Gestalter heute lernen, wie er ent-gestalten kann. In diesem Sinn haben wir vielleicht jetzt schon »Überleben durch Design«.

Jan Myrdal
Bericht aus einem chinesischen Dorf
376 Seiten mit 22 Fotos. Leinen

»In seinem ›Bericht aus einem chinesischen Dorf‹ erklärt Jan
Myrdal so genau zergliedernd, so gewandt analysierend, so
brillant die gegenwärtige chinesische Gesellschaft, wie das
vor einem Vierteljahrhundert sein Vater (der Friedenspreis-
träger Gunnar Myrdal) mit den Vereinigten Staaten tat. Zum
ersten Mal wird das gegenwärtige China glaubhaft und lebendig . . . Jan Myrdal hat einen Gesellschaftsklassiker geschaffen.«
Harrison E. Salisbury

China:
Die Revolution geht weiter
Bericht über den Fortschritt in Liu-Ling
197 Seiten mit 60 Fotos. Paperback

Sieben Jahre nach seinem ersten Besuch in Liu-Ling war Jan
Myrdal wieder in ›seinem Dorf‹, um die durch die Kulturrevolution bewirkten Änderungen zu studieren und aufzu-
zeichnen.
»Damit ist ihm das eindrucksvollste Werk zum Verständnis
der Kulturrevolution gelungen. Myrdal macht die Politik
Maos an der Basis deutlich.«

Stuttgarter Nachrichten

Nymphenburger Verlagshandlung

Hans Paul Bahrdt

Die moderne Großstadt
Soziologische Überlegungen zum Städtebau

3. Auflage. 199 Seiten mit 18 Abbildungen auf Tafeln und 9 Zeichnungen im Text. Leinen und Paperback

Professor Hans Paul Bahrdt bietet den Architekten und Stadtplanern die soziologische Aufklärung über das Funktionieren der Stadt, ohne die sie heute nicht mehr auskommen.

Humaner Städtebau
Überlegungen zu Wohnungspolitik und Stadtplanung für eine nahe Zukunft

sammlung dialog Band 65, 5. Auflage. 232 Seiten mit 7 Schaubildern. Paperback

»Von den Versäumnissen beim Wiederaufbau über die Definition von Wohnquartier und City bis zum Thema Planung als politisches Handeln schlägt das die Mitte zwischen extremen Auffassungen haltende Buch eine Brücke. Es behandelt die städtebaulichen und wohnungstechnischen Fragen vom soziologischen Standpunkt aus.« *Farbenforum*

Wege zur Soziologie
sammlung dialog Band 10, 6. Auflage
295 Seiten. Paperback

Anhand gesellschaftlicher Phänomene erläutert Bahrdt Methoden und Ergebnisse der soziologischen Betrachtungsweise. Er untersucht dabei Ursachen und Wirkungen und strukturelle Wandlungen in Gesellschaft, Arbeitswelt und Staatswesen.

Nymphenburger Verlagshandlung

Richard Hamann / Jost Hermand

Epochen deutscher Kultur von 1870 bis zur Gegenwart

Eine gegenwartsbezogene Kulturgeschichte, in der es um die gesellschaftlichen Hintergründe und Zusammenhänge, Verflechtungen und wechselseitigen Impulse zwischen politischem Leben, herrschenden Ideologien, kulturellen Bestrebungen und künstlerischen Phänomenen geht.

6 Bände. Paperback, Bibliotheksausgabe Leinen

Band 1   Gründerzeit
sammlung dialog Band 54
240 Seiten mit 40 Abbildungen

Band 2   Naturalismus
sammlung dialog Band 55
326 Seiten mit 44 Abbildungen

Band 3   Impressionismus
sammlung dialog Band 56
336 Seiten mit 42 Abbildungen

Band 4   Jahrhundertwende I
Ideologische Voraussetzungen
sammlung dialog Band 57
ab Frühjahr 1973

Band 5   Jahrhundertwende II
Künstlerische Strömungen
sammlung dialog Band 58
ab Frühjahr 1973

Band 6   Expressionismus
sammlung dialog Band 59
ab Herbst 1973

Nymphenburger Verlagshandlung

Aus dem Verlagsprogramm

Hans-Ulrich Wehler bei C. H. Beck

Deutsche Gesellschaftsgeschichte Bände 1–5

Band 1: 1700–1815. Vom Feudalismus des Alten Reiches bis zur Defensiven Modernisierung der Reformära
4. Auflage. 2006. XII, 676 Seiten. Leinen

Band 2: 1815–1845/49. Von der Reformära bis zur industriellen und politischen «Deutschen Doppelrevolution»
4. Auflage. 2005. XII, 914 Seiten. Leinen

Band 3: 1849–1914. Von der „Deutschen Doppelrevolution" bis zum Beginn des 1. Weltkrieges
2. Auflage. 2006. XVIII, 1.515 Seiten Seiten. Leinen

Band 4: 1914–1949. Vom Beginn des Ersten Weltkriegs bis zur Gründung der beiden deutschen Staaten
3. Auflage. 2008. XXIV, 1.173 Seiten. Leinen

Band 5: Bundesrepublik und DDR 1949–1990
2008. 529 Seiten. Leinen

Verlag C. H. Beck München

Hans-Ulrich Wehler bei C. H. Beck

Eine lebhafte Kampfsituation
Ein Gespräch mit Manfred Hettling und Cornelius Torp
2006. 224 Seiten.
Beck'sche Reihe Band 1705

Nationalismus
Geschichte, Formen, Folgen
3. Auflage. 2006. Paperback
C. H. Beck Wissen in der Beck'schen Reihe 2169

Konflikte zu Beginn des 21. Jahrhunderts
Essays
2003. 244 Seiten. Paperback
Beck'sche Reihe Band 1551

Notizen zur deutschen Geschichte
2007. 295 Seiten. Paperback
Beck'sche Reihe Band 1743

Scheidewege der deutschen Geschichte
Von der Reformation bis zur Wende 1517–1989
1995. 255 Seiten. Paperback
Beck'sche Reihe Band 1123

Verlag C. H. Beck München

Deutsche Geschichte

Saul Friedländer
Das Dritte Reich und die Juden
Aus dem Englischen übersetzt von Martin Pfeiffer
Durchgesehene Sonderausgabe
2. Auflage. 2007. 1317 Seiten. Leinen

»Friedländers Selbstreflexion und Vertrautheit mit der Psychoanalyse
machen ihn empfindsam für die Emotionen in der Geschichte. Friedländer gelingt mit seiner Form der Darstellung, mit dem literarischen
Stil seiner Geschichtsschreibung, Wissen und Erinnerung miteinander
in Beziehung zu setzen, eine umfassende Textur zu weben, in der einzelne Fäden erhalten bleiben – strenge Wissenschaft als hohe Kunst.«
Michael Wildt, DIE ZEIT

Fritz Stern
Fünf Deutschland und ein Leben
Erinnerungen
Aus dem Englischen von Friedrich Griese
9. Auflage. 2007. 675 Seiten mit 27 Abbildungen. Leinen

»Das Buch ist das faszinierende Zeugnis eines großen Historikers,
lehrreich, klug, berührend. Sterns Erinnerungen sind kein abstraktes
Räsonnement. Sie folgen vielmehr in faszinierender Anschaulichkeit
dem Lauf eines wahrlich bewegten Lebens. Sterns Blick auf sein drit-
tes, viertes, fünftes Deutschland ist immer auf originelle Weise abge-
wogen und scharfsinnig zugleich. Dazu trägt auch sein Sinn für die
historische Pointe bei, für prägnante Parallelen und nicht zuletzt für
den politischen Witz.«
Norbert Frei, DIE ZEIT

Verlag C. H. Beck München